陕西师范大学人文社会科学高等研究院　编

李国平　主编

大西北
文学与文化

第　五　辑

作家出版社

大西北学人：陈育宁

　　陈育宁，1967年北京大学历史系毕业。曾先后在内蒙古、宁夏社科研究单位、党政部门工作，退休前任宁夏大学党委书记、校长。现为宁夏大学教授、博士生导师，享受国务院政府特殊津贴。长期从事民族史、民族史学理论研究和教学，主持完成6项国家社科基金和1项教育部重大委托项目，出版学术著作（包括主编、合著）20余种，发表学术论文150余篇。主要学术著作有《鄂尔多斯史论集》《北方民族史论丛》《民族史学概论》《塞上问史录》《中华民族凝聚力的历史探索》《中国民族史学理论与实践研究》等。与汤晓芳合著的《西夏艺术》《西夏艺术史》等成果，具有填补西夏研究空白的意义。多年来一直致力于中国民族史学理论研究，围绕中华民族"多元一体"基本观点，探索建构中国民族史学理论体系，学术成果获国家图书奖、中宣部"五个一工程"奖、全国高校人文社科优秀成果奖等。

陈育宁大学毕业（1968 年）

陈育宁与妻子汤晓芳（2013 年）

给中国《蒙古秘史》博物馆题词（2019 年）

与史金波教授考察榆林窟野餐（2016 年）

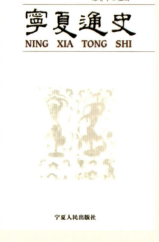

陈育宁著作书影

目　录

Contents

Study of Jia Pingwa

Study on Northwest Writers and Works

Book Review

丝绸之路与中国大西北文艺论纲（二）

程金城

内容提要："丝绸之路与中国大西北文艺"，包括"丝绸之路史前史与中国大西北早期文艺""丝绸之路文明与中国大西北古代文艺""丝绸之路复兴与中国大西北现当代文艺"共三部分，本文主要探讨第二部分。从丝绸之路视域看大西北文艺，它的意义是世界的、亚洲的、中国的。大西北在东西方文艺的跨际交流融合中的变通之域、容纳之量、消化之功独步天下，不同程度地影响了建筑、雕塑、绘画、器物工艺、乐舞、服饰、文学等艺术领域的发展趋势和风格嬗变。将其置于轴心时代之后人类思想史重构的大背景中，以人类共有的"普遍历史画面的基础"为参照系，中国大西北文艺的意义还有待深入研究。

关键词：丝绸之路；西北；丝路文明；古代文艺

西北很大，古代很久，丝路很长，文艺很广，一篇文章说不尽"丝绸之路文明与中国大西北古代文艺"，作者能做的是尽量避免落入地域性窠臼而获得一些新意。任何冠以地域之名的研究命题都是有限度的，但只要发掘出其独特性就有价值。如何做到，这是个问题。大致说来，入乎其内、出乎其外，"破门而出"，跳出西北之外，站在当代的认识高度以世界眼光看西北古代文艺，倾听"门外"的声音，当是基本立足点和研究前提，而对已有材料的重新认识、理解和发现是其关键和要义。至于这"门"能破多大，破得对不对，请大家明辨并期待共同切磋。

一、破门而出：世界的、亚洲的、中国的"大西北文艺"

古代"大西北"[①]，在空间上，大致相当于世界遗产名录之"丝绸之路：长安—天山廊道的路网"及辐射区域，即从长安以西至葱岭（帕米尔高原）以东的广袤地域；在时间上，自汉代丝绸之路凿空至近代，延续两千多年。[②]沿线各类文化意象、艺术创造和文学形象五彩缤纷，构成绵延几千里的人文艺术链，与这一时空相关的大量物质文化遗产与非物质文化遗产都程度不同地与文学艺术相关。

经过百年现代各学科的爬梳研究、考古发现乃至文化旅游宣传，大西北文学艺术已经不再陌生，各种现象大大小小神秘异质而扑朔迷离，概念术语林林总总重重叠叠又纷繁复杂。新的考古发现和研究领域的拓展，将大西北与丝绸之路的关系进一步束紧和凸显，为西北文艺的研究提供了新的材料、命题和思路，一些突破性的研究成果中几乎都离不开对西北文化和艺术的触及，为已有的各艺术门类的研究成果提供了很好的基础和范例。[③]

耳熟能详的大西北文艺，多与西北和丝绸之路某种特定的要素相关，究其来龙去脉则又与中国艺术和文学的整体历史相关。诸如：西域、龟兹、楼兰、吐鲁番、敦煌、河西走廊、唐蕃古道、陇右、关中、长安等地域及其文化特质；高原、大漠、雪域、边关、草原、塞外、大河、黄土等地理特点；伏羲、女娲、轩辕黄帝、神农炎帝、大禹、西王母等神话人物及其演绎；西羌、西戎、匈奴、月氏、乌孙、大宛、突厥、回鹘、吐谷浑、蒙古、党项、柔然、西夏等少数民族族群；张骞、卫青、霍去病、司马迁、班固等历史人物；法显、鸠摩罗什、真谛、玄奘等高僧，祆教（琐罗亚斯德教）、佛教、摩尼教（明教）、景教、伊斯兰教等外来宗教及其传播；西域乐器、龟兹乐舞、粟特乐舞、西凉乐曲、十部乐、十二木卡姆等以及众多民族乐舞；汉享堂碑阙、魏晋墓葬砖画、大唐陵墓

---

① 关于古代"西北"的概念，学界有观点认为陕西主要是中原文化特征而不列入西北，这有其道理。本文将陕西列入西北，一是基于丝绸之路中国段的整体性考虑，二是陕西还有许多方面具有西北特征，并与西北其他地域有更多深层联系。

② 丝绸之路与古代中国大西北文艺的研究，需要在时间上向前延伸到丝绸之路史前史，也即大致与通常的"古代文学史"相同，亦即延展到汉代丝路开通前的三代、先秦。

③ 诸如敦煌艺术研究（常书鸿、贺昌群、李浴、徐悲鸿、张大千、宗白华、梁思成、向达、段文杰、姜亮夫、金维诺、樊锦诗、史苇湘及郑炳林、赵生良、沙武田等），敦煌文学（向达、颜廷亮、伏俊琏等），丝绸之路与西域文化艺术（常任侠），丝绸之路草原民族文化（盖山林），丝绸之路与东西方文化交流（荣新江、葛承雍等），龟兹研究（苏北海），胡汉关系与外来文明（葛承雍、石云涛），西域艺术考古（林梅村），丝路艺术研究（李青、仲高），"大唐之国"（葛承雍），"丝路之绸"（赵丰），丝路乐舞研究（金秋），丝路音乐研究（周菁葆、李强等），丝绸之路与西域戏剧（韩文慧），克孜尔石窟艺术研究（史晓明），以及唐蕃古道艺术、粟特艺术等等研究，都取得了长足的进步，成果丰硕。

小雁塔和六骏刻石等雕塑石刻；青铜器、金银器、陶瓷器、唐三彩等器物造型；丝绸织锦、"胡服骑射"及五彩缤纷的民族服饰文化艺术；《格萨尔》《江格尔》等民族史诗及民族民间传说；边塞诗、丝路游记、敦煌文学、西凉文学、丝路文学等文学现象；"边塞""征蓬""胡天""孤雁""长河""落日""飞雪"等文学意象；宝卷、贤孝、小曲等民间艺术；秦腔、道情、藏戏等戏剧和傩舞、社火等民间展演；花儿、陕北民歌、藏族拉伊、裕固族民歌，还有"飞天""天马""反弹琵琶"等等形象，这些不再陌生的文学艺术现象与古丝绸之路有何关系，从这一角度探讨还会有新的发现吗？

这取决于研究能否真正切入人类文明史和丝绸之路视域，也取决于对已有研究内容和资料的重新发现。笔者认同丝绸之路是一部全新的世界史的观点，丝绸之路视域，就是世界历史的视域，就是人类文明史的视域，丝绸之路巨大历史价值是对人类不同文明的融通，文学和艺术则既是表达者，也是参与者。

古丝绸之路以葱岭即帕米尔高原为界，以中亚为连接带，形成了东西两端的格局。东面是以中国为主的东亚、东南亚地区，西面是以印度次大陆的南亚、两河流域为中心的西亚、北非的埃及、连接欧亚非的地中海等，而中亚（阿姆河、锡尔河流域）则是连通东方与西方的中间地带。由于地理环境及民族宗教文化等原因，东段的中国朝代更迭滞缓凝重而线索清晰。大体来说，相对稳定，也比较封闭，大一统的时期占据主要时段，华夏农耕文明与周边少数民族草原文明的交流，史前玉石之路与后续的丝绸之路都是历史发展动因，也是艺术发生发展的机缘，丝绸之路创辟期的中国，已有自己的艺术格局和气派。对于丝绸之路西段来说，国家民族兴衰更迭，各种文化的冲撞交流，其情况更为复杂。几种文明之间彼此紧密联系又相互冲撞、不断分化组合，一直动荡不安，这也促成了尼罗河流域、两河流域、印度河流域与地中海周边的文化艺术的交流、变易。从人类史来看，"数千年的古代高度文化随着轴心时代的到来而得以普遍终结"（雅思贝尔斯语），在轴心时代各自觉醒的民族和思想体系有待融入崭新的时代，东西方似乎在等待一次历史性的大交流、大融合，重构世界史和文化艺术史。丝绸之路的开通为此提供了历史契机。

从丝绸之路全域来看，大西北丝绸之路绵延几千公里，几乎占了整个丝绸之路的一半，与丝绸之路西段互为参照。长安—天山廊道，以长安为起点和中心，辐射东西，牵挽南北，影响丝绸之路东段整体，是名副其实的路网。从长安出发进入陇原，就有南路、北路、中路之别；出了河西走廊通向西域再有多条路线聚散分合；近年又有"高原丝绸之路"之说，指通向青藏高原的丝绸之路，与唐蕃古道、藏彝走廊相关。中国"大西北"具有"世界的"、"亚洲的"和"中国的"不同维度和时空定位。所谓"世界的"中国大西北，是因为大西北既是丝绸之路全域的东方起点和主要通道，也是世界文明汇聚之地和文化交流之地，中国与古代世界的联系——如大秦（古罗马）、波斯、萨珊、"拂菻"（拜占庭）、天竺（印度）、塞琉西（叙利亚）、贵霜、安息（帕提亚）、康国等——绕不开大西北的路网，它沟通了东方世界与西方世界，其作为通衢的价值在人类历史大背景中方得凸显。丝绸之路的中国艺术所具有的特色、气派和风格，影响了东亚艺术，构成世界艺术史上的东方传统，为人类艺术的发展做出了重大贡献。所谓"亚洲的"中国大西北，是指以长安为核心，再向西北连接欧亚草原和中亚，进而贯通西亚两河流域、南亚印度河流域文明，向东连接和影响了黄河—长江文明走廊，进而影响东亚、东南亚，向北连接了东北亚（所谓"冰上丝绸之路"），使得亚洲文明融为一体又和而不同，中国大西北是亚洲文明走廊和文化融合通道。中国大西北艺术在亚洲文学艺术中独具特色且影响深远。所谓"中国的"大西北，是指西北是北方草原文明（胡人和胡风）与农耕文明的交融走廊，是民族融合走廊，中原文明与西域文明交汇的走廊，是宗教传播和中国化的走廊，大西北对形成民族共同体和文化共同体发挥了重要而特殊的作用；与中东部比较，大西北对中国文学艺术成分的构成和历史的发展演变发挥了独特的作用，产生了重要而深远的影响。

从历史长时段和空间大视野来看，大西北文艺主要特征的形成及其生命力的持续保持，得益于丝绸之路上异质文化艺术的不断相互交汇碰撞和漫长的交流交融，使其获得其他地域不具备的文艺生态环境、"资源"再生优势和多样共融机理，长期存在一些看似矛盾"混杂"却相反相成有序发展的文艺现象，如宗教艺术、器物艺术、雕刻艺术、音乐歌舞、服饰艺术等等，既是地域的、民族的、原发的，又是跨地域的、跨民族的和交融再生的，有的还具有明显的"过渡性"特点，为文学艺术在后来的发展提供了丰富"矿藏"资源并奠定了基础。大西北自身文化的原生性、差异性、共融性是任何一个地区都无法比拟的，造就了多姿多彩、多样丰赡的艺术和文学世界。大西北文艺的地位如同大西北在地缘政治、军事、文化上的地位一样具有战略意义，它对各种文艺"疆域"的连通和民族特质的"坚守"，对中国乃至世界文学艺术"元素"的构成、结构和格局的形成及嬗变的催化作用，是不可替代的，其意义不仅仅在于呈现出的"结果"，还在于融合"过程中的功能"。同时，大西北文学艺术的意义也不仅仅在于文艺自身，还在于它传播了思想、信仰、知识等人类精神文明。因此，丝绸之路文明与中国大西北古代文艺的关系，当从"世界的""亚洲的""中国的"空间定位，从"通衢""过程""融会"的维度及"思想""意义链"等层面阐释其意义，发现其价值。从一定意义上可以说，弄清了大西北文艺与丝绸之路的关系，就厘清了中国古代文艺与西方文艺关系的来龙去脉，就在相当程度上弄清了中国古代文艺史中诸多关系的渊源。

二、"绝地"变"通衢"：丝路廊道与大西北文艺

封闭是文艺的"绝地"，融合是文艺的"通衢"。丝绸之路使得中国大西北由"绝地"变"通衢"，艺术和文学亦然。

人类艺术发展的历史是不同艺术元素融合的历史。丝绸之路的开通，融合了各种艺术元素，而中国大西北为东西方文艺提供了融合的场域，为东方艺术特质的形成提供了多种条件，也将旧大陆时期的世界东西方文学艺术连成一个整体。

本文中"绝地"与"通衢"概念的含义在汉语基础上借鉴了英国著名历史学家汤因比的观点，用来说明大西北文艺在丝绸之路的境遇和变化。汤因比在《亚洲高原之旅——文明的兴亡》中说，文明区域彼此之间，或者作为一个整体，与已知世界之间的关系有两类，一类是"绝地"（culs-desac），另一类则是"通衢"（round-abouts）。"前者位于已知世界的边缘，只能不断接受世界中心的影响，却不能继续传播下去；而后者是道路从四面八方汇聚而来、又向四面八方辐射出去的地区"，"沧海桑田，绝地变通衢，反之亦然"。[①]"绝地"的意思，是指环境极其险恶的地方，类乎"死地"，或者是指极远的地方，或者是没有出路的绝境，此外还有一种意思就是汤因比说的世界的"边缘"。"通衢"，是指四通八达的大道，宽阔平坦的道路，与汤因比说的"道路从四面八方汇聚而来、又向四面八方辐射出去的地区"的意思相通。汤因比说上述这番话的时候是1960年，他在阿富汗，也就是在古丝绸之路的要冲，正要开始亚洲高原之旅，他认为伊拉克和阿富汗就是名副其实的"通衢"，而"条条大路通罗马"只是欧洲人站在自己角度的有局限性的说法。我们知道，汤因比的历史研究超越了西方中心主义，在他的历史研究生涯中曾刻苦地克服对中国、印度和日本等东方历史了解的不足，对中国文明的研究也给予高度关注，但遗憾的是，他此次游历只进入了阿姆河与亚穆纳河[②]流域的阿富汗、巴基斯坦和印度，未超出古代丝绸之路贵霜疆域。而在此前的1956年2—8月他从东方到西方的漫长旅行到了香港却也与中国大陆擦肩而过。汤因比未能翻过"葱岭"领略中国大西北的自然风光和实地考察丝绸之路东段的人文历史，特别是它们对丝绸之路通衢的意义，会否影响到他后期的历史研究和对世界文明的评价，这未可知。汤因比的遗憾或许在西方学者中有一定代表性，但这并不妨碍他的理论睿智对我们的启迪，他的宏阔和洞见打开了我们观察中国大西北的眼界，有助于我们思考文艺的"绝地"与"通衢"。

我们现在称为中国大西北的地方，尤其是出了阳关再往西，古代是"在那遥远的地

---

① ［英］阿诺德·汤因比：《亚洲高原之旅——文明的兴亡》，李娟译，上海人民出版社2020年版，第2页。
② 亚穆纳河是发源于喜马拉雅山脉贾姆诺特里附近，是印度北部北方邦河流，恒河最长的支流。

方",是在神话传说和想象中的地方,如"昆仑""天山"都是神灵所在的地方,是西王母的"故乡",而"圣地"与"绝地"似乎只一字之差,却都遥不可及。张骞凿空西域,近代被德国人命名为丝绸之路,也称为孔道,意思是通往某处的关口,是四通八达的道路。但古丝绸之路并不是现代意义上的"通衢",实际上它充满艰难险阻,经过无数人的共同奋斗和坚忍不拔才得以维系,唯其如此,它才伟大。所谓"通衢"是在人类交往史的大格局中的定位,也带有象征意义。丝绸之路不同地域之间的交流是逐步展开的,有所谓丝绸之路创辟期或"丝绸之路史前史",就是说,丝绸之路的开通并非一日之功,张骞凿空是标志性事件,也是最重要的历史节点,在这之前已经有了局域间的物质交流,如丝绸的向西贸易,青铜器的向东影响,特别是欧亚草原的物产和文化艺术交流已经不少,齐家文化出土的青铜器、玉器和甘肃张家川马家塬遗址出土的镏金铜壶、青铜茧形壶、随葬车乘和错金银铁饰件等,证明在丝绸之路开通前,先秦及之前与北方草原文化艺术、西亚民族艺术之间有了较多的交流。尽管如此,汉代丝绸之路开通之前,中国的大西北因为地理特点,加上周边的严峻环境,长期以来中原与北方草原匈奴等民族的紧张关系,曾经似乎与外界隔绝,只在有限的区间进行交流,这与古代西方的尼罗河—印度河走廊之间频繁的交流形成鲜明对比。中国与西方世界整体上是隔绝的,东西方之间的了解多是传说。所以,西北既是地理概念,也有文化区隔的含义,是"已知世界的边缘",在文学和艺术上更接近汤因比说的"绝地"。丝绸之路的开通,使"绝地"变为"通衢"。在这个过程中,其外来影响和文化艺术交流,主要来自几个大的方面和渠道。一是北方草原民族文化艺术与华夏民族文化艺术的交流,主要是塞族、匈奴、突厥和蒙古族在不同时期对华夏中原文化艺术的冲击和交融。二是宗教艺术的深远影响和交流。包括佛教、祆教、摩尼教、伊斯兰教、基督教等等,特别是佛教艺术的传播和影响,直接影响到中国的雕塑、绘画、石窟寺庙建筑艺术、歌舞、民间艺术、器物饰件、建筑装饰等等。三是各类人员在西北的流动带来艺术的繁荣。随丝绸之路的商品贸易、人员流动、物产输入乃至生活方式等传入,影响到中国的服饰、歌舞、绘画等等艺术面貌。美国学者薛爱华在《撒马尔罕的金桃》中,以唐朝长安为中心,对丝绸之路上的各种交流做了深入细致的研究,其中特别讲到各色人等流动的情境,包括商人、战俘、奴隶、歌姬等等,人员构成的复杂性在一定程度上决定了艺术的复杂性。从大时段、大地域来看,丝绸之路开拓及其时断时续有其偶然性,也有其必然性,不同渠道的艺术交流有所重叠和交叉。虽然当时很少刻意把文学艺术当作商品出售,艺术的交流附着于物质贸易、外交活动、民族交融、人员流动和宗教传播中,但是从总体上来说是持续不断的,大西北在这一过程中发挥了大通道的作用,在交流、交往中,形成了不同廊道。

(一)草原丝绸之路廊道与大西北文艺。北方的草原之路是迄今为止人类发现最早的欧亚之路。[①]在古丝绸之路上，欧亚草原是非常重要的通道和构成部分。俄罗斯学者叶莲娜·伊菲莫夫纳·库兹米娜在《丝绸之路史前史》中指出，丝绸之路的作用可追溯到公元前5世纪，斯基泰人掌控着草原上的长途贸易，从顿河流域直到乌拉尔，进入阿尔泰地区。在广泛分布的岩画中，鹿、老虎等一些动物形象以特定形态描绘出了公元前7—前4世纪从黑海沿岸到中国的广大范围内存的密切关系。中国棉、丝织品，以及巴泽雷克、米努辛斯克（Minus in sk）和东哈萨克斯坦发现的铜镜也证实了这些联系的存在。丝绸之路沿线的某些区域早在青铜时代就开始发挥其功用，如今已无可争议。丝绸之路从公元前3世纪开始一直是把巴达克山（Badakhshan）的天青石（lapis lazuli）运送到西亚、埃及和印度的线路（Sari an id i 1968）。人们也从索格底亚那贩运绿松石。在公元前第二千纪的草原部族的墓葬中发现了来自巴克特里亚和索格底亚那的箭镞。[②]这说明丝绸之路史前史具有确凿的证据和丰富的内容，而它们多与艺术相关。从长安出发，沿黄河流域以北通往蒙古高原，经西伯利亚大草原、高加索地区及咸海、里海、黑海沿岸，乃至东欧地区，主要经过草原上的游牧民族地区，所以称为"草原丝绸之路"。在草原丝绸之路上，形成了欧亚草原艺术体系，辐射蒙古草原艺术、中国西北边疆游牧民族艺术，特别是匈奴艺术、突厥民族艺术，以及俄罗斯亚洲部分的南部民族艺术等草原艺术现象，高加索草原艺术等。丝路草原艺术的重要性表现在艺术种类的丰富、形式的多样、风格的独特等等方面。"草原艺术的种类繁多，它几乎包含了人类艺术上所有的品种和门类，如岩画、女神像、玉器、彩陶、青铜艺术、面具、鹿石、服饰、织物、石雕人像、乐曲、民歌、壁画、玛尼石、乐器、舞蹈、建筑、建筑装饰艺术、民间图案、地毯图案、花毡图案、酥油花、堆绣、唐卡、马佩饰、音乐、制陶、印花、桦皮艺术、兽皮艺术、花帽图等等，莫不齐备"。[③]在中国有几个特别重要的时期如战国时期、汉代、唐代和元代的艺术与北方草原关系密切。在民族艺术中，突厥、匈奴和蒙古艺术占有重要位置，以青铜等材料制成的马具、座架、各种挂件、饰物上，常常饰有程式化带状动物纹，其中以鹿形为多，有的装饰着马或鹿与虎、熊、怪兽搏斗的图案，有狼、牛、猪、羊、鹰等动物形象。草原艺术曾经引起古代中国青铜器从"中周式"向"战国式"变化，在汉朝和六朝时期依然有草原风格艺术的器物，此外，草原民族服饰及各种配件饰物也有鲜明风格。大西北是连接草原文学艺术的重地，提供了中原文化与北方草原文化双向互动的条件，并与西方文学艺术连为一体。

---

① ［法］勒内·格鲁塞：《草原帝国》，李德谋、曾令先译，江苏人民出版社2011年版，第2页。

② ［俄］叶莲娜·伊菲莫夫纳·库兹米娜：《丝绸之路史前史》"引言"，［美］梅维恒（Victor H.Mair）英文编译，李春长译，科学出版社2015年版。

③ 盖山林：《丝绸之路草原民族文化》，新疆人民出版社1996年版，第521—522页。

　　（二）"长安—天山廊道的路网"与大西北文艺。"丝绸之路：长安—天山廊道的路网"于 2014 年被联合国教科文组织世界遗产委员会批准作为文化遗产列入《世界遗产名录》。这一廊道的路网由沿线中心城镇遗迹、商贸城市、交通遗迹、宗教遗迹和关联遗迹等 5 类 33 处代表性遗迹构成，这些遗存类型包含了亚洲大陆上不同历史时期的诸多帝国或汗国的都城或宫城、商贸聚落或城镇、古道、驿站、关隘、烽燧、长城、城堡、防御工事、佛教石窟寺、坟墓、宗教建筑群等等，在整个丝绸之路上有着极为重要的地位，对促进东西方贸易、宗教信仰、科学知识、技术创新、文化习俗和艺术方面的交流发挥了特殊作用。33 处遗迹分别为中国境内 22 处、哈萨克斯坦 8 处、吉尔吉斯斯坦境内 3 处。在中国境内属于大西北的共有 18 处。[①]其中包含陕西省 7 处、甘肃省 5 处、新疆 4 处，横贯大西北。有些遗产蕴含着丰富的艺术元素，有些遗产本身就是艺术，构成了人类史上独特的人文艺术景观。此 18 处遗址，保留了其历史原貌的不多，但它们作为丝绸之路上的重要节点，是历史发展的特殊环节，连接着丝绸之路东段丰富的物质文化遗产和非物质文化遗产，特别是宫城建筑艺术，蕴含着重要的艺术要素和特殊功能。可以推测，这些建筑，应该是集中体现了当时最重要的意识形态和艺术观念，运用了最先进的建筑材料和工艺水平，是中国建筑艺术的典型代表，在整个丝绸之路艺术中独具中国质素。陕西的"汉长安城未央宫遗址"，是汉通西域的决策和指挥中心，兼具时间及空间上的双重起点价值，见证汉长安城在丝绸之路史中的显要地位；"唐长安城大明宫遗址"，主要体现了唐代农耕文明鼎盛时期的发展水平以及唐王朝开放、包容的文化特征。彬县大佛寺石窟，是盛唐时期中国式佛教石窟艺术的重要遗存，体现佛教东传至中原后佛像的中国化特点；张骞墓，与丝绸之路开辟这一东西文化交流的重大世界性历史事件密切关联；大雁塔是现存最早、规模最大的唐代四方楼阁式砖塔，是佛教建筑艺术中国化的典型代表；小雁塔为存放唐代高僧义净从天竺带回的佛教经卷、佛图等而建，佐证了佛教自印度东传的历史，也见证了佛教在唐代长安的流行，以密檐砖塔形式体现佛塔在中原地区早期的建筑艺术；兴教寺塔，是玄奘及其弟子窥基、圆测的舍利墓塔，展示了佛教在长安的发展及其对朝鲜半岛的影响。甘肃的麦积山石窟，公元 5—13 世纪建造，7000 余身泥塑造像，1000 多平方米壁画，在体现石窟建筑形式转折和雕塑艺术方面有重要意义；炳灵寺石窟有着中国最早的石窟寺墨书纪年题记；"锁阳城遗址"，年代约为公元 7—13 世纪，可能为唐代瓜州城故址，周围有以唐代墓葬为主的墓葬 2100 余座，出土文物有三彩马、驼、俑、镇墓兽、丝绸、瓷器、钱币等；"悬泉置遗址"，是汉代驿置机构，出土文物包括简牍文书、帛书、纸质文书、丝织品、农作物等 7 万余件；"玉门关遗址"，

---

　　①　甘肃省文物局供稿：《"丝绸之路：长安—天山廊道的路网" 33 处世界文化遗产点简介》，《甘肃日报》2014 年 6 月 25 日。这部分材料主要依据此文整理。

出土文物包括 2400 余枚简牍文书和丝织品、兵器、积薪、大莒、屯田工具、粮食、陶器、漆器等。新疆维吾尔自治区的"克孜尔尕哈烽燧"和"苏巴什佛寺遗址"，位于阿克苏地区库车县，前者是西域地区丝绸之路交通沿线诸多烽燧中至今保存最好、规模最大的代表性烽燧，见证了汉帝国大型交通保障体系中的烽燧制度及其对丝绸之路长距离交通和交流的保障；后者是建于公元 3—10 世纪佛寺遗址群，展现了丝绸之路上古龟兹地区长期作为西域佛教传播中心的历史，出土的丝织品、古钱币、器物和文书佐证了丝绸之路古龟兹地区发生的多种文化和商贸交流；克孜尔石窟是公元 3—9 世纪丝绸之路最重要的佛教遗迹，其独特的洞窟形制和壁画风格，展示了佛教艺术传播过程和形成的龟兹风格；"高昌故城"是公元前 1 世纪—公元 14 世纪吐鲁番盆地第一大中心城镇，见证了汉唐等中原王朝通过设置郡、州县等建置对丝路开创与繁荣所起的重要推动和保障作用，展现了城市文化、建筑技术、多种宗教和多民族文化在吐鲁番盆地的交流与传播；"交河故城"，是公元前 2 世纪—公元 14 世纪的遗存，见证了唐帝国"都护府"等边疆管理模式及其对丝路交流的重要保障，展现了丝绸之路沿线有关城市文化、建筑技术、佛教及多民族文化的交流与传播；"北庭故城遗址"，位于吉木萨尔县，时代为公元 7—14 世纪，是天山以北地区的重要军政中心和交通枢纽，见证了唐帝国"都护府"等边疆管理模式及其对丝绸之路文化交流的保障和古代西域地区高昌、回鹘等文明。① 这些文化遗址和建筑，构成丝绸之路重要的时空节点，以"物的叙事"和艺术表达，贯通了丝绸之路漫长的历史，具有无法取代的文化艺术价值。正是有这些重要节点，丝绸之路作为通衢才能连接起来，因此这些地理节点就是文化节点，也是艺术节点，是坐标，其中有大量的非物质文化的延续和传承。长安—天山"路网"的上述重要节点，与中国古代的政治、经略密切相关，而"填充"这些节点之间的是与日常生活、精神世界、宗教信仰、民族情感等相关的非物质文化形态，它们的表达和呈现方式就是艺术。

（三）唐蕃古道和"高原丝绸之路"与大西北文艺。这是唐朝和吐蕃之间的交通大道。从长安到吐蕃都城逻些（今西藏拉萨），跨越今横贯中国西北、西南的陕西、甘肃、青海、四川和西藏五个省区，全长约 3000 公里，一半以上路段在青海境内。其中有青藏高原东北通往陇右、河西的"吐蕃—青海道"，从藏南通往泥婆罗、印度的"吐蕃—泥婆罗道"，从阿里向北通向塔里、塔里木盆地的"吐蕃—于阗道"，以及往西通往兴都库什山脉的"吐蕃—勃律道"。② 这些丝绸之路支道，是沿线不同民族的交往与文明融合之路，展现了唐与吐蕃在宗教文化、典籍制度、科学技术、民风民俗方面的互相交流与影

---

① 此处借鉴了甘肃省文物局《"丝绸之路：长安—天山廊道的路网" 33 处世界文化遗产点简介》相关材料，见甘肃省人民政府网 2014 年 6 月 25 日。

② 杨铭、李锋：《丝绸之路与吐蕃文明》"引子"，商务印书馆 2017 年版，第 3 页。

响，金银器、丝毛织品、陶瓷器、木简、文书、画像砖、石器、铜器、音乐、美术、建筑艺术等多个类别，连接藏南谷地土著文化、北方游牧文化、中原汉文化、西亚文化、中亚文化等多元文明在唐蕃古道上的交流融合。2017年四川大学霍巍教授提出了"高原丝绸之路"①的概念，指代西藏高原古代与外界联系与交流的途径及方式，涉及唐蕃古道概念。"高原丝绸之路"与一般所说的"南方丝绸之路"有联系，但是又有不同，南方丝路主要与四川、云贵的藏马古道相关，向外更多与东南亚的联系，而高原丝绸之路中的唐蕃古道经由青海与西藏的关系，向外更多与南亚、西亚联系。在丝绸之路唐蕃古道发现的带柄铜镜表明，在青铜时代已经有外部因素的进入，它的纹饰可能吸纳了西南文化的要素，但整个镜形来自西方。此外还有陶器、木器、青铜器、铁器、金器、玉髓、玻璃、贝饰、农作物种子、织物等，其中发现具有希腊风格的酒神银盘及20枚萨珊银币等。特别是汉代丝绸、带柄铜镜、金银面饰、银盘、银币、料珠等，证明了青藏高原与祖国内地及中亚、南亚等地区文化交流互动源远流长，是古代东西方文化交流的重要通道。

丝绸之路在大西北的这几条路线，分别关乎中国文学艺术中的成分和建构，草原之路的文艺贯通中国农耕文明与草原文明的文学艺术的融合；长安—天山廊道关乎中国中原文化、西域文化与西方文学艺术的交流；唐蕃古道连通少数民族与南亚、东南亚文学艺术的交流。这些交流过程及其结果影响了中国文学艺术的成分要素和历史结构。

三、容纳之量：大西北丝绸之路交汇点与外来文艺中国化

在世界文明史上，对外的输出与对内的吸收，其途径和方式各种各样，有被动的，有主动的，有主观意图，有客观效果，就其产生的影响和对人类的贡献来说，容纳、吸收外来文化甚至比强行输出更为有效，更有利于人类文明和进步，所谓海纳百川、有容乃大，吸收别人所长、消化融合进而创造出新的文化形态就是对人类的独特贡献。许倬云说："中国文化真正值得引以为荣处，乃在于有容纳之量与消化之功。"②我深以为然。

---

① 《霍巍：西藏考古发现与"高原丝绸之路"》，"大众考古"，微信号 dzkgzz。信息来源：澎湃新闻。据该微信号介绍：2017年3月3日下午，受北京联合大学考古学研究中心邀请，四川大学历史文化学院院长霍巍教授在北京联合大学作了一场题为《考古发现与"高原丝绸之路"》的学术讲座。霍巍教授根据文献材料和最新的考古材料，对西藏地区的中西文化交流及其内部的文化交流问题进行了梳理，认为以往关于丝绸之路的研究较少涉及西藏地区，而西藏地区从史前时代开始就不是一个孤立的区域。在讲座中他提出"高原丝绸之路"的概念。同时认为，季羡林先生已经在文献中梳理出了一条非常重要的交通路线，即唐代经过吐蕃通往印度的交通路线。他认为唐代包括之前的中外交流主要是中印，然后才是和中亚和西亚地区。"高原丝绸之路"涉及与大西北相关的唐蕃古道、藏彝走廊等。http://www.kaogu.cn/cn/kaoguyuandi/kaogusuibi/2017/0308/57364.html 中国社科院考古研究所"中国考古"。

② 许倬云：《万古江河：中国历史文化的转折与开展》"序"，湖南人民出版社2017年版。

　　古代中国容纳外来文明，西北是源头。中国西北地域之广、道路之长给容纳、吸收外来文明提供了足够的空间，其中几个重要路段与交汇点发挥了各不相同的作用，提供了中外文化艺术交流的场域，发挥了连线通道的作用；同时，经历了复杂的本土化、中国化的过程。这些路段和交汇点主要是：西域；河西走廊；关陇；长安。

　　（一）西域。西域是丝绸之路进入中国境内的第一站。西域在不同历史时期的概念和所指范围有所不同，大致说来，狭义的西域主要是今新疆地区，广义的西域则在新疆之外还包括中亚甚至更远的地域。西域是欧亚草原文化艺术交流的通道，是丝绸之路路网中最早开通互动交流的路线，是西方与东方文化艺术、西域与中原文化艺术融合的重要交汇点，是西北游牧文化艺术与内地农业文化艺术交流的重要过渡地带。丝绸之路文学艺术中的一些重要研究命题都与西域相关，特别是西域大量的考古出土文物与艺术的关系密切，涉及诸如中外青铜艺术的关系，东西方金银器艺术关系，丝绸、织物的贸易交流，胡汉文化艺术关系，佛教、伊斯兰教等宗教艺术的传播和中国化，西域、龟兹乐舞，民族歌舞，民族服饰，《江格尔》等民族史诗，等等。西域艺术的重要性随着考古发现和研究的深入被日益认识。仲高先生的《丝绸之路艺术研究》认为，西域艺术包括石雕、彩陶、金银铜器、壁画、泥塑、绣品、木雕、玉器、木版画、陶俑、乐器、骨器等。[1]西域艺术中，龟兹是印度、希腊—罗马、波斯、汉唐几大文明的交汇处，是佛教传播过程中北路的重镇。"丝绸之路南道于阗为大乘佛教文化中心，而丝绸之路北道的龟兹是小乘佛教文化中心。于阗在雕塑、绘画、建筑上受犍陀罗艺术影响较浓，但与中原文化联系亦十分频繁；龟兹文化处在一种佛教文化和世俗文化整合的状态。龟兹佛教石窟在建筑雕塑、壁画题材风格上受中原、印度、希腊、罗马的多种文化影响，同时，龟兹乐舞等世俗文化艺术也融入佛教石窟题材中"。[2]龟兹乐器、龟兹乐舞是龟兹艺术中最重要的构成，对隋唐后的中国艺术影响深远。

　　（二）河西走廊。河西走廊是连接中原与西域的通道，由丝绸之路东段最重要的驿站和节点连通，诸如"凉州"（武威）、"甘州"（张掖）、"肃州"（酒泉）、"嘉峪关"、"玉门关"、"阳关"、"沙州"（敦煌）、"瓜州"（安西）等，每一个节点都有故事，有在文学艺术史上留下的鲜明形象和文化意象，其中最重要的是敦煌和凉州。敦煌是人类共同创造的文化奇迹和共同拥有的精神遗产。敦煌汇聚了各种文化艺术元素进而创获为新样式，然后再传播到东方，类似犍陀罗的影响而在涉及领域和重要性上则有过之而无不及，形成了关于敦煌宗教、历史、考古、艺术、文学、乃至哲学、美学诸研究领域。敦煌艺术是佛教在中国传播过程中留下的艺术遗迹，包括今甘肃省敦煌市境内的莫高窟、西千佛

① 　仲高：《丝绸之路艺术研究》，新疆人民出版社 2008 年版，第 4 页。

② 　同上，第 21 页。

洞，安西县境内的榆林窟、东千佛洞、小千佛洞、肃北蒙古族自治县境内的五个庙、一个庙等石窟艺术，也包括敦煌藏经洞中的经卷画卷文书等艺术作品。敦煌石窟建筑、彩塑、壁画、经绢画、乐舞、书法等等艺术作品构成敦煌艺术本体。敦煌艺术经过长达千年的积淀和洗礼，既反映了佛教艺术的本土化、中国化的过程，也从一个重要方面反映了中国艺术持续而漫长的演变过程，从这个意义上说，敦煌艺术既包含了中国艺术中非常独特的成分，也蕴含着中国艺术流变中的丰富经验。凉州在大西北乃至中国历史上曾经具有特殊的地位，其中与文化艺术相关的事迹很多，如佛教石窟的凉州模式，鸠摩罗什翻译佛经的重大贡献，西凉文学史的独特意义，雷台出土的马踏飞燕及车马队列，磨嘴子出土的木雕等文物，以及武威文庙和西夏碑，等等。河西走廊与中外民族的融合关系极大。不仅与国内民族融合关系很大，而且与国外的族源关系很大。河西联系着大月氏、乌孙、大宛、匈奴、突厥等民族的来龙去脉，甚至与贵霜、安息、康国等也有渊源。季羡林先生有四大文明交汇说，其中说到吐鲁番和敦煌是最重要的交汇点，在世界上独一无二。河西走廊是连接不同空间的特殊通道，在地缘政治、经济发展、文化形态和民族融合之间发挥着特殊的不可替代的桥梁沟通作用，也是具有世界意义的文学艺术走廊。

（三）关陇。关陇即关中和陇右。陈寅恪提出过"关陇集团"的概念，主要指北魏时期陕西关中和甘肃陇山周围的门阀军事势力。本文的关陇概念与之有关但不相同，主要指从陕西关中至河西走廊东出口即甘肃乌鞘岭以东地区。古代以西为右，陇右就是陇山以西，黄河以东地区。陇山一般指六盘山，在宁夏南部、甘肃东部，南延至陕西宝鸡。丝绸之路上的关陇地区，是长安到河西走廊之间的重要区域，包括咸阳、宝鸡、岐山、彬州、泾州（泾川）、平凉、固原、天水、陇西、临洮、金城（兰州）等及宁夏等重要节点地域。从长安到进入河西走廊之前，有长达七八百公里的关陇网路及其辐射地区，在丝绸之路上占有重要位置。特别是这一路段的文化和艺术，与西域和河西走廊既有联系又有很大不同，是连接西北草原文化与中原文化的重要环节和过渡路段，也是外来文化本土化、中国化的重要路段。比如宗教艺术，有永靖炳灵寺，天水麦积山，泾川南石窟寺、大云寺和西王母宫，庆阳北石窟寺，彬县有大佛寺，宁夏有须弥山及伊斯兰文化。比如在固原、靖远等地出土了罗马银币等外来文化器物。西部石窟艺术的意义之一正在于它的建造过程的连续不间断性，它因之成为一种独特的文化和艺术的"堆积层"，镂刻着历史文化、民族精神和心灵信息。西方文化自新疆传入，经河西走廊，到了关陇，中原文化的特色更加浓厚，经过这一过程，接近完成"中国化"。

（四）长安。长安是丝绸之路的起点，十三朝古都，居中国四大古都之首，也是世界四大文明古都（长安、罗马、开罗、雅典）和历史名城之一。长安是有"威望"的城市。中国历史上最强盛的时代周、秦、汉、隋、唐为长安赢得了世界声誉。汤因比举刘邦的例子，说刘邦本是南方人，可是不得不在关中建都，这是关中的城市"威望"使然。实际上，长安的影响在文化艺术上也有其"会当凌绝顶"的"威望"，博大、包容、自信、开放。长安是西北的、中国的，也是世界的。从文化特点来说，长安更多中原的成分，代表古代中国的气派和风格，而丝绸之路的开通，进一步改变了西北在国家格局中的地位，长安的中心位置进一步确立，它奠定了中国古代文学艺术的基调。将其置于亚洲的大格局中，长安是丝绸之路的起点，也是辐射东西南北的轴心，它一头连着西北方，连通草原和绿洲丝路，一头连着东南方和江海，开启了与长江流域的交流与向东亚日本、朝鲜的文化传播。西方艺术在经西域、河西走廊、关陇等逐步中国化后，到长安定型，再传到东亚、东南亚。在世界东方的文学艺术版图中，可以发现长安文化艺术在不同时代的不同色块。

中国大西北衔接了世界东西方文明，在世界艺术史上有更多"史"的意义。李零说，中国是个开放的国家，"中国连接东西方的陆路交通、海上交通，各种动植物、矿产、工艺品、奢侈品，两千多年，不绝于旅。何曾封闭？世界六大宗教，佛教、景教（基督教聂斯脱里派）、火祆教（琐罗亚斯德教）、摩尼教、伊斯兰教、一赐乐业教（犹太教），纷纷东传中国，一切在西方因教派冲突遭受迫害的宗教，都在中国获得庇护"[①]。大西北容纳了丝绸之路上西方的文明成果和艺术形式，容纳了草原文化艺术，容纳了西北不同民族的文学艺术，容纳了祆教、佛教、摩尼教、伊斯兰教、基督教等宗教艺术，容纳了建筑、雕塑、壁画、文学、音乐、舞蹈等领域的外来元素，容纳了各色人等及他们的艺术表达和审美情趣。有了中国大西北的"容纳之量"，也才有了后来的"消化之功"。

四、消化之功：中国文学艺术的嬗变与丝绸之路大西北文艺

中国古代的开放，首先是大西北的向西开放。中国是一个有着强大的向心力的旋涡，这种旋涡的强度和持久力源于其强大的文化张力和消化功能。许倬云说，复杂文化体之间的交流有不同的接口，事物的、组织的、观念的，三类接口相互关联。这可以理解为文化交流的不同类属和层面及其途径。古丝绸之路文学艺术的接口，直接对接的较少，大多是通过物质交流和宗教信仰传播，也可以理解为，中外文学艺术交流的接口不是专门的，而是多维度的。比如石窟建筑、佛像雕塑和壁画，都因为宗教信仰的传播，而宗教信仰关乎人的生死归宿和对前途命运的希冀。文学艺术用来传播教义和表达虔诚的信仰，故也发挥了当时最好的创作技艺和才思。也就是说，艺术创作的驱动力来自人

① 李零：《茫茫禹迹》，生活·读书·新知三联书店2016年版，第29页。

性深处的渴求。这决定了对西方外来艺术接受的目的不在形式技巧而在精神信仰。这也可以理解为中国对外来文化艺术的消化之功在于文化特质。在这个宏观背景中，中国大西北上千年的历史过程和几千里的广阔空间不但"消化"西方的文明成果和经验，而且生成了具有中国文化基因的东方文化艺术体系。

（一）建筑艺术。梁思成在中国建筑史中强调中国传统建筑的重要性，但是另一方面不得不承认宗教建筑艺术对中国的影响。他在《中国建筑史·雕塑史》前言中说："艺术创造不能完全脱离以往的传统基础而独立。这在注重画学的中国应该用不着解释。能发挥新创的都是受过传统熏陶的。即使突然接受一种崭新的形式，根据外来思想的影响，也依然能体现本国的精神，如南北朝的佛教雕刻，唐宋的寺塔，都起源于印度，非中国本有的观念，但结果仍以中国风格造成成熟的中国特有艺术，驰名世界。"[1]梁思成的这个观点强调中国传统的强劲消化力，是符合客观实际的。需要进一步认识的是，丝绸之路建筑对中国建筑的影响不能笼统地说是大还是小，这要分地域和联系建筑功能来看。从地域说，靠近丝绸之路中亚地区的西域，建筑风格受其影响更明显一些，结构、色彩都与汉族不同，民居建筑、寺庙陵园建筑都形成鲜明的特色。丝绸之路文艺的影响是相互的，古巴比伦风格深深影响到伊斯兰国家和地区的建筑风格，也影响了新疆琉璃砖装饰；同时中原高超的制瓷工艺传入新疆之后，促进了琉璃砖烧制工艺的完善。这种影响与宗教传播有很大关系。尽管宗教建筑进入中国后就逐渐本土化，在建筑风格上出现了中国文化元素与西方文化元素融合，以及儒释道合流的现象，但是，相比较民间和宫廷建筑，佛教、伊斯兰教、景教、基督教等宗教建筑中的外来影响依然是突出的。从一定意义上说，建筑的功能决定了建筑的样态，大致来说，宗教建筑受教义影响，宫殿建筑受意识形态和文化传统制约，而民居建筑与生活方式和习俗相关。在中国西北，佛教寺庙、佛塔，清真寺建筑是很突出的艺术现象，受丝绸之路外来文化的影响是显而易见的。而藏传佛教建筑特色也非常突出，青海的塔尔寺、隆务寺、郭日麻，甘肃的拉卜楞寺体现了典型的佛教文化特征。有藏式建筑，有汉藏合璧式建筑，也有汉族宫殿歇山式建筑。

（二）绘画艺术。在丝绸之路大西北段，岩画、壁画、细密画、墓葬画像砖石等绘画艺术俱全，其中西部石窟寺院中的壁画，可以说是上千年中国壁画艺术中最重要的部分。壁画依附于建筑物，从西域石窟群中对印度绘画技法的延续与变异，到敦煌壁画历经千年的继承创新，佛教壁画一方面以一种特殊形式反映着中国佛教传播的过程和发展史，另一方面，则直接体现着中国艺术精神与外国艺术精神相融合的历史，从一个重要

---

① 梁思成:《中国建筑史·雕塑史》，百花文艺出版社1998年版，第4页。

方面反映着中国艺术自身演变的过程。佛教传入中国以后，特别是南北朝和隋唐时期，中国艺术以其博大的容量和极强的消化功能，吸收犍陀罗和西域民族画风，形成具有中国特色的佛教艺术绘画。佛教壁画在艺术上不仅表现出对外来文化吸收、借鉴和创化的强大能力，成为一种独具魅力的艺术形式，而且对整个中国艺术的发展，特别是造型艺术的演变提供了许多新的经验。比如，著名的"曹衣出水，吴带当风"，就对后世中国人物画产生了重要影响，壁画中的山水画、人物造像以及藻井图案乐舞场面等都对中国艺术产生了深远影响。佛教壁画对研究中国古代艺术史、宗教史、民俗史、服饰史以及美学史都具有特殊的意义。陈师曾、常书鸿、段文杰等就佛教对中国绘画的影响都有重要论述。陈师曾《中国绘画史》中，多次提到中国绘画与外来文化，特别是与佛教的关系。秦始皇一统天下，开始与外交涉，到了汉代，"佛像佛画输入中国为一大机会，而吾国绘画界亦新添一异彩也"[1]。六朝是中国艺术的重要转变发展期，其中宗教的因素尤为重要。魏晋时期，曹不兴的绘画曾经尝试模仿天竺僧康僧会见西域佛画仪范，成为后世人物画的鼻祖。南北朝时期，南方的陆探微、张僧繇，北方的曹仲达、杨子华、萧放、刘杀鬼等画家最为著名。南齐佛法盛行，印度、西方美术对中国绘画艺术产生深刻影响。到了隋唐，外来绘画对中原的影响更加明显，"当时图像变化丰富，杨惠之等之雕塑，吴道玄之佛画，受显著之影响。……其他建筑、寺观、宫殿、楼阁皆极宏丽，一代之文物灿然可观"[2]。壁画为当时流行品。唐朝后期，文学技艺勃兴，绘画大师辈出，道释人物、山水画可谓开一新纪元。陈师曾认为"宗教画为中国画史上一大重要之点"[3]。佛教壁画的创作，也受主流艺术手法的影响，如藏传佛教壁画中的构图、设色、勾线等方面均受宋代绘画影响。古代丝绸之路在西北的这种融会的过程，一部分通过佛教石窟固化为物质文化遗产，一部分则创化融入到时间艺术中，有的变成思维方式和艺术技巧，影响到整个中国艺术，以至于在今天还在发挥作用。此外，诸如嘉峪关魏晋墓砖画、被称为"地下美术馆"的陕西墓室壁画等等，都各有其重要的艺术价值。

（三）雕塑艺术。在中国雕塑史上，古代西北地区的雕塑，是中国雕塑艺术发展演化的一个缩影。梁思成的《中国建筑史·雕塑史》是将器物造型也纳入雕塑史中的，从三代起始，认为夏"铸鼎象物，装饰渐见，遂成'浅刻'（Basrelief）"，"夏后虽已入铜器时代，然玉石之用仍广"。[4]商代工艺简繁，天子有六府六工之制（土、金、石、木、兽、草工），而象牙、犀角、玉石工艺雕刻发达。周代文物制度俱备，遗物铜器最多。秦代有

---

① 陈师曾：《中国绘画史》，商务印书馆国际有限公司 2015 年版，第 14 页。
② 同上，第 32 页。
③ 同上，第 27 页。
④ 梁思成：《中国建筑史·雕塑史》，百花文艺出版社 1998 年版，第 371 页。

阿房，备房闱，缋厩库，雕琢刻画，玄黄琦玮；始皇墓"以水银为百川江河大海，上具天文，下具地理"。"秦汉以来，帝王陵前有石麒麟、石辟邪、石像、石马，人臣墓前与石羊、石虎、石人、石柱。"①而中国雕塑发生重要变化的时期是两汉："汉族文化至六朝始受佛教影响。秦汉之世，视为华夏文化将告一大段落之期。……其在雕塑史上实只为一段绪言。及乎两汉，遗物渐丰。"这种变化。是因为天下一统，民有余力以营居室陵墓。也与丝绸之路开通不无关系。到东汉，"至桓帝笃信浮屠，延熹八年，于宫中铸老子及佛像，……此中国佛像之始也"。自南北朝而佛教始盛，"佛老皆为帝王所提倡，故在此期间，造像之风甚盛"②。盛唐之世与西域关系尤密，"凡亚洲西部，印度，波斯乃至拜占庭帝国，皆与往还……其影响于中国文化者至重。即以雕塑而论，其变迁已极显著矣。然细溯其究竟，则美术至动机，仍在宗教（佛教）与丧葬（墓表）支配之下"③。自玄宗以后，画之地位日高而塑之地位日下。梁思成勾勒的中国早期雕塑历史，与丝绸之路关系很大，一是在宫中铸老子及佛像，这涉及中国雕塑造像与佛像的关系，还涉及佛、道关系；二是他在解释佛教造像的过程，特别是犍陀罗深受希腊影响之后指出，中国受犍陀罗影响尤重也；三是宗教与丧葬对雕塑的支配。与此相关，中国雕塑主要现象，一是宗教系列雕塑，二是墓葬、神道雕塑，三是纪念性雕塑，四是陶俑等各种俑系列雕塑。中国古代雕塑的历史，一方面是吸收消化外来影响的过程，另一方面是民族和本土化的过程，敦煌、麦积山、云冈、龙门，或民间，或官方，佛教雕塑艺术风格在不断地变化，佛教雕塑艺术成为中国雕塑艺术的重要构成部分。雕塑与大西北的关系当在这一大的文化史和艺术背景中把握，其留存的独特雕塑艺术品，如霍去病墓雕塑、昭陵六骏、马踏飞燕、胡腾舞雕像，以及其他青铜金属雕塑、石雕、木雕等，都具有超越西北地域的意义。

（四）器物造型艺术。受丝绸之路影响，器物造型艺术在西北形成鲜明特色。一是受欧亚草原文化艺术的影响，草原风格突出。西北是最早使用青铜器的地域，而青铜器体现了丝绸之路的交流，特别是与大陆农耕文化与草原游牧文化最初的交流。河南、陕西是中国青铜器出土的重要地区，而甘肃的齐家文化中有早期青铜器。关于青铜器，学术界存在着两种不同的意见：一种认为中国青铜器为本地起源，另一种认为中国青铜器来源于欧亚草原地带，北方边疆地区文化很可能是解决这一问题的关键。如甘肃灵台白草坡西周墓葬里的人头形銎戟和镂空鞘罩短剑是草原青铜文化和中原青铜文化的巧妙结合，人头形銎戟是北方游牧民族人种形象。位于中原北部边缘地区的青铜器受到了来自

---

① 梁思成:《中国建筑史·雕塑史》，百花文艺出版社 1998 年版，第 391 页。
② 同上，第 395 页。
③ 同上，第 487 页。

同时代中亚和欧亚草原地区青铜文化的强烈影响，齐家文化中的青铜器与欧亚草原之间可能存在联系，有学者认为两者的交流是间接的，很可能在河西走廊和欧亚草原之间存在着一系列中间环节。沿河西走廊西部一带已经确认的中间环节包括甘肃西部的四坝文化和新疆东部的天山北路遗址，这些遗址多属公元前二千纪前半期，年代与齐家文化重合。新疆东部可能充当了公元前三千纪晚期和公元前二千纪早期中国西部与欧亚草原之间最早交流的枢纽。天山北路遗址尤其重要，不仅因为其物质文化表明了跨地区交流的存在。[①]中原早期国家及其边远地区之间的交流很可能既包括人口迁徙，也包括远距离的商品贸易。西方器物艺术与中国器物艺术的融合出现的新样态在西北出土文物中有所反映，如波斯萨珊王朝的银盘，如西亚铜镜，如罗马、贵霜、波斯，大夏钱币等。北朝的杏核形双系陶瓷扁壶，可能源于萨珊波斯金属扁壶，壶腹模印明显带有异域文化色彩的纹样，如胡人乐舞、对凤、驯狮等，体现了中西文化交融、西方文化因素为中华文明吸收的过程。

（五）丝绸、织物、服饰艺术。丝绸贸易、织锦等织物、服饰首饰等等艺术现象，是丝绸之路大西北段重要的艺术现象。新疆塔里木盆地、罗布泊、吐鲁番盆地墓葬出土的纺织品较多，如阿拉沟出土的"凤鸟纹丝绣"，尼雅出土的著名的"五星出东方利中国"汉代织锦护臂，楼兰出土的东汉之魏晋时期的锦、绮、罗、绢等，慰犁营盘汉晋墓地出土的绢、绮、绣、锦、染缬，阿斯塔纳等地出土的晋代和唐代的丝绸织物，等等。胡人服饰，特别是粟特人服饰和他们的丝绸贸易在西北格外醒目，这在壁画、唐三彩等器物中有突出的表现。另外，服饰、织物艺术还通过其他艺术形式得以保存。如石窟造像的衣饰，有国外学者研究指出：在克孜尔石窟，弥勒和他的胁侍头戴装饰着珍珠的优雅的三角形宝冠，飘带垂至头后。"这种源于波斯原型的宝冠经常出现在中亚和中国的早期佛教艺术中，也见于波斯萨珊帝国（公元224—651年）的图像中，萨珊帝国也控制着临近的伊朗和阿富汗部分地区。深深的衣褶和飘带式平衣纹的交替存在表明混合了公元4—5世纪沿着丝路传来的早期印度和巴基斯坦艺术传统。莫高窟第254窟壁画中所绘尸毗王故事画面中的小型人物束腰袍服、裤子和靴子的穿着，也见于波斯世界的高等级人物、克孜尔石窟的供养人、公元4—8世纪丝路上最重要的商人——粟特商人。供养人的衣服边缘和蓝色袍服上装饰的联珠纹圆圈广泛流行于西至伊朗、东至中国和日本的大片地区。以早期联珠纹为基础的圆圈和有翼神兽都延续了早期发展于波斯、传播至巴克特里亚和粟特的图像"。[②]上述有关服饰在佛教造像中的"艺术链"现象，揭示了大西北与外来服饰文化的渊源关系和本土化情况。还有学者从纹样的变化中看到中外文化的交流以及对

---

① 刘莉、陈星灿著：《中国考古学》，生活·读书·新知三联书店 2017 年版，第 361—362 页。

② 丹尼斯·帕特里·莱迪（Denise Patry Leidy）：《丝绸之路上的佛教艺术》，《光明日报》2019 年 5 月 29 日 12 版。

后世的影响："从中国传统云气动物纹样在中亚平纹纬锦上的使用，希腊化的毛织物、棉织物进入我国西北地区，萨珊波斯的联珠纹大量出现在中国西北的出土实物中，到北朝隋唐时期中国生产的丝绸织锦上大量出现丝绸之路题材的图案，均可以看出艺术设计交流和互鉴的频繁和常见。这种交流一直影响到大唐风格的宝花图案、陵阳公样等程式的形成。"①

（六）乐舞。中国的音乐、舞蹈、乐器，受丝绸之路的影响很深，至今依然可以感受到。龟兹音乐，胡腾舞、胡旋舞，波斯音乐，印度舞蹈，民族乐舞等，在壁画舞姿、乐舞场景、乐器等图像中大量存在，还有敦煌藏经洞出土的音乐曲谱等资料，画像砖石中的乐舞场景，都可以看到丝绸之路乐舞的影响。陈寅恪在《隋唐制度渊源略论稿　唐代政治史述论稿》之《音乐》中考证："唐之胡乐多因于隋，隋之胡乐又多传自北齐，而北齐胡乐之盛实由承袭北魏洛阳之胡化所致。"②而"河西文化影响北魏随传至隋"。他进而指出一种现象，胡乐混杂输入到华夏正声中，"往往使人不能觉知其为输入品耳"③。"隋代上至宫廷，下至民众，实际上最流行之音乐，即此龟兹乐是也"，龟兹乐多传自北齐。陈寅恪还考证了隋开皇时制定雅乐"七部乐"到"九部乐"的过程："始开皇初定令，置七部乐：一曰国伎，二曰清商伎，三曰高丽伎，四曰天竺伎，五曰安国伎，六曰龟兹伎，七曰文康伎，又杂有疏勒、扶南、康国、百济、突厥、新罗、倭国等伎。及大业中，炀帝乃定清乐、西凉、龟兹、天竺、康国、疎勒、安国、高丽、礼毕，以为九部乐，器工依创造，既成，大备于兹矣。"④西北乐舞中的民间音乐、少数民族音乐，也与丝绸之路关系密切。箜篌原是两河流域古乐器，后来经伊朗高原传入中亚、印度，乃至新疆天山。中国与近东文明的最初交往就从箜篌开始。木卡姆源于西域，在人类非物质文化遗产名录中就有阿拉伯、波斯、土耳其、印度、伊拉克、阿塞拜疆木卡姆。受波斯和阿拉伯音乐文化影响，形成了新疆维吾尔木卡姆艺术，有十二木卡姆、吐鲁番木卡姆、哈密木卡姆、刀郎木卡姆等，与丝绸之路的音乐交流有极大关系。唢呐从波斯传到中国，在新疆、陕西、甘肃广泛流行，遍及各地，至今还是重要的民间音乐；裕固族民歌、蒙古族长调、回族宴席曲、回族民间器乐等，其源与丝绸之路大西北都有密切关系。

（七）古代大西北文学与丝绸之路关系密切，影响广泛。首先是佛教文化对于中国古代文学产生了极为深远的影响，这集中体现在敦煌文学及其研究中。"敦煌文学"的概

① 赵丰主编：《丝路之绸：起源、传播与交流》，浙江大学出版社 2017 年版，第 17 页。
② 陈寅恪：《隋唐制度渊源略论稿　唐代政治史述论稿》，商务印书馆 2011 年版，第 128 页。
③ 同上，第 131 页。
④ 同上，第 131 页。

念，实际上包含了与敦煌相关的两部分文学内容，一部分内容主要是与敦煌藏经洞发现相关的文学，包括敦煌遗书中的文学作品，特别是敦煌俗文学，以及佛经故事讲唱、宝卷贤孝等敦煌文学向民间的延伸等等，这部分文学可以说是"古已有之"。另一部分所谓敦煌文学，是以敦煌为题材的现当代文学创作，是用各种文体对敦煌精神的"现代性"表达。

古代敦煌文学与佛经的翻译和传播关系密切，佛经的翻译给中国文学带来了新的意境和内容，许多佛传故事或直接被文学吸收，变为文学的重要题材，或者在主题、立意和观念上对中国叙事文学产生影响，如因缘、轮回、因果报应等意识。甚至佛经对于文学的文体、遣词方法等方面也有直接作用。变文、俗讲和禅宗的语录体对中国的俗文学有着深刻的影响。在这个相互影响的过程中，西部佛教艺术作为先导和重要组成部分，发挥了特殊的作用。

在中国文学史中，敦煌文学的特殊意义首先在于其与中国俗文学的关系。傅璇琮先生评伏俊琏著《敦煌文学总论》中对敦煌文学及其研究有一个总体的评价："王国维《敦煌发见唐朝之通俗诗及通俗小说》（1920），在敦煌文学研究史上具有开创之功。罗振玉《敦煌零拾》（1924），收录了13种通俗文学写本，是敦煌学史上第一部文学类文集。刘复《敦煌掇琐》（1925）对以前敦煌文献的辑录作了总结，书中校录的104件文献中，民间文学资料占了三分之一以上。郑振铎《敦煌的俗文学》（1929）对敦煌通俗文学进行了探源和分类，极力推崇敦煌俗文学的价值，在敦煌文学研究史上具有不可磨灭的思想光辉和理论价值。此后，胡适、向达、王重民、孙楷第、傅芸子、容肇祖、吴世昌、姜亮夫、周绍良、程毅中等先生发表了一系列论文，或辑佚、或考证、或探源、或辨析，对敦煌文学进行了深入探讨。"[①]这个概括中，重点是"通俗文学"，是通俗诗与通俗小说。伏俊琏的《敦煌文学总论》中的特点之一，认为"民间性是敦煌文学的本质特点，对唐五代的敦煌民众来说，他们对文学并不自觉；对他们来说，文学仅是某种社会文化活动的一种形式，或者说，是某种社会文化仪式的组成部分"。敦煌文学中也有文人文学，但是，文人文学一经纳入文学活动中，则经过取舍成为敦煌文学的内容："从中原传来的文人文学，当敦煌人把它们运用到自己生活的各种仪式中的时候，敦煌民众已赋予他们另一种含义；在这种情况下，它们已经变成敦煌文学了。"认为敦煌文学最典型的特点是：以讲诵、演唱、传抄为其基本传播方式，以集体移时创作为其创作的特征，以仪式讲诵为其主要生存形态，而在我们看来随意性很大的"杂选"的抄本也比较集中地体现着这种仪式文学的意义。其中最有影响的仪式就是"俗讲"。"俗讲"所用的底本就是讲经文。

---

① 傅璇琮：《新见迭出的〈敦煌文学总论〉》，《中华读书报》2016年3月16日。

"敦煌民俗仪式文学"是敦煌文学区别于其他文学的关键。从中国文学史来看，弥补了文学史空白，或者说对文学整体影响最大的是与讲经相关的通俗文学，这种俗文学在宝卷、贤孝、通俗小说中有大的发展。这种影响，虽不如佛教壁画、雕塑对中国美术那样大，但对文学发展整体来说，具有特殊意义。另外，敦煌文学在语言方面很特殊，比如写卷的体式、作品句式、作品的叙录、各种语言文本、词语等等都有独特的研究价值。

民族史诗是丝绸之路文学的重要组成部分，也是大西北文学的特色之一，与丝绸之路上的民族迁徙、融合有很大关系。"蒙古史诗是在沿丝绸之路国家、民族、部落的迁徙、交融、交战等历史过程中产生、传播、发展及变异的。《江格尔》《格斯尔》等史诗的传播范围从东边的兴安岭一直到欧洲的伏尔加河流域，几乎覆盖了整个草原丝绸之路。蒙古史诗题材内容的发展变异，与丝绸之路多元文化的相互交融密不可分，因而史诗也成为沿丝绸之路各个国家、民族、部落间深层精神连接的纽带。"[1]裕固族的叙事民歌中，如《西至哈至》是关于自己民族迁徙的历史记忆。其传播过程中融入的民族文化的异质性、本土化的成分会更大一些。丝绸之路文学的交流传播及相互影响要更加复杂，同时更有长远的影响力。其创作和传播廊道也有特殊性，需要认真研究。

边塞诗及其影响在中国文学史中具有特殊意义。边塞诗不仅表现了征战还表现了征战中的人性、亲情，生离死别的情感，中国人对战争的情感态度和伦理评价，在边塞诗中有突出的体现。边塞诗的意蕴是多维度的，征战情景，金戈铁马，塞外风光，生离死别，生成雄浑博大的意象和遐思无限的意境，"黄河远上白云间，一片孤城万仞山"；"白日依山尽，黄河入海流"；"大漠孤烟直，长河落日圆"……征蓬，孤雁，落日，明月，飞雪，关隘，游子……已经成为中国抒情文学的原型，在后世被不断激活，成为中国文化的基因。边塞诗的影响不仅在当时，不仅在题材，更重要的在精神气质和美学风范，它强化了中国诗歌的气度和气概，用诗歌氤氲出强大的文化气场而影响了民族精神。在世界文学史上，对战争与人性关系的艺术表达，其所涉及的生活广度、情感深度、精神高度和美感强度，边塞诗应该都是独一无二的，无法替代的。笔者以为，西北边塞诗作为整体诗歌现象和传统，其在中国诗歌史上的地位当与南方的楚骚传统和北方的诗经传统相媲美。

结　语

丝绸之路开通之时，世界已经经历了雅思贝尔斯所说的轴心时代（公元前 800—公

---

① 斯钦巴图:《丝绸之路历史文化与蒙古史诗的产生、发展、传播及研究——以〈江格尔〉〈格斯尔〉为例》，《中国非物质文化遗产》2021 年第 1 期。

元前200年）——在中国、印度和西方三个地方（他说的西方包括了两河流域、尼罗河流域、地中海周边）经过了深刻的转折，"数千年的古代高度文化随着轴心时代的到来而得以普遍终结"，"轴心时代同化了所有留下来的东西。从轴心时代起，世界史获得了唯一的结构和持续的、或者说持续到今天的统一性"。[1] "只有古代文化的某些因素进入了轴心时代，被吸收并成为新的开端的一部分。"[2]中国文化进入了轴心时代而成为人类文化新开端的重要构成部分。关于轴心时代在世界上三个不同地区几乎同时兴起的原因众说纷纭，这至今还是历史之谜，但是，轴心时代之后世界历史和文化结构是清晰的，其中不同文化的交流、融合是形成新的格局的主要原因。而西汉丝绸之路开通之时，大致处于轴心时代下线，丝绸之路为中国文化融入后轴心时代世界文化格局、吸收外来文化提供了历史契机，也提供了"接口"和途径，或者说参与了同化轴心时代人类文化成果并重新结构世界史的过程。中国大西北文艺在这样的世界的、中国的文化史和思想史的背景上，人们熟知的现象和新发现的材料有望得到新的理解和价值阐释。将其置于轴心时代之后人类思想史重构的大背景中，以人类共有的"普遍历史画面的基础"为参照系，中国大西北文艺的意义还有待深入研究。

（作者单位：陕西师范大学人文社会科学高等研究院）

---

[1] ［德］雅思贝尔斯：《论历史的起源与目标》，李雪涛译，华东师范大学出版社2018年版，第13页。
[2] 同上，第15页。

毛泽东的"美国朋友":埃德加·斯诺笔下的中国

杰瑞·伊萨理尔 (Jerry Israel)

李　格　邓仁淇／译，邸　婧／校

在 1937—1938 年间，美国最受欢迎的书籍中有两本是关于中国的，这两本书都是由密苏里的记者创作的。第一本是卡尔·克劳 (Carl Crow) 的作品《四万万消费者》(*400 Million Customers*)，荣获美国国家图书奖。第二本是埃德加·斯诺 (Edgar Snow) 的《红星照耀中国》(*Red Star Over China*，后译《西行漫记》)，在其出版的前四周就卖出了 12000 册。[①]两本书籍所描绘的内容完全不同。克劳笔下的中国是通商口岸上海，他笔下的中国人明智且西化。而斯诺笔下的中国则是延安的窑洞，他笔下的中国人则具有红色精神和革命精神。

由于 20 世纪 30 年代至少存在两种中国形象，所以美国记者也展现了至少两种中国形象。如果说克劳的作品好像一面镜子，映照出开放门户的中国，而埃德加·斯诺的作品则更接近冷战时期的中国。有很多学者已经对中国门户开放政策中的每一部分都进行了翔实的研究。而亚洲冷战时期的新兴因素，更具有当代性和争议性，因此这部分内容才开始得到人们同样的关注。也正因如此，斯诺作为一名中国共产党的编年史家，他的影响才受到人们的广泛关注。[②]然而他职业生涯中的大部分工作其实都为人们所忽视，

---

①　参见《出版人周报》第 133 期（1938 年 2 月 12 日），第 838—839 页；1938 年 3 月 5 日，第 1106 页。

②　［美］沃伦·科恩:《美国对中国的反应》（纽约，1971 年），第 142、170 页;［英］迪克·威尔逊:《1935 年长征:中国共产主义生存斗争的史诗》（纽约，1971 年）。

或者被淹没在主流的思想中，又或者因缺乏文献记录的证明而不被认可。[①] 就像其他质疑美国商业和改革影响下的亚洲门户开放形象的人一样，斯诺经常被贴上"宣传家"的标签。的确，他自己的浪漫主义修辞学也为这种指责提供了证据。[②] 但这种鉴定是单维度的。这一指责也让斯诺不再成为研究亚洲情况的主流美国记者。《红星照耀中国》确实是"在合适的时间，针对合适的主题而出版的一本合适的书籍"[③]。不过，斯诺并不仅仅像人们口中所描述的，只是毛泽东的"哥伦布"（Columbus）、"博斯韦尔"（Boswell），或者"马可·波罗"（Marco Polo）。[④] 这种观点所表达的是这样一种印象：斯诺就像一块空白的石板，或者好像小说中沉睡二十年的瑞普·凡·温克（Rip Van Winkle），等待着被他与中国共产主义的会面唤醒。[⑤] 正是基于这种观点，《红星照耀中国》成为他唯一著名的书。对一些学者而言，斯诺唯一的价值仅在于他是否将红军报道为"真正的共产主义者"，又或只是"土地改革者"。[⑥]

　　然而值得注意的是，在斯诺同中国共产党真正接触以前，他所描述的中国形象和卡尔·克劳作品中的中国一样，带有从美国或者其他人那里得来的印记。正如他的第一任妻子海伦·福斯特·斯诺（Helen Foster Snow）所写："埃德加是他那个时代美国朋友这一称号的直接继承者。"[⑦] 斯诺夫人在中国时曾化名为"尼姆·威尔斯"（Nym Wales），她援引其他密苏里记者的评论说道："他（埃德加·斯诺）是《密勒氏评论报》（*The China*

---

① 我们现在缺少一些斯诺所创作的完整的可研究的论文。斯诺的第二任妻子洛伊斯·惠勒·斯诺，承诺在未来几年内，将他的论文交给大学图书馆或学术界。幸运的是，斯诺不断写作出版，并采用高度个人化、几乎是自传体式的风格。因此我们可以从他发表的期刊文章和出版的此类文章的合集著作中，发现更多信息。费正清注意到斯诺的作品具有一种"相当明确的特质"，所以不同于某些人，即使没有大量可用的个人手稿，我们也可以重建一个相当准确的描述。

参见费正清对斯诺《大河彼岸》的评论，《大西洋月刊》第 211 期（1963 年 1 月），第 34—36 页。

② 例如安东尼·库贝克《远东地区是如何消失的：1941—1949 年的美国政策和共产党中国的兴起》（芝加哥，1963 年），第 371 页之后；《时代》第 76 期（1963 年 6 月 25 日），第 60 页。

③ 从肯尼思·休梅克《美国人和中国共产党人，1927—1945：一次极具说服力的邂逅》（伊萨卡，1971 年）中可以发现这种单维度的鉴定。

④ 这种形象被西奥多·怀特（白修德）、詹姆斯·汤姆森和约翰·费尔班克（费正清）等人所采用。参见《时代》第 99 期（1972 年 2 月 28 日），第 45 页；汤姆森《当中国面对西方：国民党时代的美国改革者，1928—1937》（马萨诸塞州剑桥，1969 年），第 13 页；以及上述引用的费正清的评论。

⑤ 译注：瑞普·凡·温克是美国作家华盛顿·欧文创作的同名短篇小说主人公，小说收录于 1820 年出版的《见闻杂记》（*The Sketch Book*），讲述了农民瑞普为躲避妻子唠叨上山打猎，偶遇奇人，醉饮其酒，沉睡二十年，一朝梦醒，独立战争已然结束的故事。

⑥ 这场辩论的意义，虽然可能被大多数作者夸大了，但将在文章的后面讨论。

在哈罗德·伊罗生《心影录——美国人心目中的中国和印度的形象》（马萨诸塞州剑桥，1958 年），第 162—163 页；邹谠《美国在中国的失败，1941—1950》（芝加哥，1963 年），第 231—233 页中可以发现关于这类例子的讨论。

⑦ 海伦·福斯特·斯诺致言作者，1974 年 6 月 25 日。感谢斯诺夫人此言，我将之运用于标题中，同时这也是本篇论文主要依据的思路。

Weekly Review）①的发行人约翰·本杰明·鲍威尔（J. B. Powell）的门生。鲍威尔又是汤姆斯·密勒（Thomas F. Millard）的门生，密勒就请鲍威尔来做该报的主编。"后来，鲍威尔又"把这份工作交给了斯诺"。密勒是中国革命早期的支持者，而鲍威尔则是蒋介石和国民党在 20 世纪 20 年代后期最坚实的盟友。

　　海伦·斯诺总结道："埃德加只是比别人多走了一步，所以他变成了毛泽东的美国朋友。"她确信地说道："我们不是共产主义者，埃德加本人代表的是美国中产阶级。"从他妻子的评价来看，埃德加·斯诺既不是一个离经叛道者，也不是一个耽于幻想的人，这个观点富有启发意义。尽管"密苏里新闻"观察中国的传统由来已久，但埃德加·斯诺所描述的中国形象却并没有受卡尔·克劳作品的影响。从门户开放时期的中国到冷战时期的中国，构成这种转变的因素值得我们密切关注。

　　斯诺曾去中国西北部的窑洞里访问那里的中国共产党人，并与他们进行了非常有意义的交流。在这次访问的前一年，埃德加·斯诺对他的妻子尼姆说："现在我知道为什么像威廉·亨利·端纳（W. H. Donald）、普南·威尔（Putnam Weale）、汤姆斯·密勒（Tom Millard）和其他新闻记者过去能够参与到中国内政中了。"②在不到十年时间里，斯诺已继承了这些记者们所塑造的形象和具有影响力的政策。正如詹姆斯·汤姆森（James Thomson）所指出的："在 30 年代，美国人作为机构的私人代表前往亚洲，这是一个多元社会多样化的反映。"③特别是，如果这些毕业生来自密苏里州，并且手持一封密苏里大学新闻学院院长沃尔特·威廉姆斯（Walter Williams）的信件来到太平洋，就能够在东京、天津、北京和上海找到一份编辑出版工作。

　　这个传统开始于 87 级的密勒，他先后在《圣路易斯报》（*St. Louis Republic*）和《纽约先驱论坛报》（*New York Herald*）工作，后来又来到东方。1917 年威廉姆斯调遣他的同事——10 级的约翰·本杰明·鲍威尔为密勒工作。十年之后，威廉姆斯又为鲍威尔派来了埃德加·斯诺。④ 在长达一年的公费环球旅行中，斯诺原本只需要在中国工作六周，但他却不愿离开，而是留在《密勒氏评论报》进行编辑工作。直到十三年后，他才离开亚洲，回到美国。在此期间，斯诺协助鲍威尔，为《星期六晚报》《财富》《展望》《纽约太阳报》和《伦敦每日先驱报》撰稿；他报道中国西北地区的饥荒问题、台湾大屠杀和

---

①　译注：《密勒氏评论报》促进外国人与中国人之间的联系，像报道美国新闻的纽约大报一样，在头版刊登有关中国的故事。

②　埃德加·斯诺：《复始之旅》（纽约，1948 年），第 139 页。

③　詹姆斯·汤姆森：《当中国面对西方》，第 13 页。

④　参见刘易斯·甘内特对《复始之旅》的评论，《民族》第 187 期（1958 年第 15 卷），第 363—364 页；约翰·B. 鲍威尔：《东方的密苏里作家和记者们》，《密苏里历史评论》第 61 期（1946 年），第 45—55 页；斯诺：《复始之旅》，第 24 页。

印度支那土地起义；与尼姆结婚；他还在北平燕京大学任教；并在长征结束后找到了红军的藏身之所，对毛泽东同志进行了独家报道；目睹了日本在亚洲战场的情况，撰写了《远东前线》《为亚洲而战》以及《红星照耀中国》。[①]

斯诺评论说，当他的亚洲职业生涯开始时，“鲍威尔和密勒无疑在我身上发现了一些美国中西部人潜在的特质”。即使斯诺的人生不是独一无二的，但他人生的前二十二年也是非常有代表性的。1905 年他出生于堪萨斯城，在进入堪萨斯初级学院和密苏里大学（University of Missouri）就读之前，斯诺在当地从事着普通的兼职工作，如收割工和铁路工人。尽管他并没有从密苏里大学毕业，但斯诺在哥伦比亚大学（Columbia University）接受了额外的关于报刊新闻工作的培训，然后在口袋里揣着威廉姆斯的信，坐上了一艘从檀香山开往东亚的日本船。确实，正如他后来的评论：“我本可以成为同代美国西进人群中普通的一员。”[②]我们的确不该忘记他是美国的新一代这一事实。正如尼姆·威尔斯所指出的，“老中国通”的时代——大型投资、与商业贸易关系紧密的传教活动，以及炮舰外交的时代——即将终结。[③]大多出生于 20 世纪的更年轻的“新中国通”群体开始兴起。尽管这两个群体在 20 世纪 30 年代同时存在，但从克劳的世界到斯诺的世界，微妙的转变已经开始。如果认真分析阐明斯诺人生经历的各个阶段，我们就可以知道问什么斯诺能够从这群新老中国通中脱颖而出。通过这种方法，人们也可以了解到，为什么斯诺在延安窑洞中的发现对他塑造的中国形象意义非凡。

在中国时，埃德加·斯诺还很年轻，缺乏经验、狂热而鲁莽。《红星照耀中国》出版时，他只有三十二岁。正如他所言：“我初到上海时，还非常年轻，充满了好奇心，对世界上一切都感到新鲜。”他出生于日俄战争结束的那一年，中华民国成立时他才六岁，日本提出“二十一条”要求时他才十岁，1919 年 5 月 4 日，他才十四岁。孙中山去世时，他只是一个二十岁的大学毕业生。而与出生在 19 世纪 80 年代早期的克劳、鲍威尔、约瑟夫·格鲁（Joseph Grew）、帕特里克·赫尔利（Patrick Hurley）、道格拉斯·麦克阿瑟（Douglas MacArthur）、乔治·马歇尔（George Marshall），以及约瑟夫·史迪威（Joseph Stilwell）相比，斯诺与他们的生活完全不同。后者在一部戏剧中扮演着渔翁得利的角色，而斯诺则从事着一些新鲜的、不同的事情，也无须承担任何长期的义务。

还有其他因素促成了斯诺自由轻松的风格。大多数比斯诺早到中国的人，不论其世俗化的程度如何，都有想要在中国传教的意图，而斯诺“对任何宗派宗教都漠不

---

①　参见《当代传记》，1941 年，第 804—805 页。

②　斯诺：《复始之旅》，第 3 页。

③　尼姆·威尔斯：《老中国通》，《新共和》第 157 期（1967 年 4 月 1 日），第 13—15 页。

关心"①。他的父系家族可以追溯到肯塔基州反天主教的斯诺家族。然而他的父亲娶了一位爱尔兰裔德国天主教徒，并且他父母双方家庭都有人当神父。埃德加的父亲即使为爱妥协，但对于宗教却日渐不满。埃德加作为家里最年幼的孩子，尽管认可了母亲的宗教信仰，但却从小耳濡目染父亲对宗教的不满情绪。埃德加记得那时每逢周日下午，父亲都会从罗伯特·英格索尔（Robert Ingersoll）或者其他的书中精挑细选几个章节讲给他听。但他说，他真正失去信仰却是由于某次他注意到，圣饼也是在普通的煤炉中烘烤出来的，祭坛男童吃掉圣饼后，也没有遭受任何惩罚。因此他来到中国或许是为了寻找其他事物来代替童年时的信条，但这与正统宗教没有任何关系。事实上，他开始变得对传教活动持高度怀疑的态度。他穿着充满光泽的羊驼大衣、宽松的长裤和土灰色的鞋，双眼斜视着，闪烁出精光，说话方式幽默滑稽，严肃地批评着被紧紧束缚在陈规陋俗中的传教活动。斯诺的观点异乎寻常地坦率，他认为在这一代实现全世界基督教化的目标是不可能成功的。他测算道："经过一个多世纪的努力，最终结果是新教基督教十字军只拥有70万教众。"即使算上为谋求生计而入教的基督教徒——"这些人并不信教，只是希望偶尔可以得到一顿美餐"——斯诺觉得按照这种进步的速度，"我们或许可以寄希望于大约五百个世纪之后，中国成为一个新教基督教国家"②。

在中国期间，这里所具有的西方生活的传统也让他感到非常不舒服，尤其在港口城市。上海与其说是"美国影响力的绝佳证据"，不如说是"一个政治道德败坏的城市"。而对于斯诺来说，上海是一个物欲横流、令人徒劳无功之地。他说，卖东西赚钱是这座城市美国人的主要消遣方式："生意人去市场售卖缝纫机、热水袋……或任何你想要的东西，传教士则去销售《圣经》。两者都采用了强有力的美国营销策略。"斯诺发现上海是一幅最庸俗的美国讽刺漫画。他在抵达上海不久后写道："在最通晓多种语言的这座亚洲城市中，漂泊的美国人可以找到所有家的舒适，克拉拉·鲍（Clara Bow）和巴迪·罗杰斯（Buddy Rogers）、收音机和爵士乐队、鸡尾酒会和函授学校、夜总会和卡巴莱歌舞厅、霓虹灯和摩天大楼、口香糖和别克汽车、宽大的裤子和长裙、卫理公会的福音传道者，以及萨尔瓦蒂军队。"③在那里，他也发现了一些独特的美国现象，比如海军妻子、奉子成婚、女童子军、美西战争退伍军人、审查委员会、光天化日抢劫、完美整洁的理发店、短篇小说俱乐部、小麦面包和商会。

离开通商口岸上海，斯诺来到了中国腹地安家落户。他边游历边报道"封建城市云南府"，之后，他乘坐火车游历了八千英里，"从宁波到汉口，从南京到哈尔滨，从北京

---

① 参见斯诺《复始之旅》中有关宗教的内容，第12—14页。
② 斯诺：《在上海的美国人》，《美国信使》第20期（1930年8月30日），第438页。
③ 斯诺：《复始之旅》，第四章。

到长城内外，还到了东北和朝鲜"①。尤其是来到北京西部，这里到处都是死亡和饥荒，斯诺意识到"这个国家仍处于四分五裂的状态"，真正的革命并未开始。20世纪30年代末，他在北京安了家。他发现北京与上海不同，"北京是亚洲无与伦比的、最雄伟、最吸引人的首都"。

埃德加·斯诺和尼姆·威尔斯一起居住在北京，他们的婚姻为斯诺对中国的认知增添了新的元素。②他们相遇于亚洲却也在此缘尽。在中国的这些年，"她常常给他带来烦恼，但又常激励他，她是他忠诚的合作者、伴侣和评论者"③。尼姆的工作，包括1938年她对共产党人的追访与斯诺形成了竞争，也激励了斯诺前进。这段婚姻本身充满了浪漫色彩但也矛盾重重，当两人在20世纪40年代离开中国后，这段婚姻落下了帷幕。但斯诺夫妇还在一起时，他们是独立自由的撰稿人，致力于塑造发展中国的新形象。

在斯诺生活在亚洲的十年期间，一种"斯诺模式"出现了：这种模式挑战植根于传教士和通商口岸文化的传统中国形象。取而代之的是，斯诺塑造了朝气蓬勃，具有浪漫色彩，同时也充满未知的中国形象。斯诺对共产党和革命都持续关注，塑造一个不同于以往的中国形象，这也挑战了长期以来西方人的观点。并且和中国一样，斯诺为关于共产主义和革命也做了许多准备工作，这也挑战了长期以来西方世界的观点。事实上，早在1931年，斯诺就指出中国共产党的故事是非常好的故事，值得讲给全世界听。④

然而必须要指出的是，尽管他在中国的经历丰富，但斯诺所构建的中国形象，仍然有他中产阶级的美国背景给他带来的影子，即使在《红星照耀中国》中也有体现。一方面，斯诺对"中国黄褐色山岭"上所认识的人们很熟悉，但他知道"我不曾是，也永远不可能是他们中的一员"，"一个完全献身异国的人……过的是Yahoo（粗茶淡饭）的生活。但我是一个美国人"。斯诺书写下如此与众不同、振奋人心的中国形象的关键在于他心中有这样的信念，他认为美国可以为中国做些什么并且在思考美国应该怎么做，在这一前提下，虽然不同的人采用不同的方法来实现这一点，但正是这一前提，将斯诺同他密苏里州的前辈们连接在一起。

---

① 斯诺：《通向古老亚洲的大门》，《漫旅》第66期（1935年11月），第11—13页；斯诺：《到达中国（第一篇 游历）》，《复始之旅》，第4—7页。

② 尼姆·威尔斯对《中国共产党》的介绍（康涅狄格州韦斯特波特，1972年）。

③ 译注：该译文引自斯诺著《复始之旅》，《斯诺文集》，宋久、柯南、克雄译，新华出版社，1984年。

④ 斯诺：《共产主义在中国的力量》，《当代历史》第33期（1931年1月），第521—526页。
译注：该译文引自张威《危机与重建：斯诺的最后30年》，《杭州师范大学学报》（社会科学版）2011年第2期，第55—61页、105页。

　　尽管斯诺对于在美国影响下上海所建立的灯红酒绿的物质生活嗤之以鼻，但他确实觉得美国人的优点对中国有重要影响。他指出中美两国国土面积大小、空间相似，他也很享受这两个社会都拥有着的幽默悠闲氛围。斯诺认为，特别是美国通过传播国内的民主主义，可以对中国造成深入的影响。①基于反殖民主义，斯诺的建议得到了其他美国人的呼应。无论怎样，美国都卷入了东方的这场权力游戏中，因此，斯诺确信"美国的援助发挥了重要的、积极的作用"②。他另外两本关于中国的早期著作——《远东前线》（1933）和《为亚洲而战》（1941）——也和《红星照耀中国》一样值得人们关注，这两本书里，斯诺多次提到了美国人眼中的中国形象："中国的大门不再会完全打开，而只会微微敞开。而在这个未来世界上最大市场中，美国贸易发挥的作用不可否认。"③

　　二战期间，斯诺甚至对上海这个科技发达的"小美国"感到骄傲并乐在其中，即使他在上海的时候曾嗤之以鼻。突然间，"剃须刀、饭菜、电影、台球桌、乒乓球、摇滚乐队、广播电台"，更不必说"鲍勃·霍普（Bob Hope）、杰克·本尼（Jake Benny）、查理·麦卡锡（Charlie McCarthy）他们"——都不再让人觉得不合时宜，而是变成了心灵慰藉。美国教育在中国引起的广泛影响尤其令他感到欣慰。那时，他还可以忍受鲍威尔以及他的国民党朋友，斯诺曾说："南京有这么多哈佛人，美国人民应该感到骄傲。"事实上，他指出"蒋介石没有去哈佛，是中国的不幸"④。

　　日本的扩张主义威胁不光阻碍了美国发挥其主要作用，同时也影响了斯诺的想法。和其他的美国人一样，斯诺在他的整个职业生涯中，一直对日本人的野心保持着高度警惕，但或许更是因为他从不记得日本和美国有过和谐相处的时期。1939 年，斯诺反对美国从菲律宾抽调兵力，他提出他无法想象"做生意的山姆大叔居然因为日本武士的到来而离开菲律宾"⑤。在整个亚洲地区，他看到了同一种模式——日本将自己的文化强加给别国，摧毁当地的民族产业，掠夺一切自然资源并运输回日本市场。他在《日本建立新殖民地》《日本掘壕固守》《日本主宰者滚滚而来》等作品中记录了日本人的暴行。⑥斯诺同意他妻子的观点，即日本让"人民生存在骇人的状态之中"，"他们像吸血鬼一样蚕食中国半死不活的身体"⑦。在地理的多米诺骨牌论中，斯诺和其他美国人对共产党情况的认知不同，他的想象力更加狂放。他预料亚洲将会为日本的"弗兰肯斯坦"的"新

　　①　参见斯诺评赛珍珠《我的几个世界》，《民族》第 179 期（1954 年 11 月 13 日）；斯诺：《美国如何采取攻势》，《财富》第 23 期（1941 年 6 月），第 69 页。

　　②　斯诺：《中国内战爆发了吗？》，《亚洲》第 39 期（1941 年 4 月），第 166 页。

　　③　斯诺：《远东前线》（纽约，1933 年），第 130 页。

　　④　同上，第 160 页。

　　⑤　斯诺：《美国应该留在菲律宾吗？》，《亚洲》第 39 期（1939 年 9 月），第 492—496 页。

　　⑥　这些文章都发表在《星期六晚邮报》中，206—208 卷，1933—1936 年。

　　⑦　尼姆·威尔斯：《日本的吸血鬼政策》，《读者文摘》第 33 期（1938 年 9 月），第 61—62 页。

帝国主义"所奴役。他确信，如果中国沦陷了，那么"台湾人、朝鲜人、满族人、蒙古人"将会被"永久征服"，"没有什么可以拯救其他东方人"，"印度华侨、菲律宾人、马来人、爪哇人、暹罗人、缅甸人、印度人"都将沦陷。①

尤其是在 20 世纪 30 年代末，美国人反日已成为共识，斯诺对日本的憎恶也不容小觑。威廉·纽曼（William Neumann）曾指出美国对日本的态度中存在非常严重的分裂，尤其在 20 世纪 40 年代，形成像斯诺这样主张强硬路线的重建主义和像乔瑟夫·格鲁以及道格拉斯·麦克阿瑟那样——主张用一种温和的形式，形成稳健的战后重建的派别。② 斯诺把中国共产党作为代替日本的合适选择。而麦克阿瑟觉得斯诺的选择是无法实现的，于是同改革重建后的日本建立了亚洲伙伴关系。早在 1945 年，当斯诺批判最高指挥官对待日本的政策太过"温和"时，麦克阿瑟就指责斯诺是苏联安插在中国的间谍。斯诺不明白，那些拒绝向日本妥协的人怎么就变成了麦克阿瑟口中的"叛徒"？斯诺质问道：战争结束是不是意味着可以把日本在中国犯下的暴行抹得一干二净？或者说把珍珠港事件说成是一次"无意之举"的产物？③

寻找日本的替代品影响了斯诺对亚洲的想法和感受。例如，他改变了对总司令的印象：1934 年，斯诺认为蒋介石是一个"统治羸弱中国的铁腕人物"；迟至 1938 年，即使他拜访了毛泽东之后，蒋介石也仍然是"中国的战斗委员长"；在 1938 年斯诺的写作中，他发现"蒋介石的有非常好的领导能力，他为人稳重、充满活力、有进取心并且非常勇敢。而他妻子非常仁慈也有很大的影响力"④；到了 40 年代中期，与战后亚洲建交的选择只能缩小到可行中国和重建后的日本，斯诺才越来越厌恶阻挡中国同美国建交的蒋介石，现如今，这位"狂妄自大"的总司令被视为地主阶级的工具，周围都是阿谀奉承的小人，而支持国民党的美国人则会受到同样的蔑视。斯诺尤其鄙视帕特里克·赫尔利将军——那个"我们中国悲剧中不幸的老顽固"。反过来，国民党也容不下斯诺。战争结束时，重庆国民党政府下令禁止斯诺从马尼拉前往中国。⑤

斯诺认为日本和国民政府都无法带来战后和平，这使他进一步接受了共产党在亚洲的胜利。正如邹谠（TangTsou）和哈罗德·伊罗生（Harold Isaacs）所指出那样，斯诺

---

① 斯诺：《蒋介石的军队》，《亚洲》第 40 期（1940 年 11 月），第 569—582 页。
② 威廉·纽曼：《美日相遇：从佩里到麦克阿瑟》（巴尔的摩，1936 年），第 295 页。
③ 斯诺：《民族》第 168 期（1949 年 2 月），第 202—203 页。
④ 斯诺：《统治羸弱中国的铁腕人物》，《当代历史》第 39 期（1934 年 1 月），第 402—408 页；《中国的战斗委员长》，《美国外交事务》第 16 期（1938 年 7 月），第 612—615 页。
⑤ 斯诺：《我们能为亚洲做什么》，《民族》第 170 期（1950 年 1 月 28 日），第 75—79 页，涉及斯诺和国民党的决裂；《北莫斯科与中国共产党》，《民族》第 177 期（1953 年 11 月 14 日），第 406—408 页；《时代》第 46 期（1945 年 11 月 17 日），第 58 页；《出版人周报》第 148 期（1945 年 11 月 15 日），第 2623 页；《纽约时报》1945 年 12 月 7 日，涉及斯诺对罗伯特的评论。

1944—1945 年间来到中国的部分原因是为了支持共产党采用温和的方式进行土地改革，这与斯诺想把中国变成美国可行的合作伙伴的想法相匹配。越是有人选择日本作为盟友，斯诺就越愿意为红色革命者描绘一幅有利的图景，他也越能支持苏联作为抗日盟友。[①]

早在 1936 年，斯诺就指出苏联阻止日本进军蒙古的可能性。[②]在《红星》(1938)、《为亚洲而战》(1941) 和《人民在我们一边》(1944) 中，斯诺越来越多地从亚洲和全球的角度来看待中国问题。在 1937 年，他便指出"中国红军现在所占的位置，在战略上是中亚的火药桶"，"东亚的命运会随着红军的命运而变化"[③]。到了 1941 年，斯诺预见"日本和欧洲将会在亚洲平原上相遇，并且会从欧洲手中夺取世界的主宰权"[④]。尽管美国掌握着世界上的绝大部分资本和外部市场，但却无法迅速应对。"我们没有真正可行的陆军战略与它对抗，"斯诺在 1942 年谈到美国对日本的军事态度时写道："我们有海军战略，但没有陆军战略，我们有太平洋前线，但没有亚洲前线。"[⑤]他注意到如果美国与日本对垒，必须在亚洲大陆放弃传统的沿海城市和门户开放策略。因此，苏联将会成为二战时期以及战后的关键之处。事实上，斯诺大部分的战地通信报道是在苏联完成的而不是中国。他赞扬苏联的生活，歌颂苏联所做出的牺牲，他感觉苏联人了解美国人也喜欢美国人，他甚至和一个苏联姑娘有过一段短暂的暧昧。到了 1945 年，他坚信苏联最终会摧毁日本在亚洲的野心。因此，战争结束时，斯诺确信，在美国与苏联的支持下，那个 30 年代初的有趣的充满吸引力的中国共产党将是亚洲也许甚至是世界的唯一希望。基于这种观点，他希望美国大众可以接受红军，并不要对他的这种想法感到惊讶或急于推翻这种观点。[⑥]1938 年，美国支持日本似乎不太可能，而国共合作却仍有机会。到了 1945 年，改革后的日本让一些美国人再次认为日本可以成为美国的合作伙伴，但背叛中国，至少对于斯诺来说，他做不到。因此，他的形象没有像道格拉斯·麦克阿瑟在 1945 年所说的那样经历激进或阴谋的变化。相反，斯诺的意见仍是中美之间唯一可以接受的合适选择。

然而，需要注意的是，即使在二战期间，除了中国共产党的全面胜利外，斯诺确实尝试在中国引发一场美式的鼓舞人心的改革运动。作为美国工作者在中国工作的这段期间，斯诺最值得研究和阐述的工作就是他组建了一个战时统一的组织——"中国工业合

---

① 我在这一领域的思考基于吉姆·佩克的《美国与中国革命》(除了诺依曼之外)、欧尼斯特·梅和詹姆斯·汤姆森的《一项美国与东亚关系的调查》(剑桥，1972 年)、傅吾康的《中国革命的百年》(哥伦比亚，1970 年)。
② 斯诺:《日本在红色蒙古之门》,《亚洲》第 36 期 (1936 年 1 月),第 9—13 页。
③ 斯诺:《来自红色中国的报告》,《亚洲》第 37 期 (1937 年 2 月),第 74—75 页。
④ 斯诺:《为亚洲而战》(克利夫兰，1941 年),第 141 页。
⑤ 斯诺:《我们必须要先打败日本吗?》,《星期六晚邮报》第 215 期 (1942 年 10 月 24 日),第 215 页。
⑥ 斯诺:《苏联社会在中国西北》,《太平洋事务》第 10 期 (1973 年 9 月),第 266—275 页。

作社"，简称为"工合社"。美国记者们和其他一些对此感兴趣的团体（包括外交官、工程师、环保主义者、政治学家、社会工作者、教育家和传教士）都从世俗或精神方面做出努力，参与了这场改革。中国工业合作社是斯诺、尼姆和他们的新西兰朋友路易·艾黎（Rewi Alley）脑力劳动成果，代表其长期的改革抱负："促进人类复兴，谋求经济发展，开展民主教育。"

在战争的"实验室"中，斯诺和艾黎看到了创造一个新社会的机会。工业合作社的发起人认为中国人民可以将社会快速重建有效地同难民救助相结合，训练并动员劳动力，为民主政治建立经济基础，并且在中国偏远地区加强建设来抵御日本侵略。相比集中在几个脆弱的西部基地发展新产业，工业合作社建立了数千个小型的、半机动化产业单位，在日本摩托部队到不了的地区，并小心地掩护起来，以此来为中国的全面抗战提供保护。最后，整个冒险过程由工人、消费者和政府通力合作来完成。

工业合作社的蓝图将全国分为三大区域。"在日本战线后方运作高机动化产业单位、在战线中间或者边远地区发展实体工业。"最后，在安全的省份发展采矿业及进行产品生产。同时，促进社会的相关行业发展，例如开设培训学校、建立合作医院、设立退伍军人及战争孤儿的职业中心、开诊所、创建幼儿园及一些特殊学校专为文盲工人服务。正如斯诺所说，如果说劳伦斯（Lawrence）教会阿拉伯人极具杀伤力的游击战术，那么工业合作社则要为中国带来极具建设性的游击工业技术。这种想法"是要教会劳动者们如何操作机器，如何为集体的共同事业而思考"。

整个计划在一段时间内运作良好。在艾黎作为中国"突击建设者"（blitz-builder）的推动领导下，国民党领导人宋子文向艾黎和斯诺提供两百万美元贷款，工业合作社制造了很多医疗用品、制服、手榴弹、电器设备、马车、帐篷、担架和毛毯。此外，他们还开始制造玻璃，开采煤炭、铁矿和金矿，鞣制皮革，提炼糖和石油，开展纺织和化工生产等活动。在一些人看来，以工人合作为原则的工业合作社是国民党人最后的希望。然而，重庆政府的一些人，特别是财政部部长孔祥熙，认为工业合作社是在当局政府的管控之外自主运作的，这对当局政府来说很危险，于是切断了资金援助。埃德加·斯诺的这场美式的鼓舞人心的改革运动也随之夭折。这场改革或许是斯诺在中国做出的最好的也是最后的努力之一。工业合作社的失败、斯诺早年对中国的看法以及他一贯的反日态度，使他从一个居住在上海的密苏里州人变成了中国共产党的"美国朋友"。

从1949年中国共产党胜利到他去世后不久1972年尼克松历史性访华，这段时间埃德加·斯诺所做的工作并不是本文要讨论的主要内容。然而，一个极其讽刺的事实是，这个为促进美国支持中国共产党做了诸多努力贡献的人，在冷战期间却被排挤放逐，被迫生活在国外，直到他去世时才开始获得美国人民青睐和认可。即使中美两国相距甚远而且存在极大的政治差异，斯诺始终致力于向美国人民宣传中国及共产主义，并希望美国人民能够从美国背景出发理解中国。他在 1960 年、1965 年和 1970 年回访中国，并计划再次为《生活》杂志报道尼克松之行。关于他对中国的继续研究，他写了几本书并发表了一些文章，文章在《星期六晚报》《民族》周刊都刊登过。

显然，毛主席和周恩来总理都把斯诺视为他们的"美国朋友"。他对于中国人"开放门户"想法的报道以及他 1970 年 10 月回到北京出现在天安门城楼上，这都表明中美关系有所缓和。然而他却逐渐疏远了他的祖国。虽然他赢得了一个罕见的奖项，与一些朋友保持联系，也为大学做一些工作，但在冷战期间他几乎没有住在美国。斯诺去世的时候，人们都说美国应该早点听取斯诺的建议，这种说法最后已经变成陈词滥调。然而，斯诺对于美国的政策的确有很大的影响，美国国务卿迪安·罗斯克（Dean Rusk）在出访中国后，一回来他就认同了斯诺的观点，这件事更加充分实际地证明了这一点。[①]斯诺晚年大部分的时间都是和他的第二任妻子——洛伊丝·惠勒（Lois Wheeler）以及他的儿子克里斯托弗（Christopher）和女儿西安（Sian）在瑞士的新家度过的。[②]他是一个传奇，从一个年轻的中国通慢慢变老；或者说他也是一个被美国人所逐渐忘却的人，人们好奇为什么斯诺没有和中国共产党的其他朋友——比如安娜·路易斯·斯特朗（Anna Louise Strong）或者他的老朋友艾黎——一起隐居在北京？

也许埃德加·斯诺引起美国人的不适是因为他发现了一条关于他自己以及他的祖国的最终真理，或许毛泽东也从他身上了解了这条真理，而他的密苏里州的前辈们却没有发现。美国在自己的国家成功创造了一个社会，并试图将他们学到的经验输出到国外，甚至以此为使命。然而，其他国家所寻找的是适合自己国家国情的未来。美国中部的密苏里模式不一定适用于亚洲。斯诺在他的自传《复始之旅》中总结道："任何一种外来政策都不会比从这个国家自己发展的民主体系更适合这个国家。"

斯诺的部分遗产，和他的骨灰一样，留在了他热爱的中国，其余的则运回到了"哈德逊河畔，在大西洋与欧洲的交界处"，因为毕竟美国"抚育、培养了我"[③]。斯诺的经

---

① 参见《纽约时报》1972 年 2 月 16 日、《民族》第 214 期（1972 年 2 月 28 日）第 261 页上的讣告中的优秀传记；《生活》1971 年 4 月 30 日，第 7046 页；1971 年 7 月 30 日，第 22—27 页。

② 斯诺的第二段婚姻对他的职业的影响和第一段婚姻一样重要，他和女人之间的关系需要进一步研究。参考洛伊丝《舞台上的中国：一个在人民共和国的美国女演员》（纽约，1972 年）；《中国：洞察她的活力、它持久的美丽和女人》，Vogue 第 158 期（1971 年 11 月），第 157 页；《你所需要的只是一趟去中国的旅行》，《周六评论》第 54 期（1971 年 10 月 23 日），第 36—39 页；《"文革"已结束，但毛的影响依然回旋》，《周六艺术评论》第 55 期（1972 年 11 月），第 36—40 页。

③ 洛伊丝·惠勒·斯诺：《埃德加·斯诺的葬礼》，《新共和》第 170 期（1974 年 1 月 26 日），第 9—11 页。

译注：该译文引自［美］约翰·汉密尔顿著，《埃德加·斯诺传》，柯为民、萧耀先译，辽宁大学出版社，1990 年。

历从未动摇过他是密苏里州人的事实，正如他的朋友毛泽东在谈到斯诺的同胞们的共同经历时所说："美国人不是亚洲人，迟早要回家。"[①]事实上，从埃德加·斯诺代表性的记录中，我们会有这样一个疑问：是否所有的美国人在他们塑造亚洲形象时，已经做好准备把家乡抛在脑后？

（作者单位：伊利诺伊卫斯理大学）

---

① 斯诺：《毛泽东和他的新任务》，《新共和》第 160 期（1969 年 5 月 10 日），第 19 页。

红色中国，白色中国：跟随斯诺一起走遍中国

孔如轲（Nicholas R. Clifford）

何卓伦 / 译，李子薇 / 校

　　埃德加·斯诺的《红星照耀中国》①（下文简称《红星》）于 1938 年问世，长期以来，人们一直将其视为美国新闻界的一部经典之作，就在美国人心中树立中国共产党形象而言，《红星》做出了远超其他作品的贡献。虽然这绝不是对这场运动的首次研究，但这是第一次有受过训练的西方记者亲身访问了中国西北保安的共产党新基地。1934—1935 年间，毛泽东一行正是在这里进行了休整。毋庸置疑，从整体上来看，《红星》属于新闻类作品——"可能是本世纪的美国人作为外国记者所写的最伟大的新闻报道类的著作了"②，斯诺的传记作者写道，只需再过几年，似乎就没有什么理由质疑这个说法了。这本书出版的时候，恰逢中国开始坚决抵抗日军的军事进攻。此书一出版就获得了成功，不仅在美国，在英国更是如此——它是维克托·格兰茨（Victor Gollancz）的左翼读书俱乐部的选择。

　　此书作于斯诺三十出头的时候，可以说，这是一本年轻人的书。它吸引人的原因之一，是斯诺对他所做的非凡的独家新闻有着毫不掩饰的热情和兴奋。斯诺是一名大师级的作家，他的《红星》有众多显著特色，而对毛泽东的长篇采访记录就是其中之一。即使在今天，这本书里的毛泽东早期故事仍然是共产党成立初期的一个重要的资料源，即使不是无可置疑。此外，这部自传中还穿插着毛泽东（和斯诺）对长征的描述，而这里的描述是如此扣人心弦，使这样一段鲜为读者所知的插曲精彩而生动。

　　正如斯诺所说，长征是一个英勇的冒险故事——一个现代版的《出埃及记》，毛泽

---

① 本书译文均引自董乐山译《西行漫记》（原名《红星照耀中国》），1979 年三联书店版。
② ［美］约翰·汉密尔顿：《埃德加·斯诺传》，柯为民、萧耀先译，辽宁大学出版社 1990 年版。

东带领他的人民脱离奴隶制度，进入"应许之地"，而这又以另一个冒险故事为背景，即斯诺对他自己的发现之旅的讲述。因为《红星》不仅是一个引人注目的新闻报道，同时也是当时伟大的旅行叙事之一，就像其他类似的叙事一样，《红星》也讲述了一段探索的经历，展开了一段关于未知之旅的故事，这是该书持续受欢迎的原因之一。一长串亟待解答的问题，一系列尚未经历的风险，所有这些都在第一章奠定了一种叙事基调，用以激发读者的好奇心，提高读者对下文的期待。这种基调向读者预示了一个内心旅程与外在旅程并置的经典叙述——一个主人公出发到没有（西方）人敢踏足的土地，为了考验自己，为了回去讲述历险记。

如果《红星》因此涉及一种悠久的旅行文学传统，那它也必须被定位于包括其自身在内的特殊的亚传统中，也即一种中国远行叙述的传统。在 19 世纪，特别是在四五十年代的鸦片战争之后，越来越多的西方旅行者，男女皆有，留下了他们的旅行记录。在他们开始旅行的公开理由中，往往包含着某些实际目的：罗伯特·福琼（Robert Fortune）和命运多舛的马嘉理（Augustus Raymond Margary）（他在缅甸边境被杀）为了扩张英国的商业而进行间谍活动；或者是美国人埃莉萨·锡楚德莫尔（Elizah Scidmore），她帮助加拿大太平洋集团（The Canadian Pacific）发展了 20 世纪的新旅游贸易。然而，和大多数人一样，他们的旅行显然也纯粹是兴趣使然——即使不全是为了享受旅程中的愉悦。伊莎贝拉·伯德·毕晓普（Isabella Bird Bishop）声明她的旅行只是为了消遣，但她观察到的详细情况，她统计到的贸易数字，她发现的英国企业发展机会，更不用说她书中给外交大臣索尔兹伯里勋爵（Lord Salisbury）的献辞，都在否认她的声明。

尽管这些文学作品是多样化的，但仍呈现出了某种共同的主题，这就导致中国的远行叙事有别于当时其他的旅行叙事。不同于非洲——它被维多利亚时代的人视为野蛮的黑暗大陆，没有能力恰当地开发本土丰富的资源，甚至不同于拉丁美洲，伊比利亚人在那里的懒惰被看作是将土著从麻木中唤醒已然失败的结果，中国被视为一个古老而高文化的文明之乡，以及一个复杂精密的政治组织。帝国的凝视——"勘察一切的君王"（语出玛丽·路易斯·普拉特）——相较于广东或智利，更有可能投射到西非海岸或刚果盆地的景色上。由于在中国这样一个人口大国，过去的伟大丰碑是如此引人注目（尽管这些丰碑可能正在摇摇欲坠），新的发现与想法听起来就远没有那么令人信服了，而这也就导致其受到抑制。

然而，这些纪念碑正在崩塌，这一点很重要，因为它们以此方式成为一个视觉隐喻，用以证实西方的尘俗之见，即无论中国先前有多辉煌，现在都处于急剧衰落的状态。"中国是一个拥有四千年历史的古老国家，"埃莉萨·锡楚德莫尔在 1900 年写道，"由于年老体衰，她已经奄奄一息……她的生命力渐渐衰弱，她的心不再跳动，她的魂已然麻木，这一百年来，她变得越来越僵化。在这个西方进步的美好世纪里，它慢慢地停了下来，进入一种停滞的存在状态，然后倒退，现在全世界都在注视着它最终的症状和灭亡。"

但是，如果中国对西方（以及后来的日本）的传教士们所宣扬的东西给予适当的关注，她还是有可能获救。在这里，我用"传教士"这个词来形容所有那些，用史景迁（Jonathan Spence）的话说，来"改变中国"的人，无论是世俗的还是宗教的：教育家、记者、经济和军事顾问、外交官，更不用说那些以身作则的商人了。"确实，中国正在迎接一个新时代的到来。"伊莎贝拉·毕晓普在 1898 年写道，"20 世纪是把她置于她应该在的位置，置于东方国家的前沿，还是见证她的解体和衰败，这在很大程度上取决于英国的政治才能和影响力。"

然而，到了 20 世纪二三十年代，这种写作基调开始急剧转变。1912 年清王朝的灭亡和新共和国的建立，给中国的复兴带来了一阵短暂的希望。"我相信在中国将会出现一个权力在东方至高无上的政府，"埃德温·丁格尔（Edwin John Dingle）在 1911 年的云南和西部之旅后指出，"此外欧洲的和平将依赖于他的统一……我们或许不会看到这一幕，但我们的后代会看到。"而与此同时，美国人伊丽莎白·肯德尔（Elizabeth Kendall）也注意到了明显的民族主义新迹象，这是从中国的乐观而不是沮丧中恢复过来的。

尽管这种乐观情绪是短暂的，但对中国旅行写作基调的转变更为重要的是，一战捣毁了西方的自信。西方国家自以为高高在上，而一战却给其致命一击。这完全是他们咎由自取。虽然许多老中国通（他们的生活与其本国发生的变化相隔绝）可能继续显出狭隘的通商口岸观念，即所谓的"上海思维"，其他人现在高度批评这种想法。二三十年代的游记作家虽然对中国的了解可能没有那么丰富，但他们往往不爱妄下评判，也不那么倾向于大剂量地开一些诸如科学、技术、基督教和教育等"西化"药方以医治中国的所有弊病。马丁·格林（Martin Green）已经表明，人们已经不再认为 19 世纪的冒险故事是一种严肃的作品，这一点在帝国主义正在丧失公信力的英国尤为明显。取而代之的是一种"反冒险文学"，这类作品幽默、讽刺、自嘲，以格雷厄姆·格林、伊夫林·沃和乔治·奥威尔的作品为例——并且在中国，有人可能会补充到，像彼得·弗莱明（Peter Fleming）这样的作家也包括在内。他在《独行中国》（1934）里提醒他的读者要注意中国的巨大规模和悠久历史。之后，他向读者发出了"警告"：

这本书的作者 26 岁。

他总共在中国待了 7 个月左右。

他不会说中文。

凭借这种讽刺性的自我贬抑（self-deprecation），弗莱明成了他那个时代最受欢迎的游记作家之一。相较于美国人，这种自嘲在英国人中更为常见，因为美国人往往倾向于采用更具教诲性的口吻。然而到了30年代末，"美国人"的态度方兴未艾，因为到了日本进攻的时候，中国开始成为外界眼中"英雄的捍卫者"，捍卫着受到法西斯威胁的价值观，而在这里，和在西班牙一样，战争著作开始取代了单纯的旅行著作。1938年，奥登和伊舍伍德访问中国，试图将这两种文类在《战地行纪》中结合在一起，但这种结合根本行不通，在尸横遍野的时候，弗莱明自嘲式的讽刺显得格格不入。

当然，《红星》是有意于说教的。然而，它与某些其他类型的游记文学一样，即使不是异国情调，至少也有一种乌托邦的气氛，因为斯诺穿越白色中国，进入红色中国时，发现了一种"伊甸园"。然而，不同于与他同时代的詹姆斯·希尔顿笔下迷人的香格里亚或陶潜的"桃花源"中隐藏的山谷，斯诺的乌托邦确实存在于这个世界中，是世界的一部分，并且关注着世界上的问题。与希尔顿笔下被雪困住的旅人和陶渊明文中迷路的渔夫的意外发现不同，斯诺的红色之旅是一个自觉自愿从事的探索，在这次探索中，主人公发现了他开始希望遇到的，而不是通过机缘巧合发生的。

此外，他返回之后，将这个历险记娓娓道来，引人入胜，以至于即使没有日军入侵的巧合，这个故事也会吸引全世界的注意。这是一个全新的历险故事，至少对他的大多数读者来说是新的。"在世界各国中，恐怕没有比红色中国的情况是更大的谜，更混乱的传说了。"因为它被"铜墙铁壁一样严密的新闻封锁"所隔绝，它的领土"比西藏还要难以进入"，人们认为，没有人能够进入苏维埃的领地，然后活着回来，"在报纸受到像德国或意大利那样严格检查和管制的国家里，长年累月的反共宣传就是有那么大的力量"，注意这其中的联系——德国和意大利显然足以与蒋介石的中国相类比，而选择西藏也绝非偶然，因为正如彼得·毕晓普（Peter Bishop）所指出的那样，这个地区是西方创造的神圣景观所在地，它的这个名字本身就承载着一大堆联想和无相（disembodiments）的真理。

"我那样做，确实是有危险的……（并且）我在旅途上很少有什么东西可以叫我感到放心的。说实在的，除了带着一封给苏维埃政府主席毛泽东的介绍信，确实没有什么东西可以叫我感到放心，我只要找到他就行了。这要经过怎样的冒险呢？我不知道。但是，在这些年的国共内战中，已经有千千万万的人牺牲了生命。为了要探明事情的真相，难道不值得拿一个外国人的脑袋去冒一下险吗？我发现我同这个脑袋正好有些联系，但是我的结论是，这个代价不算太高。

"就是怀着这种冒险的心情，我出发了。"反讽的调子仍在，但被小心地减弱了。

因此，我们得知了不止一个，而是两个冒险故事：第一，我是如何做到的？第二，红军是如何做到的？——后者将会是一篇关于他们的成功的报道，这一报道可以抵消国民党的那些宣传，即使通商口岸的报纸和世界上的其他国家已经急切地接受了它。

　　这个故事用两种不同风格的表现形式为我们展现了两个中国。白色的中国是蒋介石的中国，是通商口岸和外国殖民地的中国，是通过书籍、报纸和《国家地理》而闻名的中国，也正是在这里，在平静的、半西化的北京，斯诺的旅行叙述开始了。"在这里，饱食终日的外国人，可以在自己的小小的世外桃源里过着喝威士忌酒掺苏打水、打马球和网球、闲聊天的生活，无忧无虑地完全不觉得这个伟大城市的无声的绝缘的城墙外面的人间脉搏——许多人也确实是这样生活的"在这篇文章中，作者遵循了两个重要的旅行写作惯例：读者，千万不要把这误认为我正要给你介绍的真正的国家；读者，千万不要把我想象成我在这里描述的那些与世隔绝的外国人中的一员。近一个世纪以来，在上海或香港等城市开始他们中国之旅的旅行者们，都以这样的警告作为其叙述的开端，即像这样的城市一定不能与内陆的"真实"中国相混淆。更晚近的一个惯例（或可称为"法利赛人和税吏"的心态，在今天的旅行作家中仍很普遍）是提醒人们，作者不同于当地的其他外国人；虽然最常见的区别可能在真正的旅行者和只是来旅游的人之间，在中国，它倾向于区分真正的旅行者和单纯的通商口岸居民——这种人对中国的看法只限于透过上海俱乐部的窗户或从北京使馆区严密巡逻的街道上看到的风景。

　　有关白色中国的描述贯穿此书，但尤其集中在本书的开头，这些描述有些是独立存在的，有些是为了与在红色中国发现的某些事物进行对比。在这里，斯诺很容易陷入爱德华·萨义德（Edward Said）等人所描述的那种东方主义的语境中（尽管萨义德的东方学最终在多大程度上适用于中国和东亚仍是一个悬而未决的问题）。"许多罪大恶极的无赖流氓汉奸，"斯诺警告他的读者，"都是以正人君子的面目，陈腐的诗云子曰的伪善，中国经书上的愚民巫术，爬上显赫的地位的……今天多少也仍是如此。"他对中国传统戏曲嗤之以鼻，充分体现了最经典的（最坏的）"上海思维"，如他称赞红军剧社的"优点是从锣鼓铙钹和假嗓歌唱中解放出来，采用活的题材而不像腐朽的中国京剧那种没有意义的历史故事……红军剧社的观众似乎真的在听着台上的说话：同那些神情厌烦的京剧观众相比，这真使人惊奇，因为在中国，看戏的把时间主要花在吃水果、嗑瓜子、聊天、把热毛巾扔来扔去、到别的包厢里去访客上面，只是偶尔才看一下台上的戏"（人们不禁想知道，在读到这样的责难时，《裘力斯·凯撒》（Julius Caesar）或《亨利五世》（King Henry The Fifth）是否也似乎是"没有意义的历史故事"）。本书在其他地方也提到了"滑稽戏式的军队"，这是那个时代的一个普遍特征。

　　最重要的是，当斯诺谈到经过了"两千年的沉睡"后，中国正在觉醒时，这表明他也采取了那种过去长期对中国的描述方式，那种从黑格尔，从马克思，以及从无数后来的旅行家那里得来的描述，即一个有很长的过去却没有历史的国家，一个人们只能在那里看到作为京戏素材的戏剧性事件的国家。不同于西方取得的成功与进步，这些事件毫无意义。"O Cina, O Cina……come dormivi lieta, gonfia dei tuoi settantamila secoli……poi nacque Turandot! "（中国啊，中国啊……你曾经多么安详地沉沉睡去，为你那七万个世纪感到骄傲！……直到图兰朵诞生！）而中国的无时间性，它的无历史性，反映在西北的风景里，那种"很少有真正的山脉，只有无穷无尽的断山孤丘，连绵不断，好像詹姆斯·乔伊斯的长句，甚至更加乏味"的风景里。

在东方主义影响了大量的旅行叙事传统，而《红星》正是出自该传统的情况下，我们该如何理解斯诺与这种东方主义的同谋？我们该如何看待这种对早期旅行者给中国及其社会作出的谴责性判断的明显回归？我认为，我们必须把这种判断视为一种策略，用以强调这本书的真正的观点：无论过去中国的缺点是什么，无论你怎么看待她几千年的沉睡和最近的觉醒，现在都有一种方案，可以替代过去的一切。

尽管国民党进行了各种宣传，通商口岸充斥着陈词滥调，但这种替代方案将会在苏区找到。在斯诺对自己如何踏上禁忌之旅的描述中，埃里克·安布勒（Eric Ambler）的影子可不止一点，尤其是"人民阵线时期"的埃里克·安布勒：一封用隐形墨水写的信，北京的一场秘密会议把他带到了西安的一个酒店房间，等待一个只知道他姓"王"的男人。一切都安排好了，但我们对此知之甚少。"我如愿以偿，安然通过最后一个岗哨，进入无人地带——这个经历，我要是如实地叙述出来，就可能给那些帮助我前去的国民党方面的人造成严重困难。现在我只消说，我的经历再次证明在中国任何事情都可能办到，只要照中国的方式去办。因为到了第二天早上七点钟的时候，我确实已经把最后一架国民党的机关枪抛在后边，走过那个把'红''白'两区分开的狭长地带了……这也是我同白色世界的最后一个联系环节告别，从此要有许多星期不跟它发生接触。我已破釜沉舟，决心跨进红区了。"

当然，我们仍然在地图上所说的"中国"，但越界行为已经发生，我们已经穿过了边界，完成了秘密越境。但是进入了什么地方？在这一点上，一切可能性似乎都是开放的，读者仍然可以完全自由地相信国民党关于赤匪的宣传（尽管不可否认，这样做的读者是一个非常不敏感的读者）。红色和白色的区别不仅仅是两个中国的区别：它是两个世界的区别。

在斯诺描述所遇之人时所用的语言的转变中，这种差异即刻凸显出来。我们遇到的不是过去统治中国、今天继续统治着白色中国的"流氓""无赖"，而是那些体现了我们外国人所熟悉并确实钦佩的各种品质的男人（有时还有女人）。一个在西安身着白区制服的红军地下党（他是那些方便了斯诺越境的人之一），是一个有着一双神采飞扬的"闪闪发光的眼睛"、一副"青铜色的脸上"的"恶作剧的笑容"、一双"像铁爪子似的那么有力的手"和一种伴随"轻巧矫捷的行动"的"黑豹的优美风度"的男人，人们一眼就可以看出"他的制服是件伪装，他并不是个坐办公室的官僚，而是个户外活动的人"，显然，无论是过去的儒家官员，还是现在的国民党官员，都没法想象能拥有这样的品质。

　　这样的人物描述还在继续。一位年轻的农民，贫民会的分会主席，是个"长得很英俊的小伙子，皮肤黝黑发亮，牙齿整齐洁白。他好像同中国其他地方的胆怯的农民不属于一个族类。他那一双炯炯有神的快乐的眼睛含着一种挑战的神情，他还有一定的吓人气派"（读者，我们已经不在《大地》上了）。周恩来，"一个传奇式的人物"，他身上有"一种吸引力"，而且"显然是中国人中间最罕见的一种人，一个行动同知识和信仰完全一致的纯粹知识分子。他是一个书生出身的造反者"。军队司令员彭德怀（三十年后死于"文化大革命"）是"一个愉快爱笑的人"，"他的谈话举止里有一种开门见山、直截了当、不转弯抹角的作风"。当然还有"面容瘦削、看上去很像林肯"的毛泽东本人，他"颇有幽默感，喜欢憨笑……他似乎一点也没有自大狂的征象，但个人自尊心极强，他的态度使人感到他有着一种在必要时候当机立断的魄力"。

　　回到白色中国，我们已经了解到某些领导人是如何与形形色色的成群妻妾生活在一起的（蒋介石或许有点不同，因为他的离婚受到了新教传教士的祝福，以便他娶到有钱又有魅力的卫理公会教徒宋美龄）。然而，红色中国领导人的家庭观，却不会让《星期六晚邮刊》（斯诺偶尔为其撰文）的哪怕是最敏感的读者脸红。毛泽东正和他的妻子幸福地生活在一起，她就是勇敢的贺子珍，那个在陪伴她丈夫渡过长征的可怕磨难时负伤的人，而就在斯诺离开之前，这对伉俪刚刚成为一个女婴的骄傲的父母。斯诺坐着采访毛时，发现他的妻子正在隔壁的房间里用野桃子做蜜饯，即使到了凌晨两点，斯诺自己已经筋疲力尽了，但她和丈夫却都还完全清醒着。"忽然间，他们两个都俯过身去，看到一只飞蛾在蜡烛旁边奄奄一息地死去，高兴得叫起来。这确实是一只很可爱的小东西，翅膀是淡淡的苹果绿，边上有一条橘黄色和玫瑰色的彩纹。毛泽东打开一本书，把这片彩色的薄纱般的羽翼夹了进去。"

　　"这样的人会是真的在认真地考虑战争吗？"

　　简而言之，我们已经离开了东方主义的中国，来到了延安，进入了一片崭新的天地。人们用赞美的语言来描述这里，尤其因为这片土地的优良品质是那些我们会在自己身上辨认出来的东西。当然，重点不是斯诺报道的准确性，也不是他的政治预言的质量。而是他向西方公众描述他的旅程的那种方式。如同白色中国仍然保持着东方主义的中国，红色中国是用30年代的进步意识所熟悉的语言表现出来的，其结果是使人们感觉到，我们与中国人之间，或至少是与这个特定中国的中国人之间，几乎没有什么区别。事实上，尽管斯诺热衷在基督教传教士们中间捣蛋（因此还参与了另外一类旅行写作传统），但想想他对他的线人之一，一个铁匠学徒加入共产党的描述："红军到他县里时，他放下风箱、锅盘，不再当学徒了，只穿了一双草鞋、一条裤子就赶紧去参军。"福音的回声在这里明白无误地响起；在主的召唤下，西门和安得烈这两个渔夫，就正是以这样的方式，骤然离开了他们的加利利船和渔网。

因此，与我们抛在脑后的那个中国相比，苏维埃中国是截然不同的另一个国家。这一个中国有着勤奋、热忱、平等、务实等特质，这种务实和与传统儒教以及经学"神棍"相关联的冬烘之学大不一样；这里有一种"中国革命家的兄弟情义"，在那里"有某种力量消除了个人的差别，使他们真正忘记了自己的存在，但是却又发现存在于他们与别人共自由同患难之中"，这种品质"是不可能的……如果你了解中国"。斯诺发现这种品质不仅在领袖身上，而且在他遇到的青年人身上，无论是在军队还是在学校，在医院还是在工厂，亦或是在土地上，他们谈论着"我们的"红军，而不是带着恐惧和仇恨提到军队，这使他大吃一惊：

> 这种"共产主义"究竟意味着什么？从某种意义上来说，这是历史上第一次，成千上万的知识青年，由于突然得到大量的科学知识，引起了伟大的梦想，开始"回到民间去"，到他们国家的基层乡土中去，把他们新获得的知识"传授"一些给知识上贫乏的农村，给生活在黑暗中的农民争取他们的联盟，一起来建设一种"比较富裕的生活"。一个更好的世界是能够创造的，而且只有他们才能够创造这样一个世界。在这样的信念的鼓舞下，他们把实行的方案、公社的理想一一带到人民中去，征求他们的认可和支持。他们赢得的支持似乎达到了令人吃惊的程度。他们通过宣传和具体行动使亿万人民对于国家、社会和个人有了新的概念。

因此，这也无怪乎为何当他终于要返回白色中国的时候，斯诺会有一种"不是在回家，而是在离家"的感觉了（这种对旅行所至的这片土地产生的"乡愁"在当时的其他几位作家身上也有发现）。

尽管如此，必须承认，在开拓进入红色中国的道路时，和从前的其他旅行者一样，斯诺也促进了一个新传统的诞生。正如早期来自西方的基督教旅行者像艾里克·李德（Eric Leed）等人说的那样，在四、五世纪"制造"了圣地，将其制作和重新包装成一个供信徒们进行哲学旅行的中心，斯诺和后来那些追随他脚步的人们就这样去延安朝圣，将其神圣化，帮助它成为圣地［李克曼（Simon Leys）等人对这个过程进行了生动的描述］。这块圣地一直持续到毛泽东离世。

因此，这是一个冒险故事。这个冒险故事丝毫不逊色于史丹利（Henry Morton Stanley）在刚果的故事，一个知道自己做了个独家大新闻的人给这个故事注入了极大的喜悦之情。同时这也是一个道德高尚的故事，表现出了强劲的乐观心态，即无论"上海思维"可能存在着哪种固执的偏见——"中国人的性格"没有不可改变的性质，自然，斯诺打破了一个本质化中国的东方主义传统。在这里，他绝非孤军奋战，因为很多其他人也看到了一个正在"觉醒"的中国，一个新的、年轻的中国"正在诞生"。然而，多数观察者视为进步的因素往往倾向于在像上海或是武汉那样的现代商贸中心里找到。圣约翰、燕京、协和等大学的传教士通过教育，促进了这些因素的形成。同时，蒋介石（1937 年《时代》杂志的"年度风云人物"）和他迷人的妻子（受过韦尔斯利教育）也对此给予了支持。斯诺完全打破了这种既有的假定：他对中国之未来的看法不包括这样的西化圈子，而是将目光落在身处中国最落后、最贫困地区之一的一类新人的发展上，其中许多人完全没有受到西方的影响。

　　他们可能没有受到西方的影响，但他们却展现出那些为西方人所认可和欣赏的所有特征。在这里，斯诺也借助了一种旅行书写常见的策略，即"挪用"（appropriating）外国事物以使其自如地适切于自己所属场域推崇的价值。"对未知的他者的熟悉，"茜比尔·弗里茨（Sybille Fritzsche）写道，"可以通过生产一种刻板印象，用简化的模型来替代异域的复杂现实，这样一来，观察者就可以有选择地记住、吸收一些，同时屏蔽或否定另一些与其预期相违背的外部世界的观察和反应。"她表明，伊莎贝拉·毕晓普这样的旅行者驾驭云南或四川地区荒山的方式就是通过唤起读者记忆中所熟悉的欧洲阿尔卑斯风景。正如艾里克·李德引用安东尼奥·格尔比（Antonio Gerbi）的话所指出的那样，发现某个东西，比如一种植物或动物在欧洲或美国的对应物，就是把它附属到一个已知而熟悉的世界，在正常和理性的范围内接受它。当然，斯诺对人的关注要超过他对风景、植物或动物的关注，但模式是一样的。

　　然而，就像已知世界边缘潜伏着龙和海怪一样，遵循这种写作路线的旅行作家周围同样充满了危险。如果旅行者（或记者）抹杀了事实上存在的差异，或许最终会将异域文化以一种好意的，但无论如何是傲慢的方式，挪用到不能与之对应的本国文化与思想之中。（如在 1927 年，一个美国传教士将中国的共和革命认作他自己国家的功劳："推翻满清王朝的不是中国人，而是三个美国人——乔治·华盛顿、托马斯·杰斐逊和亚伯拉罕·林肯！"）因此，最近一位评论家大卫·斯普尔（David Spurr）认定苏珊·桑塔格（Susan Sontag）犯有"发现"体现了所有美国道德的北越人的罪行，声称这样的态度至少流露出一种对越南的想象性殖民，"乃是美国古典价值观——列维·施特劳斯（Lévi Strauss）称之为'自以为反种族中心主义的种族中心主义'的前哨基地"。在这样的解读中，也许《红星》成了一个不过是被玛丽·路易丝·普拉特归类为"反征服叙事"的东西，她以此指认一种用欧洲资产阶级"表现策略"来保护作者自身的美德，并与此同时维护西方价值霸权的叙述。

可怜的斯诺。由这样的角度观之，是不是他的语言也一定要被视作一种"资产阶级表现策略"，用于对他六十年前在延安发现的中国人的"想象性殖民"？他应该试着与他的表现对象保持更大的距离吗？事实上，他的敌人后来会指责他贬低中国人的共产主义，渲染他们所谓的民主美德（这一指控，在符合事实的情况下，能更恰当地适用于斯诺后来的一些著作，而不是《红星》）。假如他更坚定地坚持将毛与他的追随者，与苏区新动员的农民、士兵和学生，与人民阵线时期的英美进步分子区别开来呢？那么可能不仅他的书不会达到其目的，而且在今天他还会毫无疑问地被同样的批评家们判定有罪——他错就错在，将世界视为被"我们"与"他者"之间无法弥合的对立断然分割的世界。

旅行作家，就像历史学家或人类学家那样，从事的翻译工作不亚于那些设法让一段文本进入作者不熟悉的语言环境的人。正如文学翻译要求尊重原文的完整性，这使任何试图达到这个要求的人都面临着一个有时几乎无法完成的任务，那就是保留一种陌生语言的惯用语调的细微差别；历史书写——甚至是对那些描述自己所在社会的过去的书写而言——也面临着这种翻译的困难，即将一种至少是在年代上陌生的文化转入对现代受众有意义的惯用语法中，而不违反过去的完整性。因此，旅行作家（当然，不包括那种对其来说只有内心的旅程才真正重要的作家）也必须关注记录所见所为之事的方式，既要忠实于原初语境的陌生性，又要对他的受众有意义。

幸运的是，埃德加·斯诺在六十年前就开始动笔了。在那时，后现代与后殖民主义批评，连同它们对世界持全然二元对立态度的观点，还远未出现。不管斯诺的作品存在什么样的局限性，他都应该得到安息。我们不应用一种无比傲慢的、轻蔑的分类来搅扰他。毕竟，把孩子们的罪过加在粗心大意的父亲身上是不公平的。

（作者单位：明德大学）

大西北文学与文化研究

曹禺西北之行中的两次演讲及
相关史实新考[*]

金传胜

内容提要：通过查阅《雍言》《秦风日报·工商日报联合版》等民国报刊，新发现曹禺 1943 年在兰州中国银行陇支行的演讲摘录，在西安各界欢迎茶会上的演说记录等史料。同时依据报刊等文献，对曹禺西北之行的若干时间节点与相关史实进行补充与辨正，以期加深学界对于曹禺生平交往的认识。

关键词：曹禺；西北之行；演讲；史实新考

1943 年夏秋间，曹禺应国民政府资源委员会副主任委员钱昌照之邀，随钱昌照、陶孟和（时任中央研究院社会科学研究所所长）等人自重庆前往西北地区考察。关于这次西北之行，晚年曹禺在接受访谈时曾略有提及，但关于时间的描述显得含糊，仅仅说"大概是 1943 年或者 1944 年的夏秋之间的事"①。学者王贺 2016 年撰文《"文学史"的代价：论 1943 年曹禺西北之行及其写作》（以下简称《代价》），对这段史实进行了较为细致的考察。作者复于 2018 年、2021 年先后发表《1943 年曹禺西北之行之再检视》《1943 年曹禺西北之行及其相关问题三论》，就曹禺的西北之行补充了一些新材料，但仍坚持《代价》一文中的相关结论，认为"曹禺此次西行的行程依次是：第一段，1943 年 6 月 20 日，自重庆至兰州；第二段，自兰州经甘新公路赴河西地区（玉门老君庙油田、敦煌莫高窟）访问，具体时间不详；第三段，返回兰州，自兰州经西兰公路抵达西安。出发时间不详，抵达西安是在 8 月 17 日；第四段，自西安经原路返兰，抵兰是 8 月 21 日；第五段，8 月

---

* 2022 年度江苏省社科基金青年项目"综合性报刊与现代作家佚文整理与研究"（22ZWC009）
① 田本相、刘一军编著：《苦闷的灵魂：曹禺访谈录》，江苏教育出版社 2001 年版，第 101 页。

26日，由兰返渝"①。这不仅大致还原了曹禺西北之旅的行程，而且披露了他在西安、兰州期间参与的一些活动，如8月19日晚在西安青年会"青年之家"礼堂发表演讲《话剧的话》；20日晨参观西安儿童保育院艺术班作品展，随后出席戏剧家戴涯在民众教育馆召开的欢迎茶会；与青年记者李薿有一番谈话；25日在兰州女子师范学院礼堂作题为《戏剧中的新女性》的演讲等。田本相、阿鹰编著，2017年出版的《曹禺年谱长编》对这次西北之行作了著录，但却认为曹禺1943年6月29日赴西北考察，8月19日到达西安，9月初返回重庆②，并且对《代价》中已考定的史实均未记载。

《代价》一文较多引述了西安《华北新闻》、甘肃《西北日报》等报刊上的相关报道与文字，但关于曹禺西北行程与活动的描述仍有语焉不详或考订失误之处，相关的第一手文献资料亦不乏遗漏。例如文章对于8月20日西安文化界、新闻界所举行的欢迎茶会的描述十分简略，仅云："西北本土的话剧工作者如李次玉、冷波、唐那（按，即后来以新诗闻名，《诗第一集》《时间的旗》的作者唐祈）等人也参加了这次茶会。其间，主客双方热切交流西北剧运之发展等议题，于中午12时许赋归"③，并认为这种欢迎宴会性质的社交活动在西北现代文学史上谈不上什么重大影响。具有重大意义的文学活动自然值得我们予以浓墨重彩地加以关注与书写，但那些不甚重大的文坛史实就任其湮没在历史中吗？何况，在文学史料基础尚未夯实，文献颇多散佚的前提下，凭借既有材料遽断某一历史事件的意义与影响微不足道的做法本身就失之武断，其结论往往值得商榷。笔者通过进一步查阅《雍言》《秦风日报·工商日报联合版》《胡宗南先生日记》等，发掘出曹禺在兰州中国银行陇支行的演讲摘录，在西安各界欢迎茶会上的演说大意等新见史料，兹分别介绍于此，以期还原曹禺西北之行的若干细节，进一步加深学界对于曹禺生平交往的认识。

一、在兰州中国银行陇支行的演讲摘录

1943年9月15日西安《雍言》第3卷第8期刊有署名尹彤墀的《曹禺讲〈从戏剧里学些什么？〉》。该刊是中国银行天水分行于1941年创办的内部刊物，因1942年1月天水分行迁至西安，改组并入西安支行。1942年起该刊改由中国银行西安分行编印，1946年停刊。其办刊宗旨是为"本行及附业同仁'研讨学术，交换智识，发抒意见，沟

---

①　王贺：《"文学史"的代价：论1943年曹禺西北之行及其写作》，《南大戏剧论丛》2016年第12期。

②　参见田本相、阿鹰编著《曹禺年谱长编》（上卷），上海交通大学出版社2017年版，第325—330页。

③　王贺：《"文学史"的代价：论1943年曹禺西北之行及其写作》，《南大戏剧论丛》2016年第12期。此处材料来源当系1943年8月21日《华北新闻》第4版《西北剧运问题　曹禺提出努力成果》。

通消息'"①提供一方园地，围绕经济与银行业务，设"讲坛""论著""经济丛谈""实务""调查""法规""特载"等栏目，同时辟有"文艺"栏，刊载同仁的文艺作品。尹彤墀是《雍言》的长期撰稿人，曾在该刊发表过《乡村工作日记之一》《西北农贷植树造林办法刍议》《论读书》《游兴隆山记》《兰州的恶雨》等文，其身份应是中国银行的职员。

《曹禺讲〈从戏剧里学些什么？〉》记录了同年曹禺在兰州中国银行陇支行所作的一次演说。据文章开篇介绍，7月9日晚间，曹禺应银行方面的邀请前来讲演。作者笔下的曹禺形象是："他是一位身材不高的中年人，穿着一件灰色布大褂，态度自然而和蔼。讲话的声音并不高，但是字句清晰，声声入耳。"当天的讲题是《从戏剧里学些什么？》（或《如何从悲剧里学习？》）。他开始演讲的时候，先引了一段小故事以自谦："从前有某大科举家声言发明了一种医术，可以治人脑子不清楚的病，轰动一时，人们都看他给人治病。有一人自愿做他这种医术的试验品，于是这位大科举家将这人脑子取出。拿到化验室里去，等他回到位置尸体的房间去，那被取去脑子的人竟不翼而飞，大家都惊讶起来，遍寻不得，若干年后这位大科举家在某处遇一人，颇面熟。但记不起是谁，于是捉其臂，问他是谁，在何处见过他，那人答道：'我是治脑子病的那个人。'某大科举家惊问：'你已没有脑子，这些年你做些什么事呢？'他答道：'我到处去作学术讲演。'"这个故事惹得在场听众都发了笑，演讲便在一种轻松愉悦的氛围下拉开序幕。主体部分是作者摘录的曹禺的演说内容，如下所示：

> 一般人对于戏剧，大约有两种不同的看法，一是把戏剧当成一种娱乐，一是把戏剧当成一种教育。前者的看法是很普遍的，甚至把人生看作一幕剧，把世界看作舞台，这样的人所以要逢场作戏，尽情享乐。后一种看法也很早就有了，如西洋古代雅典这个城邦，每年有一个时期要全国放一个多礼拜的假，国民都要看戏，以为是国民的权利，也是国家打算借戏剧使国民了解他国家的历史，含有很大的教育意味在里面，无论戏剧在实际方面是娱乐人的（to please）或是教育人的（to teach），我们暂且假定戏剧是一种教育，那么看从戏剧里可以学些什么。

> 在戏剧里面，悲剧算是一个主要部分，并且有最高的评价，什么是悲剧呢？一般人的理解又不同，且常有错误，例如一个青年失恋了，因而自杀，这算悲剧吗？又如一个人受了生活的压迫，家庭的困累，以至于饿死或病死，这算悲剧吗？都不是的。悲剧绝不是限于个人事件的，也绝不是只教人流眼泪的，悲剧都是关系着社会、国家甚至全人类的事件，这是一。我国的戏剧尚未到昌明的时期，以前的旧剧

---

① 《编后记》,《雍言》第3卷第8期，1943年9月。

够得上是悲剧的极少，只有元人杂曲《赵氏孤儿》即现在所演《搜孤救孤》这出剧还可算是悲剧。悲剧中的人物，是只知有是非，不知有个人利害的，常常为了争是非争真理争正义，而把人的利害祸福甚至生死置之度外，这是二。在中国历史上的人物，具有悲剧性的，如大诗人屈原，大政治家、军事家诸葛亮，忠臣烈士文天祥、史可法等，其生平遭遇都有悲剧性，因为他们所争的是"是非"，不是个人的荣华富贵，悲剧是具有战斗性的（to attack）。所以凡是一切逆来顺受的事情，毫无悲剧性可说，这是三。悲剧的主人翁常是经过种种困苦艰难，奋斗不已，结果不幸是失败了或死亡了。这种悲剧留给人的印象是奋发，是同情，是仿效，而却不是流眼泪。大音乐家悲多汶（今译贝多芬）一次奏悲壮的乐曲，曲终，听者妇女皆向他摇着手帕，表示大家都受感动而哭了，可是悲多汶不但不悦，反而把琴一推走出去了，他以为自己奏的悲壮的曲子使人只流泪是失败的。悲剧的人物都是极端的（extremely），不但是积极，是极端，积极只是一种态度，极端是一种性质，这与中庸之道是相反的，中庸近于妥协，妥协是一种取巧的办法，然而世界上的事情往往因为采取了一种便宜的方法，而失掉了重大的目的，这就是妥协的错误。妥协是向着抵抗力最薄弱的方面走。但悲剧的人物不是这样，他不肯走弯路，他要直道而行，用他的力量奋斗着，他纵然会不幸地失败或死亡，但他不会失掉他的目的。这是四。这种精神，不想在《圣经》里而有着教训，《启示录》中说："上帝告诉人说，你应该是火，不然就是冰。"大意是如此，这也是一种极端精神的表示。悲剧的人物是感情热烈的，他好善若渴，嫉恶如仇，只知是非，不顾一切，这是五。大诗人屈原的爱国爱君的热忱，洋溢于楚辞《离骚》的字里行间，他为了爱"灵修之故"（灵修指君）甚至要"指九天以为证"，他宁肯负石自投汨罗江而葬于鱼腹，不屑与奸佞虚与委蛇，他的感情是热烈到极点了。诸葛亮"鞠躬尽瘁，死而后已"的精神，文天祥"读圣贤书，所学何事，而今而后，庶几无愧"的精神，以及史可法"鞠躬致命，克尽臣节"的精神，都充分表示他们的感情是热烈的。

　　什么是悲剧，悲剧的人物具有些什么特色，上面略说了一些，但悲剧的价值在哪里呢？悲剧的教育意义是什么呢？悲剧能使观众认识是非，能使他们奋发同情，因而发生仿效的行为，使社会国家人类向着善的真理方向进步，这是悲剧的教育意义。悲剧的主人翁大抵是失败的英雄，普通一般人仿效成功的英雄容易，仿效失败的英雄困难，因为仿效成功的英雄可以得到他的宠爱和禄位，动机是不纯的，但是仿效失败的英雄，并无个人的好处，既不能得到宠爱，也不能得到禄位，全凭了人类的正义感而起的仿效行为，其动机是纯正的。悲剧的价值也就在这里。

文章称曹禺最后还引用一位学者的话作为结束："人的语言仿佛窗上的窗幔，假设心里有一些光，反而被语言上的窗幔遮住了，透出来的很少。"以表示自己辞不尽意的意思。

根据这则演讲史料可知，7月9日晚间，曹禺为中国银行陇支行员工发表演讲。这次讲演可能事先未定讲题，《从戏剧里学些什么?》(或《如何从悲剧里学习?》)显然是记录者尹彤墀根据自己对当晚演说内容的理解代拟的题目。这次演说的核心内容并不复杂，主要讲述了对悲剧的看法，即悲剧的内涵、悲剧人物的特色和悲剧的教育意义。曹禺认为悲剧不是仅限于个人生平遭遇的事件，而应是关乎国家、社会和全人类的事件。悲剧的人物不图个人的利害关系，只愿为真理与正义而奋斗，且他们感情热烈，为了争是非不顾一切，即使粉身碎骨也在所不惜。悲剧的价值不是让人徒流眼泪，而是让观众明辨是非、奋发同情之心，甚至发生仿效的行为，从而推动社会、国家和全人类不断进步。讲演中举了屈原、文天祥、诸葛亮、悲多汶等中外著名历史人物的事迹为例，还征引《圣经》《离骚》等名著，显示了曹禺开阔的艺术视野。不难发现，本演讲与数个月前曹禺在重庆储汇局同人进修服务社所讲的《悲剧的精神》相呼应。《悲剧的精神》中同样强调悲剧的人物要富有火一样的热情，要有崇高的理想和宁死不屈的精神。总而言之，悲剧的教育意义是正向的、积极的，能使民众振奋、昂扬、不妥协，以勇往直前的气魄"使社会国家人类向着善的真理方向进步"。

二、在西安各界欢迎茶会上的演说大意

1943年8月17日，曹禺、钱昌照、陶孟和等抵达西安，翌日《西北文化日报》《华北新闻》等当地报纸均作了相关报道。20日《秦风日报·工商日报联合版》副刊《纵横》第7期登出署名"白夏"的《初见曹禺先生》，记述了18日晚作者在一位朋友家与曹禺初次见面以及随后大家在百乐饭店一面共餐一面闲谈的情形。白夏是笔名还是真名，囿于资料无法确考。曹禺对白夏说，他以为大雁塔门前的浮雕很有价值，明天将到临潼去看看华清池，后天到王曲去，虽然对西北颇多留恋，西安朋友们殷勤挽留，但身不由己，还是希望尽快回到重庆。席间，曹禺还谈到对自己以往剧作的不满意，目前已经动笔却暂时搁置的新话剧《三人行》等。总体来说，作者对曹禺的印象甚佳，"觉得他是一位蔼然可亲的学者"，非常谦虚，十分诚挚，"具有炉火纯青似的修养"[①]。

8月21日《秦风日报·工商日报联合版》第3版刊有短讯《文化界昨开盛会　欢迎

---

① 白夏:《初见曹禺先生》，《秦风日报·工商日报联合版》1943年8月20日第4版。

曹禺　曹氏莅保育院参观》与新闻特写《欢迎曹禺先生的一个茶会——本报记者王少桐特写》。两文均报道了 20 日西安文化界、新闻界人士欢迎曹禺的茶会，形成一详一略的对照，但关于茶会的起止时间互相之间略有出入。前文说茶会开始于 10 时，11 时许结束。后文说 11 时才开始，持续了约两个小时。短讯中对曹禺讲演内容的概括如下："大时代把我们结合在一起，我们从抗战中找到了新的道路，生活虽然苦，阻扰不了我们的勇气，损失虽然大，但是得到的比失掉的更多。"新闻特写中则较为完整地记录了曹禺的讲话。据王少桐的特写，曹禺因出席儿童保育院的欢迎会，直到 11 时才到民众教育馆与四十几位西安本地文化人见面。作为茶会发起人，戏剧家戴涯首先发表了热情洋溢而不乏幽默的致辞，曹禺紧接着发表演说，其讲话内容如下所示（原刊为句读形式，现酌加标点，漫漶难辨之字以□标示）：

> 各位朋友，我们都是自家人，不用客套。诸位是在太阳下待久了的人，都有一种明爽、热烈的性格，今天得与诸位见面，真是十分高兴。兄弟这几年来也许因为住惯了窗子少而相当黑暗的屋子，此次得机会出来走动走动，处处感觉到新鲜、自由和快活。抗战这几年大家经过的痛苦与颠波①，确实不少，折磨到现在，总算已能摸出一条路，这条路还有□远可以不管，而我们已知道向这条路走去。当然在这过程中，无论在精神与物质上的损失都很大，但在其他方面应该是所得的比所失去的多，我们只要把心境放大些想，就对了。实在的，要不是抗战，我们怎么走许多地方，我们怎么看到许多东西，我们又怎么认识□许多朋友？几年前我在重庆看到一位朋友，他二条手臂都健全的，过些时再遇见这位朋友时，他只剩一条手臂了，那是因敌机轰炸受伤而被锯掉了。当他的手臂锯掉后，他的爱人在他耳旁，当时抱着他的这条断臂痛哭，并答应他的求婚说："不要紧，你丢掉的是一条手臂，而你现在得到的是两条。"后来他们终于结婚了。意思大概是这样，我总觉得文字言语总不够用，宅②并不能尽量表达人的意思。好了，我不愿多说话，一只乌鸦爱听自己的歌唱，我却愿意多听诸位的意见。

因为曹禺到达民众教育馆时已将近中午，下午一点钟还要赶往王曲，茶会持续的时间并不算长。曹禺希望能够多听听本地文化工作者的意见，与大家作互动式的谈话，所以他的讲话显得短小精悍。通过简短的演说，曹禺传达的是一种积极乐观面对抗战的情绪，勉励大家在目前的困难中负重前行。同时西北迥异于陪都的地域文化、风物名胜也

---

① "颠波"应作"颠簸"。
② "宅"应作"它"。

给曹禺带来了新鲜感与独特体验。最后有关言语不能尽情表达个人思想的表述，与在中国银行陇支行演讲结尾处的譬喻意思相仿佛，类似的表达同样出现在了 1944 年的演说《戏剧与青年教育》中。

三、相关史实新考

最后，笔者想对曹禺西北行程的一些时间节点与相关史实再作几点补充与辨正。

第一，曹禺由渝抵兰的日期。如前文所述，《代价》一文主张曹禺随钱昌照 1943 年 6 月 20 日自重庆至兰州，《曹禺年谱长编》认为是 6 月 29 日。根据当时报纸上的诸多报道，当以后者为是。《代价》一文为何会得出曹禺 6 月 20 日抵达西北的结论呢？原来，钱昌照确实因公事于 20 日飞抵兰州，但 25 日即从兰州返回重庆。据《资源委员会公报》云，这次短期的西北公干之旅的目的是为了"视察西北会属事业机关"[①]，偕行者多为资源委员会高层人员，并无任何资料显示曹禺随行。几天后的 29 日，钱昌照再次前往西北视察，而这一次的同行者中明确出现了曹禺的名字。30 日甘肃《西北日报》第 3 版刊载钱昌照因赴河西地区视察乘机由渝来兰的消息，称"名剧作家曹禺及名教授吴文藻亦为昨日同机抵此之兰州新客"[②]，同日《甘肃民国日报》第 3 版亦有类似报道。当然，吴文藻与曹禺同机可能纯属巧合，吴氏是以国民政府中央设计局西北建设考察团团员的名义赴西北进行考察。抵达兰州后，吴文藻、曹禺的行程暂未发现有重合的地方。

第二，曹禺离兰赴河西的时间。7 月 13 日《西北日报》第 3 版刊出一则中央社的消息《钱昌照西行》，称钱昌照于昨日（12 日）乘车西上，沿途视察，至酒泉后将稍作停留，将转赴新疆一行。也就是说，曹禺 6 月 29 日抵兰，7 月 12 日随钱昌照赴河西地区，至此在兰州共逗留十余天。这十余天内，除了应中国银行陇支行的邀请前往讲演外，其他见诸报刊的活动并不多。据 7 月 3 日《西北日报》《甘肃民国日报》分别刊载的《本市文化人欢迎两名家　定今举行茶话会》《战区政治部设计委会昨开座谈会　今日欢迎张大千曹禺一氏》，战区政治部为欢迎由敦煌返抵兰州的著名画家张大千和来西北观光的曹禺两位先生，定于 3 日下午在励志社举行茶话会，已分函本市文化界人士届时参会。如此看来，曹禺初抵兰州后虽然未曾与大众传媒、普通公众频繁接触，但却并非完全不为公众所知。至于为什么没有像西安之行那样媒体曝光率较高？笔者尝试可以给出如下解释：曹禺的西北之行本是钱昌照的邀约，费用必然主要由资源委员会支付，所以曹禺客随主便，不能完全自由行动，初到兰州后大约是随主方资源委员会的公事而偕行；到了西安

---

① 《本会要闻及事业消息》，《资源委员会公报》1943 年 7 月 16 日第 5 卷第 1 期。
② 《时人之来去》，《西北日报》1943 年 6 月 30 日第 3 版。

之后，由于西京名胜古迹众多，曹禺有了更多的单独访友和接触新闻记者的机会，当地友人们自然会尽地主之谊，因而不用担心经济问题，也不会给资源委员会造成额外负担。在白夏《初见曹禺先生》中多次提到曹禺的经济窘迫，他急着回重庆是因为"要养家活口，正业是必须教书"①，穷的时候连买纸烟的钱都没有。可见，假如没有钱昌照的邀请，依靠个人的经济能力，曹禺的西北之旅是无法成行的。

第三，曹禺河西之行的大致路线。王贺在《1943 年曹禺西北之行及其相关问题三论》引用了孙丹年的说法，披露了曹禺曾在玉门油田参观、为炼油厂职工报告"重庆的戏剧运动"，指出"曹禺是先至玉门，再至嘉峪关，再折返玉门，远赴敦煌，还是先至嘉峪关，再至玉门，后至敦煌，尚难定论"②。孙丹年之文应是依据其父孙铭勋的回忆，孙铭勋1943 年前后担任玉门油矿职工子弟学校嘉峪关分校校长。笔者找到了西北之行参与者之一——钱昌照之子钱士湘的一篇回忆文章《往事忆旧》，忆述了曹禺等人的河西之行，不妨抄录如下：

> 1942 年的甘陕之行，除会本部高层人员杜殿英、孙拯、冼子恩等外，还有戏剧家曹禺和二姨夫陶孟和（新中国成立后任中国科学院副院长），母亲和我随行。曹禺早就想创作一个以工业为题材的剧本，乘便下去体验生活。陶孟和则去兰州收我二姨沈性仁的骨灰，同时也对西北做一些社会调查，因此结伴同行。由重庆先乘飞机到兰州，从兰州出发是三辆汽车，小车上挤坐着曹禺、陶孟和、父、母和我，STATIONWAGON（相当于今日之中巴）上坐的是杜、孙等随行人员，一辆卡车上装有备用汽油。在路上还碰见从玉门返程的吴景超教授，他的汽车因油箱漏油在沙漠中抛锚，两天之内只吃了三个鸡蛋，父亲请人写了一张便条让他搭乘运油回兰州的油车。当时西北条件十分艰苦，没有公路，全凭司机的经验在一望无垠的戈壁滩中穿行，遇见小河，就蹚河而过。去永登考察天然气钻探时，水深汽车过不去，只得租马过河，我是马夫抱着骑过去的，过河以后继续乘马走了近30 里才到钻探口；一路上沿大通河对岸就是青海省境，曹禺和母亲骑得最快，二马当先最早到目的地，二姨夫、父亲和我包尾。父亲输了还不服气，并责怪母亲不注意安全。从武威、张掖、酒泉最后抵达玉门，途中住宿条件甚差，有一夜在高台的车马店里臭虫肆虐，父亲几乎一夜没睡着。沿途水都是苦的，只有到了酒泉才喝到"甜"水、父亲告诉我一个传说，张骞出使西域，带了汉武帝赐的一瓶御酒，把酒倒入泉水后酒

① 白夏：《初见曹禺先生》，《秦风日报·工商日报联合版》1943 年 8 月 20 日第 4 版。
② 王贺：《1943 年曹禺西北之行及其相关问题三论》，收李国平主编《大西北文学与文化》第三辑，作家出版社 2021 年版，第 69 页。

泉的水就变甜了。在酒泉，当地安排了一场露天的京剧演出，唱的是白水滩十一郎的故事，曹禺、陶孟和、母亲和我去了，父亲则和同事留在住所商谈工作。车到嘉峪关，登城看了壁画，然后向玉门老君庙进发。当时孙越崎、金开英等在玉门油矿主持开发工作，在抵达的周末晚上孙越崎设"宴"招待，并致欢迎词，讲到招待钱先生、陶先生、万先生（曹禺名万家宝），用的是这里最珍贵的青菜，还是总务千方百计托人弄来的，可见生活条件之艰苦！在玉门逗留了不少日子，陶孟和、曹禺趁此西行去敦煌，母亲和我原打算同往，但出发前母亲突患感冒无法上路，同时也不准我跟去，为此十分失望。玉门油矿在头一年翁文灏去视察时电线走火引起火灾，我们这次则遇上洪涝。为了招待贵宾，孙越崎让我们一家和曹禺、陶孟和住在矿区对岸近炼油厂的一幢小平房里。发大水那天，大约四点多我们一行五人就坐车过河休息了，河水是猛然陡涨的，六点左右就冲垮了联系两岸的桥梁，并危及我们所住的平房，在迁往地势较高的宿舍二十分钟后那座平房就被冲走了。当天晚上一夜三迁有惊无险，直到第二天中午，工人们才在跨河的架空油管上铺上木板把我们扶过河去。①

　　这是目前关于曹禺河西之行最为翔实、生动的记述，显得十分珍贵。其中年份"1942年"明显有误，应为1943年，这在《钱昌照生平大事记》中已得到更正。据上文可知，曹禺河西之行的路线是从武威、张掖、酒泉到嘉峪关，然后前往玉门老君庙。曹禺在玉门逗留了一些日子，后与陶孟和同往敦煌，钱士湘与母亲因故未能同行。

　　第四，由河西返回兰州的时间。《代价》已明确曹禺等人在结束河西地区的考察后返回兰州，但没有给出具体的起止日期。据8月12日《甘肃民国日报》《西北日报》第3版分别刊出的短讯《钱昌照视察河西公毕　昨日返兰》《钱昌照返兰　曹禺同行》可知，钱昌照、曹禺等人于8月11日返兰。可见，曹禺河西之行的起讫时间是7月12日至8月11日，恰好一个月时光。换言之，整个西北行程中，河西之旅占去了一大半，这当然是由于河西走廊地理狭长、交通不便的缘故。

　　第五，曹禺由兰州出发赴陕的日期。据本月16日《西北日报》第3版来自中央社的短讯《钱昌照曹禺　前日赴陕》可确定，钱昌照、曹禺于8月14日乘车离兰赴陕视察。17日重庆《大公报》亦有相关报道。钱士湘在《往事忆旧》写道："从玉门回到兰州，在舅舅沈怡家休息数日，原车队又继续驶向西安、宝鸡，跨越了甘肃、宁夏、陕西三省"，并提到沿途经过华家岭、静宁、花果山。

---

① 江苏张家港市政协学习和文史委员会编：《回忆钱昌照专辑》，中国文史出版社1999年版，第211—213页。

第六，胡宗南接待曹禺等人的史实及曹禺离陕日期。《往事忆旧》同样叙及曹禺一行人的西安之行，并透露在西安期间大家曾受到胡宗南的热情款待：

> 大队人马到了西安，受到胡宗南等军政要员接待。父亲在当蒋介石秘书时就已和胡相识，算是老朋友了，所以胡特为父亲安排了大型阅兵式及马术表演，我也在主席台上看得津津有味。西安要看的厂矿不多，主要是和军政界上层洽谈合股办工矿业的事，所以去咸阳游览了昭陵，包括卫青、霍去病墓，见到了马踏匈奴的石刻，听说周陵也有看头，被父亲婉拒。临离开西安的前夜，胡宗南到宾馆话别，并强调次日就不来送行了。第二天早上我们车队刚进入郊区，突然被摩托化部队包围，正惊诧间迎面车上走下来全副戎装的胡宗南，说是来为父亲送行并让我们惊喜的。为了胡宗南对我们一行的热情款待，听说万家宝（曹禺）伯伯在"文革"中被追查了好一阵子。①

关于曹禺后来遭受政治审查，《曹禺年谱长编》中摘录的一份材料恰可佐证。1968年北京师范学院革命委员会编辑的《文艺革命》第 5 期上一篇署名"人艺齐学江，本刊资料组"的《曹禺反革命罪恶史》在 1942 年内列述："钱昌照对曹禺说：'你不要光写家庭男女问题的戏，写写工业戏吧。'曹禺马上答应，于是随资源委员会西北调查组到甘肃玉门、酒泉、敦煌，陕西西安等地方参观了一个多月，同行的除钱昌照外还有国民党中央研究院社会研究所所长陶孟和。在西安受到大军阀胡宗南的热情招待，并请曹禺等看军事演习，在曹离开西安时胡匪特在郊外树林等候送行，并合影留念。"②几近尘封的陈年往事被重新提起，目的却旨在上纲上线、罗织罪名，这恐怕是当年曹禺始料未及的。那么，胡宗南是否曾接待、送行过曹禺等人呢？1943 年 8 月 20 日的西安《秦风日报·工商日报联合版》刊有消息《戏剧文化界今开茶会招待剧作家曹禺》，谓曹禺"昨（十九）日午前游览骊山，午后归赴胡副长官宴会，于晚八时四十分，特莅青年会作公开讲演"。"胡副长官"应即时任第八战区副司令长官的胡宗南。经查，本月 19 日至 21 日的胡宗南日记中不仅记录了此次宴会，而且两次涉及"钱昌照等一行"，兹抄录如下：

> 八月十九日
> 钱昌照先生来此长谈，自下午四时至七时，并与钱昌照、陶孟和、万家宝等会餐。

---

① 江苏张家港市政协学习和文史委员会编：《回忆钱昌照专辑》，中国文史出版社 1999 年版，第 213—214 页。
② 田本相、阿鹰编著：《曹禺年谱长编》下卷，上海交通大学出版社 2017 年版，第 657 页。

八月二十日

钱昌照等一行参观第七分校，并有演词，夜间来东仓门谈话，直至十二时半始
辞去。

八月二十一日

晨出西门，在马路侧送钱昌照等一行。①

由此可知，曹禺于 1943 年 8 月 19 日上午游览临潼，下午与钱昌照、陶孟和同赴胡
宗南宴会，晚上在青年会公开演讲《话剧的话》。上述日记中的"第七分校"，应即胡宗
南创办的中央陆军军官学校第七分校，简称中央军校第七分校、黄埔七分校、第七分校
等，1938 年春正式成立，校部设在凤翔，5 月迁至长安王曲，9 月创刊的校刊即以《王曲》
为名。前文已述曹禺于 1943 年 8 月 20 日上午参观儿童保育院，后出席西安文化界的欢
迎茶会并作简短演说，下午赶往王曲。考虑到第七分校的校址恰在王曲，因此曹禺的王
曲之行显然正是与钱昌照等人会合，同赴第七分校参观。前引钱士湘一文中"大型阅兵
式及马术表演"显然说的就是参观第七分校一事。可惜 1943 年 8 月后的《王曲》杂志遍
寻未获，关于此次活动的公开记载暂付阙如。如此看来，在西安期间曹禺并未完全脱离
钱昌照一行人而独自行动。《代价》未考证出曹禺一行离陕日期，现据胡宗南日记可确考
为 8 月 21 日，钱士湘关于胡宗南为钱昌照等送行的回忆由此亦得到证实。

第七，曹禺从陕西抵兰的日期。《代价》一文据《西北日报》《甘肃民国日报》上的
报道判定曹禺、钱昌照结束西安之旅抵达兰州的时间是 8 月 21 日，实际上是不准确的，
其根源是对新闻报道的解读出现了常识性错误。8 月 23 日《西北日报》第 2 版《曹禺钱
昌照　离陕来兰》与同日《甘肃民国日报》第 3 版《钱昌照曹禺　离陕来兰》两则消息
的电头都是"中央社西安二十一日电"，正文说两人"晨八时赴兰飞渝"，21 日指的是曹
禺、钱昌照离开西安的日期，而不是抵达兰州的时间。在此之前的 22 日，西安《国风日
报》已公开刊出曹禺 21 日乘车赴兰的中央社消息："名剧作家曹禺昨（二十一）晨八时
乘汽车赴兰，定本月二十四日飞渝。曹氏友好二十余人，前往欢送之。"②既然 21 日晨
始离开西安，乘坐的交通工具是汽车，不可能当天就能够到达兰州。那么他们是哪一天
抵兰的呢？据 25 日《西北日报》《甘肃民国日报》第 3 版所刊来自中央社的消息《时人
行踪》云，钱昌照、曹禺于前日即 23 日抵兰，钱氏于 24 日先行乘飞机返回重庆，曹禺
则定于 26 日乘车返渝。同在 25 日，重庆《大公报》一则短讯《钱昌照返渝》云："【中
央社兰州二十四日电】资委会副主任钱昌照视察西北各省事毕，二十三日由陕抵兰后，

---

① 胡宗南著，蔡盛琦、陈世局编辑校订：《胡宗南先生日记（上）》，国史馆 2018 年版，第 250 页。
② 《孙蔚如即可返陕　曹禺赴兰》，《国风日报》1943 年 8 月 22 日第 2 版。

于二十四日飞渝。"为什么曹禺、钱昌照不同时返渝呢？这一点尚待考证。21日从西安出发，23日到达兰州，这就与此前8月14日从兰州出发而17日下午到达西安的车程基本相符。

四、结语

综上，1943年曹禺西北之行的起讫时间为1943年6月29日至8月26日，既非《代价》中推定的6月20日至8月26日，也非《曹禺年谱长编》中判断的6月29日至9月初。以西北报刊上的公开报道、胡宗南的私人日记等第一手文献为主要依据，可将本文的考证结论通过表格的形式呈现出来，从而更加直观地还原曹禺近两个月西北之旅的行程与活动：

曹禺1943年西北之行主要活动

日　期	活　动	备　注	依据材料
6月29日	由重庆飞抵兰州	钱昌照、吴文藻等同机	《甘肃民国日报》《西北日报》
7月3日下午	出席战区政治部在励志社举行的欢迎茶会	张大千亦是被欢迎对象	《甘肃民国日报》《西北日报》
7月9日晚间	在中国银行陇支行演讲		《雍言》
7月12日	乘车离兰，前往河西	钱昌照、陶孟和等同行	《西北日报》
8月11日	由河西返兰		《甘肃民国日报》《西北日报》
8月14日	乘车离兰赴陕	钱昌照、陶孟和等同行	《西北日报》
8月17日	下午抵达西安，下榻西京招待所		《西北文化日报》《华北新闻》
8月18日晚	参观大雁塔，在百乐饭店晚餐时与白夏等交谈		《秦风日报·工商日报联合版》
8月19日	上午游览临潼，午后赴胡宗南宴会，晚在青年会演讲《话剧的话》		《秦风日报·工商日报联合版》《华北新闻》《胡宗南先生日记》
8月20日上午	参观儿童保育院，后赴民众教育馆出席西安文化界欢迎茶会并讲话		《秦风日报·工商日报联合版》《华北新闻》
8月20日下午	赴王曲，与钱昌照等人参观第七分校		《胡宗南先生日记》
8月21日晨	离陕赴兰	钱昌照等同行，胡宗南送行	《国风日报》《甘肃民国日报》《西北日报》《胡宗南先生日记》
8月23日	抵达兰州		《甘肃民国日报》《西北日报》
8月25日	在兰州女子师范学校演讲《戏剧中的新女性》	本日，钱昌照乘机返渝	《西北日报》《甘肃民国日报》
8月26日	离兰返渝		《甘肃民国日报》

（作者单位：扬州大学文学院）

罗家伦与 1941 年中央大学的五四纪念[*]

凌孟华

内容提要: 罗家伦是五四运动的风云人物,"罗家伦与五四运动"成果颇丰,同题成果就有数种。《罗家伦先生文存》收录其先后写就的关于五四运动的文字已有近二十篇,然而,先生 1941 年在陪都重庆沙磁文化区的五四纪念活动中的一次重要演讲似乎未见披露。刊发在《沙磁文化》月刊"五四纪念特辑"中的罗家伦演讲词虽非全文,但自有辑录讨论之必要。"五四纪念特辑"中张治中、潘公展、谭平山的演讲词,也是五四研究特别是五四纪念研究中的稀见史料。而《沙磁文化》月刊,则是讨论罗家伦与中央大学的不能忽视的非文学期刊,值得学界关注。

关键词: 罗家伦;五四运动;纪念;重庆;沙磁文化区

1941 年 5 月 5 日,《新华日报》头版发表消息《各地纪念五四　各省市均有集会》,有"中央社讯"三条。第一条称"今日为'五四'青年节,成都贵阳昆明桂林耒阳长沙吉安金华恩施洛阳西安兰州等地,均举行盛大纪念会,韶关各界于大会后并举行盛大游行,香港各学校团体,因格于环境,已取消联合开会之集会纪念",可见当年举国纪念五四活动盛况之一斑。第二条为"陪都各界'五四'纪念大会,昨分在实验剧院与沙坪坝举行,实验剧院纪念会,通过分电林主席蒋委员长致敬,及电慰前方将士。沙磁区纪念分会,于晨九时假重大礼堂举行,由中大罗家伦校长主席致词,继由三民主义青年团张书记长致中,谭干事平山,国民党中宣部潘副部长公展等相继演讲",可知是年陪都五四纪念活动之大略。消息中"张书记长致中"之"致"当系误排,应为"治"。此前,1941 年 5 月 4 日当天,《新华日报》的版面内容也展示了中国共产党及其南方局对五四

* 本文为国家社会科学基金项目"《国讯》与抗战文学形态研究"(编号 20BZW126)阶段性成果。

纪念活动的高度重视。除了在头版左上角专门刊出"本报启事",点明"今日为'五四'青年节,特出版一大张,以资纪念,报价仍旧,希读者注意"外,每版都有相关的重要内容。头版有社论《发扬'五四'革命精神》,二版有消息《今日五四青年节——陪都分区纪念并举行游艺 延安青年亦决定纪念办法》及郭沫若名作《青年哟,人类的春天!》,三版有《纪念第三届中国青年节》(署名:刘光)和《邓颖超同志漫话'五四'当年》(署名:瑶记),四版有《从多方面来完成五四运动的事业》(署名:梓年)、《五四谈青年》(署名:鲁明)以及《五四纪念歌》简谱(冯文彬词 吕骥曲)与董必武题词"发扬五四的精神把日寇驱逐到鸭绿江边去把三民主义的新中国建立起来"。内容丰富,形式多样,极富冲击力。

另一方面,国民党对1941年的五四纪念也可谓用足了功夫。《中央日报》(重庆版)5月4日第三版刊出新闻《陪都纪念五四》,副题《今晨分两处开会 并举行演说竞赛》,第一句话就是"陪都各界为纪念'五四'运动,定于四日上午七时及九时,分别在川东师范及沙磁区两处举行纪念大会"。同日第四版整版为"陪都纪念五四筹备委员会编辑"的"五四纪念特刊",刊出吴铁城的《"五四"的精神》、易赓甫《记"五四"运动》和钱用和的《"五四"运动回忆录》。次日第三版系列总题《纪念五四》的消息中有《沙磁区演说竞赛 取录优胜者七名》,报道"陪都'五四'纪念筹备会沙磁区分会,于'五四'上午九时假重大礼堂举行纪念大会,除沙磁区各校教职员学生外,计到三民主义青年团张书记长治中、谭干事平山、何处长浩若、及中宣部潘副部长公展等约共四百人,由中大罗家伦校长主席致词,继由张书记长谭干事潘副部长等相继讲述五四精神,以及今后青年之途径,十二时散会"。版面形式之多样性虽然不及《新华日报》,但作者阵容与影响力也不可小视。《大公报》《申报》等大报对此次纪念也有相关新闻刊出。

我们梳理1941年5月陪都重庆的共产党《新华日报》与国民党《中央日报》关于五四运动的报道和纪念文章,其目的有二。一是回到七十八年前的抗战文史现场,去感受当年在日军轰炸下的陪都重庆,各界是如何纪念五四活动的,以史为鉴,思考今天我们怎样更好地纪念五四。二是因为其中涉及"五四宣言"起草者和五四运动重要领导人物罗家伦先生的一次重要的被研究界遗忘的纪念五四演讲活动,由此可以关联同时出席的张治中、潘公展、谭平山的纪念五四演讲,以及发表这些演讲稿的与罗家伦先生密切相关的值得重视的非文学期刊《沙磁文化》月刊。钩沉这些纪念五四的史料,发掘此种印行"五四纪念特刊"的期刊,补充罗家伦先生与五四运动的具体行实,或许可以视作为推进罗家伦先生研究与五四运动研究所做的力所能及的工作。

一、被遗忘的罗家伦先生纪念五四演讲

不管是在"五四新文化运动研究"领域，或是在"五四新文化人物研究"领域，"罗家伦与五四运动"都是重要的备受关注的甚至是绕不开的话题。甚至直接以《罗家伦与五四运动》为题发表成果的研究者就有习五一、罗久芳、冯夏根、赵映林等人，对罗家伦在五四运动中"思想轨迹的变迁"[①]，罗家伦关于五四运动的口述与诗文[②]，罗家伦与五四运动的关系及在"事前的筹划、事中的参与、事后的思考和总结"中扮演的角色[③]，罗家伦作为"五四运动的领袖之一"的史实与"检讨五四运动"的行为[④]进行过阐述。此外，杨早、谢泳、李向群、史云波等学者也贡献了值得注意的学术成果。[⑤]

关于罗家伦先生谈五四运动的文字，所见乃罗家伦爱女罗久芳在前引《罗家伦与五四运动》中最早提及"在'五四'周年时一共作过将近二十篇谈话、演说和专文"。赵映林也称"罗家伦陆续发表了近20篇专文、讲话和演说，谈五四运动"，但所谓"这一时期"之起讫时间，语焉不详。史云波则明确表示"从1919年发表《'五四运动'的精神》，到去世前两年所写的《对五四运动的一些感想》（1967）。他关于五四运动约存二十篇左右的谈话、演说和专文"。从注释看，史君十年前"梳理并评估罗家伦的'五四'观及其历史演变"时是查阅过多卷本《罗家伦先生文存》的。但这些成果都没有提及罗家伦1941年5月4日在重庆大学礼堂的纪念五四演讲。笔者在友人帮助下得以翻检《罗家伦先生文存》《罗家伦先生文存附编》及《罗家伦先生文存补遗》，发现文存第六册"演讲"所收第十三篇演讲为《青年的觉醒》，系"民国三十年五月四日在文化运动委员会第三次文化讲座讲"，未见收入此次在重庆大学的演讲记录稿。

刘维开编著的《罗家伦先生年谱》是目前最为完备的罗家伦年谱，作者在《后记》中曾坦言"《罗家伦先生文存》十二册，几乎完整地汇集了罗先生一生的著述文字，为年谱内容提供了充分的参考资料"，并致谢罗久芳、刘世景在资料及审阅等方面的帮助。[⑥]查《罗家伦先生年谱》，3月24日—4月2日出席中国国民党第五届中央执行委员第八次

① 习五一：《罗家伦与五四运动》，《北京历史与现实研究学术研讨会论文集》1989年版，第28页。
② 罗久芳：《罗家伦与五四运动》，《百年潮》1999年第5期。
③ 冯夏根：《罗家伦与五四运动》，《阜阳师范学院学报》2006年第3期。
④ 赵映林：《罗家伦与"五四运动"》，《文史天地》2011年第1期。
⑤ 杨早：《罗家伦：一笔写出五四潮》，见陈平原、夏晓虹主编《触摸历史 五四人物与现代中国》，广州出版社1999年版；谢泳：《写〈五四运动宣言〉的罗家伦》，见谢泳《靠不住的历史》，广西师范大学出版社2009年版；李向群：《罗家伦——阐述五四运动目的及精神第一人》，《北京档案》2009年第4期；史云波：《罗家伦的"五四"观及其历史演变》，《天津社会科学》2009年第4期。
⑥ 刘维开：《罗家伦先生年谱》，国民党党史会1996年版，第345页。

全体会议之后，就是 6 月 16 日撰《炸弹下长大的中央大学——从迁校到发展》[1]，没有任何关于 1941 年 5 月行实的谱文，连收入"文存"的 5 月 4 日《青年的觉醒》演讲都未能入谱，遑论这次"文存"未收"五四"演讲。事实上，《中央日报》（重庆版）1941 年 5 月 5 日第三版"山城语丝"刊发消息称："……四日中央文化运动委员会特假实验剧院举行第三次文化讲座，请罗家伦、章益讲'青年的觉醒'，及'五四前后'。"可以和"文存"所收 1941 年 5 月 4 日《青年的觉醒》演讲形成印证和补充。牛力著《罗家伦与国立中央大学》是专门研究罗家伦与中央大学的学术成果，是近年大陆学者研究罗家伦的新收获，然而也没有提及罗家伦作为中央大学校长主持 1941 年纪念五四活动并演讲的行实。作者在第四章"选择了三份刊物——《国风》《时代公论》和《新民族》——作为考察中大教授群体的窗口"[2]，也忽略了《沙磁文化》月刊。

综上，罗家伦 1941 年 5 月 4 日在重庆大学礼堂的纪念五四演讲，确乎被海峡两岸的罗家伦资料整理者和研究者遗忘了。笔者既有幸展读，就不揣浅陋，辑校如次并略加讨论：

罗家伦先生讲

成文高笔录

（上略）

二十三年前的今天，北平学生发动了这伟大的五四运动，到现在已是二十二周年。这件事，不只是北平天津一地方的学生运动，后来中心移到上海，更波动全国，振奋了全国的青年。关于这件事的起因，不必细说，但其主因可说是国家民族意识的觉醒，而直接对日本的计划。当时山东问题在华府交涉的失败，和日本的要求建筑胶顺路，是此抗日运动的直接起因。因为直接原因在抗日，所以反对与日本勾结的军阀。五四宣言中有两句话，深直[3]吾人回忆，就是："外争主权，内除国贼。"因为"外争主权"，所以对任何有损主权者均予以奋斗，这就是以"打倒帝国主义"一口号的源起；"内除国贼"，以后也成为"打倒军阀"，"铲除卖国贼"等口号。这些话，一直支配着中国政治的演变。此外，宣言中还有两句话："中华民国之土地，可以强占而不能断送；中国人民可以杀戮而不可投降。"这种五四精神，在今日的民族解放战争中，更表现得充分，四年来，我们自然失去不少领土，但每一寸土地我们都曾以血肉捍卫，换得敌人的相当代价；我们是"一寸血肉，一寸山

---

① 刘维开：《罗家伦先生年谱》，国民党党史会 1996 年版，第 166—167 页。
② 牛力：《罗家伦与国立中央大学》，南京大学出版社 2015 年版，第 156 页。
③ 原文如此，通常作"值"。

河"，①以血肉来保卫领土。我们是可以杀戮而不可投降。在这圣战中，我们阵亡的将士达数百万，民众慷慨成仁的也不知有多少，就南京而论，死伤就在五万以上，但是，只有无耻的汉奸才会屈膝，才能殒灭天良，在同胞的血迹上与敌人握手。不过，这是民族的败类，民族的渣滓，根本不配称中国人。五四运动是后来国民革命的先驱。五四运动在发生以前，是受了新文化运动的刺激，但新文化运动却更因它而广播而普遍。五四运动的发生，固由国家民族意识的觉醒，但也因为青年人生观的改变。当时，在几百年来以功名利禄相号召的首都，青年对于求学志趣不坚定，人生观不确立，社会上充满混乱与污浊的积习，教育是为个人的安富尊荣，是为个人的升官发财。我记得在蔡元培先生主持北大之前，北平最浪漫地区八大胡同的游客，差不多全是两院一堂（参众两院和京师大学堂）的人物。但自蔡先生掌校以后，却风气一变。他昭示青年以高尚的理想，要学生养成高尚的风格。这对于当时青年人生观之矫正，对于中国教育与民族复兴，实具大功。当时不但北大受他的影响，其他学校亦莫不闻风欣向。新文学运动固然是思想革命的前奏号，但此亦为这运动之一主因。关于五四运动，我不想多说，我只有一句话：当时国家民族意识和新文化意识固然非常发扬，但却有一大缺陷，缺少共同的政治意识，共同的主义与行动。当时，三民主义的演讲尚未写成，建国方略亦仅在建设杂志上陆续略有发表，心理建设也刚脱稿；而马克思学说亦刚从日本稍有传入，尚无共产党；社会上流行着无政府主义，马克思主义，民治主义，修正马克思主义②……五花八门，使青年彷徨歧路，不知所从。所以，五四时代，文化意识的蓬勃，虽可比法国十八世纪人权思想时代，但政治上却缺少共同信仰与行动。青年们都想救国，都想复兴民族，但却各走各的路，思想分歧，行动四驰，这不知枉费了多少青年的力量，也使国家不知牺牲了多少青年，流了多少血！（中略）我们纪念五四，要发扬它的精神，但也要弥补它的缺点。造一座房子并不是许多工程师和许多图样所能成功，而只要一个工程师，一张图样，再加上多数工人的努力。希望今后的青年，要在一个工程师，一张图样之下，共同努力，才能达到驱除倭寇的目的，建设新中国的大厦！我们不能再蹈覆辙，重演过去的悲剧。

对读这则"成文高笔录"的这则没有标明题目的演讲记录与《罗家伦先生文存》所收 1941 年 5 月 4 日《青年的觉醒》演讲，可以发现二者既有明显的一致性，又有重要的差异性。一致性方面，二者都是同一个演讲者罗家伦在同一天发表的关于青年与五四的

---

① 原文逗号在引号内，改之。
② 原文引号前有逗号，删之。

演讲，都讲到五四宣言中的"外争主权，内除国贼"与"中华民国之土地，可以强占而不能断送；中国人民可以杀戮而不可投降"（《青年的觉醒》的表述是"中华民国之土地可以强占，而不可以断送；中国民国的人民可以杀戮，而不可以投降"），都谴责汉奸是民族的"渣滓"，都嘲讽旧北平"两院一堂"的"浪漫"之风，都褒扬蔡元培先生执掌北大的矫正（纠正）之力，都强调五四运动的发生是由于青年"国家民族意识的觉醒"，都指出其"一大缺陷"在于"缺少"共同（一致）的"政治意识"，都分析当时"三民主义"尚未写（完）成而"建国方略"亦仅（只局部）"在建设杂志上"发表、尚无共产党（在国内没有组织）、各种主义"五花八门"，都主张"一个工程师，一张图样"以"驱除倭寇"（把倭寇驱逐出去），"建设"国家，等等。

　　差异性方面，至少包括以下几个内容：一是讲座的时间不同，沙磁区的五四纪念演讲在上午九时，中央文化运动委员会文化讲座的时间是下午四时；二是讲座的地点不同，沙磁区的演讲在重庆大学礼堂，中央文化运动委员会的讲座在实验剧场；三是讲座的主席不同，沙磁区演讲的主席就是罗家伦本人，中央文化运动委员会讲座的主席是张道藩；四是讲座的规模不同，沙磁区演讲的听众超过 400 人，中央文化运动委员会讲座"听讲人数" 274 人[①]；五是讲座的对象不同，沙磁区演讲的对象是沙磁区各校师生代表，中央文化运动委员会讲座的对象应为各界人士；六是讲座的记录者不同，沙磁区演讲的笔录人是成文高，中央文化运动委员会讲座的记录人不知为谁……当然，更为重要的是研究内容的不同。这种不同有可能是罗家伦预先就根据演讲场合、演讲对象的不同而设计了内容的详略与差别，也有可能是在上午讲座基础上的及时调整与现场发挥。讲座记录《青年的觉醒》内容丰富，约 4900 字，有"我认为我还是一个青年""主要意义则在将当年的五四运动，从各方面来加以检讨""蔡先生就是新文化运动之母"等幽默的、明确的、风趣的表达，还提到李大钊提倡共产主义的开始、张君劢的基尔特主义、与毛泽东由文字交而替找北大图书馆工作以及第三国际代表与张东荪陈独秀沈玄庐戴季陶周佛海等接洽与发起共产党的情形等。成文高笔录的内容篇幅虽不到《青年的觉醒》的三分之一，但也有不少后者没有涉及的内容，足以证明并不是后者的精简版，而是两次不同的重要演讲。前者的"关于这件事的起因，不必细说"，在后者中就有一段细说；前者谈蔡先生昭示青年"以高尚的理想，要学生养成高尚的风格"，后者谓昭示青年"要改变人生观"。前者的铿锵表达如"但每一寸土地我们都曾以血肉捍卫，换得敌人的相当代价；我们是'一寸血肉，一寸山河'"，引用了演讲者《淞沪战歌》中的名句，为后者所无；前者的具体数字如"我们阵亡的将士达数百万……就南京而论，死伤就在五万以上"以及形象有力

---

　　① 　时间、场地、听讲人数信息见《附件七：各种讲座》，载中央文化运动委员会编：《四年来之中央文化运动委员会》，中央文化运动委员会 1945 年版，第 67 页。

的判断"只有无耻的汉奸才会屈膝，才能殒灭天良，在同胞的血迹上与敌人握手"，也为后者所无。

　　毫无疑问，被遗忘的罗家伦先生 1941 年 5 月 4 日在重庆大学礼堂的纪念五四演讲，是已收入《罗家伦先生文存》的同日《青年的觉醒》演讲的必要的、有益的，甚至是重要的补充。只有将两者结合起来，才能完整地把握该日罗家伦先生的五四纪念活动，在上午和下午两场演讲的一致性与差异性之中，把捉和体会罗家伦的五四情怀与演讲艺术。

二、可参考的同台诸君纪念五四演讲

　　正如前述《新华日报》《中央日报》消息所云，罗家伦先生演讲致辞之后，就是张治中、谭平山、潘公展相继演讲。他们的演讲内容，分别由成文高、朱汇森和涂廷凯笔记，也紧接着罗家伦的演讲记录刊发在同期"五四纪念特刊"上，可供进一步解读罗家伦演讲及研究当年的五四纪念活动参考。其时朱汇森系中央大学教育系二年级学生，1949 后曾任台湾地区"教育部部长""国史馆馆长"等重要职务，是有影响的教育家和知名学者。涂廷凯其时也是中央大学学生，年级不详，后任四川射洪中学校长、1948 年第一届"国民大会"四川省代表。

　　三位先生演讲之主要内容及现场反应，又有同期刊发的《风雨中纪念五四：沙磁区五四运动纪念大会特写》留下了珍贵的记录。为了节省篇幅，截取四段相关内容抄录在这里，然后略作补充和讨论：

　　　　热烈的掌声结束了他（整理者按：指罗家伦）的话，接着讲演的是张部长。
　　　　张部长的仪表和态度很动人，他的话也一句句打入了青年的心坎。他说："……五四运动充分表现了青年的精神和力量，并将北洋军阀之种种弱点暴露，奠定了后来北伐成功的基础。……展开了合乎时代精神需要的新文化运动……这般过去的青年，在青年运动史上，在革命史上，是一片灿烂的荣光。……但在抗战第五年代来纪念五四，每个人至少应有几点清楚的认识：（一）五四精神是反帝的，纪念五四，我们要加强抗战工作；（二）五四精神是提倡科学的，我们纪念五四，要提倡国防科学运动；（三）五四是新文化运动的发轫，发扬五四精神，要建设三民主义的新文化。……"
　　　　又是一片热烈的掌声。两个钟头的长坐，反给人们脸上涂上了一层兴奋的颜色。
　　　　之后是谭平山先生和潘公展先生的讲演，他们对于五四运动的意义，都有很深刻的阐发，对于今日的青年，更是训勉有加。谭先生指出了五四运动和今日青年抗战的不同，潘先生给大家一个五四运动的再认识。潘先生说：五四精神最主要的有三方面，一是国家至上，民族至上，因为国家至上，民族至上，所以是反帝国主义的，反封建的，所以口号是"外争主权，内除国贼"。第二是提倡新文化运动，就是科学化和新文学运动。第三是民主思潮。这三点在今天更应予以清楚的认识。……

这段文字的可贵之处在于记录了现场的掌声、顺序、进度、感受、反应等历史信息。比如报以罗家伦演讲的热烈掌声；比如张治中动人的仪表、态度与话语"一句句打入了青年的心坎"的效果；比如罗家伦和张治中讲完就已经过了两个钟头，而青年们反而更加兴奋；比如评价谭平山、潘公展讲演让青年觉得是"训勉有加"，等等。

关于张治中的"特写"与成文高的记录比较吻合，值得补充的是其内容表现出明确的现实针对性，比如针对有人因"最近的苏日协定成立"发生动摇，提出抗战要自力更生；针对有人认为通货膨胀是"抗战大危机"，指出这就是抗战信念发生动摇，并与法国、德国人民战时的遭遇相比，强调"看在抗战上，我们也应该尽量忍受"。而谭平山讲述的内容在"特写"中一笔带过，可以补充的是其不同在于三个方面，一是政治环境，二是当时政府颟顸无能而"今日有贤明的政府领导抗日战争"，三是五四缺少有组织、有计划的中心领导，而"此次之抗日战争有中国国民党之领导"。最让人意外的是，关于潘公展之"特写"与涂廷凯的笔记有较大的不同，想必是因为整理者各自就记录下来的内容进行了条理化处理。比如虽然"国家至上，民族至上"都是重要内容，但涂廷凯笔记并未提及"所以口号是'外争主权，内除国贼'"，虽然都强调"科学"，但特写中的"民主"在笔记中是"民治"。以笔记的逻辑看，演讲者是从"始终相信青年是最爱国的，最纯洁的，毫无渣质的"讲起，认为"现在不是五四精神的发扬问题，而是要引导这种精神"，强调"只有国家、民族才是世界上最真实的东西"，分析苏联的国家至上；然后指出我们能同日本作战完全靠着两大力量，第一是靠地大物博人口众多，第二是靠抗战精神来补足我们的国防力量，"以三民主义为寄托，把全国一盘散沙的国民变成土敏土一般的团结"；继而回到五四主题，讲到"当时五四运动的主要思潮，一是 Democracy，一是 Science"，最后以"归纳起来，'科学''民治'都是五四运动时遗下来的，我们要努力研究科学，完成国防建设，拥护政府抗战，达到真正民治，这才是对五四精神的再认识"结束演讲。

综合起来看，张治中、谭平山、潘公展的演讲和罗家伦的致辞都有一个共同的倾向，就是既纪念五四，高度评价五四的意义与影响，同时又反思五四，讨论五四的缺陷与不足，试图将青年引导到信奉三民主义与拥护国民党政府抗战上来。这只是他们在当时的历史条件下立足自己个人身份与政治立场的公开表态，我们今天对这些内容也应有清醒的认识。包括他们对共产党之于五四运动及抗战的态度与表达，也有程度及分寸上的差别。谭平山的演讲记录最短，约 800 字，其中没有出现共产党或马克思主义；罗家伦有多处略去的演讲记录约 1400 字，其中专门讲到五四运动时"马克思学说亦刚从日本稍有传入，尚无共产党"；张治中的演讲记录约 1700 字，有"三民主义的伟大，更无待言，早已深入四万万的心，连共产党也宣传信仰，青年除此之外，更向何处去"之表达，专门以"共产党也宣传信仰"为有力证据，在反问修辞中引导青年去向；潘公展的演讲记录最长，约 2200 字，多次有针对共产党领导下的"陕北""延安"的言论，比如说青年"找不到救国的门径，因而急不暇择，误信人言，抱着救国的热忱，不惜千山万水跑到'延安'，使他们走入错误的道路"，反问"他们享了现成福，到陪都来参政还要闹架子，《中央日报》不能寄到陕北，延安见不到国旗，像这样才算是民治吗？"，就非常直露和尖锐了。从中已经可以看出此后国民党对"五四"纪念的态度发生转折之端倪。1942 年 5 月 6 日，《解放日报》头版就刊发消息《重庆西安等地禁止举行"五四"纪念》。郭沫若 1948 年纪念五四文章也追溯"有几年光景，'五四'成为了禁日，只好偷偷的被纪念。谁要纪念'五四'，谁就是'异党分子'，有资格进集中营或劳动营的"①。事实上，1941 年五四纪念时的中国，是国共合作共同抗日的中国，也是皖南事变半年后的中国，国共两党书写记忆、影响青年、引导舆论、争夺话语权、建构合法性的政治斗争一直在或明或暗地进行着。前述《新华日报》1941 年 5 月 4 日社论《发扬"五四"革命精神》中，也不乏"智识青年只有思想上与先进政党相结合，行动上和劳苦大众取一致，才能发挥智识青年的先锋桥梁特殊历史作用""在大后方的智识青年，在今日现实环境中，应该发扬与先进思想结合的宝贵精神，扩展思想上求知和批判的精神和作风"这样巧妙的表达与"我们，共产党人，以赤心热血，爱护我们的祖国——中华民国"②这样公开的亮相。关于记忆、话语权与合法性，莫里斯·哈布瓦赫、米歇尔·福柯、保罗·康纳顿、让·马克·夸克等西方学者以及王海洲、张艳等本土学人都有过精彩讨论，此不赘述。

《风雨中纪念五四：沙磁区五四运动纪念大会特写》还有不少值得注意的内容。比如开篇的"许是上帝也想涤荡地面上殷黑的血迹吧，紧接着敌人今年第一次大轰炸，天，在三日夜半，滴淋淋下起雨来了。这雨，灌溉了山川田畴，也润湿了千万颗焦灼的心，这不是雨，是雪白的米啊"，以诗一般的语言交代了残酷的大轰炸背景，与好雨从天而降的喜悦，为纪念大会及演讲造势。"礼堂中已经黑压压的挤满了人……礼堂的布置很简单，但两壁的标语却非常整洁悦目。大家都很遵守时刻，正九点钟时，一声立正，张治

---

① 郭沫若：《庆祝"五四"光复》，原载《华商报》（香港）1948 年 5 月 4 日，《郭沫若全集》失收，见杨琥编：《历史记忆与历史解释：民国时期名人谈五四》，福建教育出版社 2011 年版，第 567 页。

② 《发扬"五四"革命精神》（社论），《新华日报》1941 年 5 月 4 日。

中部长、潘公展副部长、谭平山先生、罗家伦先生……鱼贯地进入了会场，一个庄严而热烈的仪式便开始了"，是演讲开始前的简要介绍，可知会场听众、布置、氛围等细节，那"一声立正"，也有别于普通演讲。"主席是五四运动中的健将，二十三年来的青年领导者罗家伦先生。在开会辞中，他说：'……今天我们的大会本预备在重大操场举行，沙磁区各校也都准备全体整队参加的，但因为雨，只能改在这礼堂中，场地有限，各校也只能代表参加，这是很可惋惜的一件事……'"则又补充了一段记录稿省略了的罗家伦先生的演讲内容，透露了纪念会原本规模更大更为隆重的安排与令人惋惜的遗憾。"时间悄悄地溜过去，时间已过十二点了，最后一个程序是呼口号。'发扬五四精神''服从蒋委员长'！声音是那么雄壮而整齐。掠过窗棂，飘向烟雨蒙蒙的空间。这声音飘进日本鬼子的耳壳，是会使他们发抖的"点明演讲结束时间并特写呼口号，其间的雄风、自信与乐观，令人感怀。作者在正文署"玄鹰"，在目录页作"立鹰"，应为笔名，不知哪个准确。查阅相关资料及笔名工具书，也没有发现有效信息。希望读者诸君有以教我。

三、印行"五四纪念特刊"的《沙磁文化》

印行"五四纪念特刊"的是《沙磁文化》第一卷第 5 期，1941 年 5 月 15 日出版。同期"特刊"刊发的还有魏元光的《光大五四精神与发展工业教育》、楚崧秋的《检讨"五四"与今日青年应有的认识》。魏元光先生时任国立中央工业职业学校校长，楚崧秋则是中央大学政治系二年级学生，毕业后任过蒋介石秘书，1949 到台湾后曾任《中央日报》社长。甚至此期一开篇"月谈"栏目的第一篇言论，就是《纪念五四》，署名"文"，面对"每一个纪念日来临了，照例举行纪念仪式，贴标语，写文章，讲演，呼口号"的现状，指出"这些，我们不能说是白费，但是更有意义的纪念，应该不是形式，而是行动"，强调"纸上谈兵，依然于事无补，'坐言何如起行'，青年朋友们，千万请记住，行动才是最有意义的纪念"。这不能不说是难能可贵的理性的清醒的声音，对我们 70 年后的五四纪念，仍然不无参考价值。这"文"，很可能是成文高的笔名，录以待考。

《沙磁文化》创刊于 1940 年 12 月 5 日，创刊号刊名即由中央大学校长罗家伦先生书写，系月刊，16 开本，版权页之编辑者署"沙磁文化社"，社址在"重庆沙坪坝中央大学内"，发行者也署"沙磁文化社"，社址在"重庆瓷器街四十七号"，总经售署"中国文化服务社"，代售处为"全国各大书局"，售价零售一册二角，订购半年一元一角，订购一年二元。创刊号印刷者署"扫荡报社"，第二期至第五期起改署"国立四川造纸印刷职业学校"。

《沙磁文化》月刊的宗旨与取向可以从创刊号上成文高撰写之《发刊词》明确的三

大中心目标中得到体现。三大目标为："我们要借着纸和笔的威力，打破时空的限制，粗描淡画，把这里（笔者按：指沙磁文化区）的形形色色告诉关心我们的人们，使他们知道我们是在怎样生活着。这是本刊第一个中心目标……今后本刊第二个中心目标是：联系青年朋友之感情，增进青年朋友的了解，砥砺青年朋友的学术，和团结青年朋友的意志……再其次……我们忝为知识分子，自也该站在文化的岗位上，举起文化的武器来，英勇向敌人搏斗。这是每一本抗战读物的刊行缘起，也就是本刊今后努力的第三个目标。"从《发刊词》中"这一颗嫩弱的文化幼芽，虽由我们沙磁区的五个专科以上学校（国立中央大学、四川省立重庆大学、四川省立教育学院、国立药学专门学校、国立中央工业职业学校）下种"，可知沙磁文化社的组织单位构成。该刊常设栏目有月谈、论著、学术研究、沙磁生活、文艺、沙磁点滴等。成文高应为前期《沙磁文化》月刊编辑部的重要人物，生卒年不详，资料显示1948年2月到1949年1月曾任邻水中学校长，1952年在《西南文艺》发表杂文《靠天吃饭》，1955年在《语文学习》发表短论《了解得对才写得对》。其他情形，暂时还不得而知。

此刊虽标明是月刊，但囿于当时的条件，很难按时出版。第二期到第五期的刊期还相对稳定，分别于1941年1月15日、2月15日、4月1日和5月15日出版。但第六期"夏令营生活特刊"的出版时间已是半年多后的12月15日。此期《编辑室》披露："本刊自暑期因轰炸过烈停刊以来，迄今四月有余，曾承各方公私文化团体，相率缄询，复蒙各地读者，热心关顾，同人等于感激之余，良深歉悚，现至十一月份起，决定复刊"。第二卷则不但刊期不定，还经常合刊，1、2期合刊1942年3月出版，3期4月出版，6、7期合刊11月出版，第8期1943年3月出版，所见最晚的一期是第二卷第9期，1943年4月出版。第二卷第4期和第5期还无缘寓目，不知是否合刊，也无从查考其出版时间与主要内容。

罗家伦卸任中央大学校长的时间是1941年7月，《罗家伦先生年谱》记载："7月15日　行政院第五二三次院会，通过先生请辞中央大学校长案……二十一日命令公布。"同年"八一三纪念日警报声中"，罗家伦"根据对全体教授和全体学生两次惜别会中演讲的大意而写成"的《中央大学之回顾与前瞻》长文脱稿。此文庚即与另外三篇演讲稿《中央大学之使命》《炸弹下长大的中央大学》《七七与中大青年》合并编入《中央大学之回顾与前瞻》一书，由中央大学印行，未见该书版权页，不知是不是《民国时期总书目》著录的"1941年8月"[①]出版。此文后刊《沙磁文化》第二卷第3期（未完），其时罗家伦已离开中央大学半年有余了，可见编辑部同人对罗家伦先生及其著述的持续关注，人

---

① 北京图书馆编：《民国时期总书目（1911—1949）教育·体育》，书目文献出版社1995年版，第492页。

虽走，茶不凉。《沙磁文化》月刊对主要缔造者之一罗家伦的情谊，还可以从其诸期封面之变化中得到体现。一卷 2 期封面手书刊名落款"叶元龙"，时任重庆大学校长；第二卷 1、2 期合刊封面手书刊名落款"光炜"，当为时任中央大学教授的胡小石先生；二卷 3 期封面手书刊名落款"颜歇"，时任四川省立教育学院院长。此外，所见封面色调虽有差异，但刊名字迹，仍是创刊号上的罗家伦手书。至二卷 9 期刊出之时，离罗家伦卸任已近两年。

　　"五四纪念特刊"之外，《沙磁文化》月刊还有几期特辑尤其值得注意。比如第一卷第 6 期的"夏令营生活特刊"，载蒋委员长《现代青年成功立业之要道》，系其在北温泉夏令营对全体受训员生的训话，另有《三段式的生活》《新食谱》《缙云之行》《日记一页》等 18 篇文稿。正如编辑者所说，"诸作者以快俏的文笔，把这次生活的内容和环境，写得淋漓尽致"，是第一手的宝贵史料。第二卷 1、2 期合刊有"诗词特辑"，刊发胡小石、汪辟疆（冒）、唐圭璋、金毓黻等先生的诗词创作，还有李长之的诗歌翻译等。此期"沙磁学术讲座"栏刊发讲座记录稿两篇，一为是考古学家卫聚贤先生讲座《巴蜀文化》，一为文艺名家老舍的演讲《文艺的创造》。《文艺的创造》不见于《老舍全集》《老舍年谱》及相关传记资料，当是老舍的一次集外演讲记录。在 2015 年 10 月由中国老舍研究会和西南大学主办，西南大学文学院、北碚区文化委员会承办的"老舍与纪念世界反法西斯战争胜利 70 周年暨第七届老舍国际学术研讨会"上，笔者曾予以辑录并就其中关于"平凡""风格""表现""批评"等内容与现有老舍文字的勾连与互文，以及幽默、针对性强、有世界眼光等特点进行讨论。第二卷第 8 期为"沙磁团务专号"，有中央大学、四川教育学院、重庆大学、中央工校、南开中学各分团的团务动态，《编后》直言"这一期完全是沙磁区青年运动的总报告""刊中各文均系各团部负责人所写成的"，可供青年运动研究参考。

　　十余册《沙磁文化》月刊虽然学界关注度不高，也缺乏系统的整理和研究内容丰富，但潜心翻阅之后，就会认同前人关于该刊"是研究我国抗战文化不可多得的刊物"[①]之判断。我们想进一步强调的是，罗家伦参与创办并在中央大学校内编辑的《沙磁文化》月刊之于罗家伦研究与中央大学研究的重要作用，是其"五四纪念特刊"与 1941 年陪都重庆沙磁文化区的五四纪念的密切联系，是其作为非文学期刊登载的文学内容之于抗战文学研究的拓展空间。

　　此外，《沙磁文化》月刊之"五四纪念特刊"刊载的被遗忘的罗家伦先生纪念五四演讲还提醒我们，五四健将、五四新文化人物的杰出代表、现代中国的风云人物罗家伦先

---

　　① 重庆市沙坪坝区地方志办公室编：《抗战时期的陪都沙磁文化区》，科学技术文献出版社重庆分社 1989 年版，第 105 页。

生还有不少演讲值得发掘和研究。随手就可以举出几个《罗家伦先生文存》与《罗家伦先生年谱》都没有提及的例子；比如 1941 年 10 月 25 日贵州《革命日报》报道清华同学会贵阳分会昨欢宴罗家伦等，由罗家伦报告清华改为国立大学之情形，希望在大后方建设一个伟大的清华；1943 年 7 月 5 日陕西《西京日报》报道昨日上午十时，罗家伦莅临陕西青年团支团部，对本市高中以上团员讲话，讲题为《国际局势与中国之出路》，历三小时始毕；1944 年 12 月 23 日《新疆日报》报道次日上午十时，新疆检查使罗家伦先生将在省党部大礼堂主讲《向前看！》，等等。罗家伦研究，有待后来人。

（作者单位：重庆师范大学文学院）

试论杨义对中国现代文学研究的贡献

黎保荣

内容提要：作为中国人文学术的著名学者，杨义先生学贯古今，但客观来说，他对中国现代文学研究的贡献更具代表性。综观杨义先生几十年来的中国现代文学研究，其贡献大致表现在三个领域：中国现代小说史研究领域、鲁迅研究领域，以及中国现代文学研究方法论领域。杨义的《中国现代小说史》，体现了一种开放、深刻的审美史观，它不仅彰显历史意识，探索复杂性，而且彰显文学意识和文化视野，而这恰恰是更高的历史意识，即超越一般的史料搜寻、钩沉、辨析和总结，而从更高的角度来观照历史，洞察历史与思辨历史，让历史发声的同时，也发出学者自己的独特声音。而在鲁迅研究上，杨义不仅确立了鲁迅小说的现实主义的本质特征，还提出了"鲁迅小说的艺术生命力"这一重要命题，更重要的是他对鲁迅文化血脉的还原，他希望通过疏通文化血脉、还原鲁迅生命、深化辩证思维、重造文化方式、拓展思想维度来推进鲁迅研究。杨义以鲁迅作为方法，为其了解现代中国思想，疏通中国文化血脉，丰富现代人生提供了参照。再一方面，杨义在坚实的史料基础上，建筑起他方法论的大厦。杨义提出的重绘中国文学地图，以及中国文学的民族学、地理学、文化学、图志学问题，都隶属或者近于其大文学观。而其中国现代文学大文学观、文化学方法与图志学方法尤为值得探讨。无论是中国现代小说史研究、鲁迅研究，还是中国现代文学方法论研究，都彰显了杨义开阔的文化视野、深厚的学术功力、严谨的学术态度、深刻的学术创造与追求进步的学术精神，都彰显了杨义不盲从西方，而建构中国学术方法论的创造力、自信心与大气象，足见其对中国现代文学研究的贡献。影响深远，足见斯人可贵。

关键词：杨义；中国现代文学研究；鲁迅；方法论；贡献

判断一位学者的研究是否具有贡献，一般而言，需要观其三方面：一是观其是否开拓出坚实的宏观或微观的研究领域，二是观其是否提出一套新颖深刻的学术方法，三是观其是否创造出影响深远的学术理论，例如斯宾格勒提出文化发展的历史周期律，亨廷顿提出文明权力论，泰纳提出"精神气温带"理论，勃兰兑斯提出文学史是心灵史的理论，诸如此类具备世界性影响的理论。很明显，杨义的贡献主要属于前两者。

综观杨义先生三十多年来的中国现代文学研究，其贡献大致表现在三个领域：中国现代小说史研究领域、鲁迅研究领域，以及中国现代文学研究方法论领域。

一、对中国现代小说史研究的贡献

杨义的《中国现代小说史》，1986 年 9 月出版第一卷，1988 年 10 月出版第二卷，1991 年 5 月出版第三卷。在他之前，以《中国现代小说史》命名的研究著作，较有影响的版本，大概有夏志清著的版本（1961 年耶鲁大学出版社英文版），田仲济、孙昌熙主编的版本（山东文艺出版社 1984 年 1 月出版），以及赵遐秋、曾庆瑞合著的版本（中国人民大学出版社 1984 年 3 月出版）。在他之后，则有严家炎主编的《二十世纪中国小说史》，但 1989 年只出版了陈平原著的第一卷，似无后续之作，以及叶子铭、邹恬、许志英主编或主持的《中国现代小说史》（南京大学出版社 1991 年 10 月出版）。

客观来说，迄今为止，国内的《中国现代小说史》，影响最大、鼎鼎大名的就是杨义的皇皇巨著。甚至可以说，在它出版后三十多年来，无人超越，也无人敢冒昧出版新研的"中国现代小说史"。之所以会出现这样的现象，也许是因为该著的"史料"翔实与"史观"厚实。

（一）以翔实的史料抵抗本质化、粗陋化研究，注重复杂性

杨义在史料的运用上，大致具有三个特征。

一是史料丰富翔实，善于辨析。

在史料的丰富翔实上，后人的确难以超越杨义，因为杨义用十年时间治《中国现代小说史》，读了一亿多字的著作和材料，成书一百五十多万字，单是与中国现代作家及其后代的通信就达近百封。[①] 所以后人只能在史料上做些边边角角的修补，例如我发现杨义没有把徐志摩、汪静之等人的小说，或者广而言之，诗人小说，作为一种现象进行挖掘和论述。但即使如此，也只不过是个别缝补，以这种缝补来进行整体的中国现代小说史研究，味同嚼蜡，不如放弃。

该书涉及的作家作品数量惊人，钩沉了很多鲜为人知的作家作品。按照该书内容提

---

① 杨义：《中国现代小说史书简录》，《新文学史料》1991 年第 1 期。

要所示，该书分章节论述的作家 110 人，涉及作家 600 人，评述作品 2000 余种。在 20 世纪 80 年代，中国现代文学研究刚摆脱高度政治化的研究语境不久，该书能够在高度评述以鲁迅为代表的左翼文学和解放区文学的主潮意义之外，重评和挖掘了大量有艺术个性的作家，这是尤为难能可贵的。例如马宁、侣伦、关沫南、王秋萤诸如此类 20 世纪 40 年代的小说家，在 1998 年的时候，有的知名学者就自觉对之相当陌生，①更何况是 80 年代呢。时至今日，我对魏伯、钱今昔、沈寂、凤子的小说甚至作家名字，都是首次听说。

杨义之所以如此重视史料，是源于他的治学理念。他自认在搜集批阅和考证资料的阶段，受到乾嘉学者严肃的治学态度和沉实的治学方法的启发，注重掌握扎实的第一手材料或具有可靠的旁证的第二手材料，以免出现戴东原所批评的"以人蔽己"、以讹传讹的错误，"对于从事研究工作的人，不下一番探幽索微、勘误辨伪的功夫，而一味地在研究方法上追求新奇，是很容易把自己的研究成果建立在沙滩上的"②。基于这样的治学理念，他批评夏志清《中国现代小说史》对研究对象"往往是按自己的偏见和趣味，任意裁夺的"。批评夏志清"把中国白话文学的发生几乎等同于胡适的《四十自述》"，而强调"我们的责任是踏寻历史存在的本来面目，使民族在一段历史时期积蓄起来的智慧和生命，不至于被时间的流水和人为曲解的泥沙所湮没，以便给新的创造和追求提供一个可靠的、充实的起点"。"力争读完每个小说家的全部作品，广泛涉猎当时报刊文章，时或不惜运用文献学和考据学的手段，就是为了按照历史的本来面目构筑这个宏大的系统，并使这个系统矗立在坚实的基础上。"③故此，他除了多方搜集史料之外，还对诸多的史料进行勘误辨伪，换言之除了注重史料的"多"之余，还注重史料的"真"，因为只有两者结合起来，研究著作的史料才是真正可靠可信的，否则研究容易成为无本之木无源之水，因为史料不多，意味着史料搜集不全面，而史料不真，则意味着史料辨析不严肃。如果根据不丰富也不真实的史料来轻率下一个新奇的判断，新奇固然是新奇，但是这只不过是奇怪，而非具有创造性、真实性、可靠性的研究，因为这样"新奇"的结论是站不住脚的，站不住脚也就无法扎根，更何况茁壮成长、枝繁叶茂呢，即使"新奇"论者借助话语权与媒体暂时获得名声，但也不过是昙花一现，难以为继。

故此，杨义极为看重史料的辨析，他指出一部有影响的文论选把黄摩西在《小说林》上针对梁启超而发的《小说小话》中一段非常精彩的话，误为梁启超所作；一部有见解的专著把曼殊室主人梁启勋（梁启超的弟弟）在《新小说·小说丛话》的一段文字，误为苏曼殊的话；一些权威性的文学史著作误把与《恨海》同年（1906）问世的《禽海石》

---

① 朱寿桐：《论中国现代小说史研究的现行格局与发展前景》，《江海学刊》1998 年第 1 期。

② 杨义：《研究方法上的三个境界》，《文学评论》1984 年第 6 期。

③ 杨义：《〈中国现代小说史〉絮语》，《出版工作》1987 年第 7 期。

出版时间，推迟了四年。①唐弢先生曾经谈起杨义曾询问过他彭家煌和彭芳草是否是一个人，在面对唐弢和彭家煌儿子的不同答案的时候，杨义选择了靠史实说话的原则，通过通读二人的作品来作辨析，下判断，"从作品风格和题材看，他们确实是两个人"，唐弢指出"杨义并不是一个随声附和的人，他能根据自己掌握的材料，独立思考，客观地作出判断，我认为这是专业研究中极其可贵的学术品德"，故此，他不喜欢杨义的"才子气"，而佩服杨义的"硬功夫"。②

杨义在史料运用的第二个特征是探索复杂性。

杨义擅长抓住小说思潮的主潮，但是又不忽略支流，不忽略对立面。例如他在阐释梁启超的启蒙主义小说理论之余，除了以王国维、黄摩西、徐念慈、林纾等人注重审美的小说理论观念，对梁启超进行纠偏，他还特别提到为前人所忽略的梁启超弟弟梁启勋的小说观念。他指出"其弟梁启勋（曼殊）不苟同于兄长的虚无主义，而推崇中国古典小说：'泰西之小说，所叙者多为一二人之历史；中国之小说，所叙者多为一种社会之历史（此就佳本而论，非普通论也）。……吾祖国之政治法律，虽多不如人，至于文学与理想，吾雅不欲以彼族加吾华胄也。'虽有狭隘或空疏之嫌，但他尊重民族传统小说的意见是不曾随波逐流的。"杨义还指出梁启勋对于梁启超忽视小说源于生活的偏颇，同样针锋相对："小说者，'今社会'之见本也。无论何种小说，其思想总不能出当时社会之范围，此殆如形之于模，影之于物矣。""今之痛祖国社会之腐败者，每归罪于吾国无佳小说，其果今之恶社会为劣小说之果乎，抑劣社会为恶小说之因乎？"③

基于同样的治学理念，杨义在思考林纾翻译小说的时候，不盲从，而指出其双重性，即林译小说对晚清小说开通的"功"，对民初小说风气逆转的"过"，林纾是中国近代小说史上兼备功过、具有两重身份的人物；而在探讨浪漫抒情派小说的时候，不忘探索其支流以及余波；在20世纪30年代的非功利文学观里，除了提到梁实秋、胡秋原、朱光潜等人，还专门提到了李金发。在研究20世纪40年代小说时，在战区流亡作家小说、解放区小说、上海孤岛小说、七月派小说、东北流亡者作家群小说之外，杨义还独辟蹊径地开拓出华南作家群小说、东北沦陷区小说、华北沦陷区小说，以及孤岛沦陷和复兴时期的小说等等研究领域，无论在当时还是现在，这样的史料功夫可谓扎实深厚，这样的学术视野可谓高远开阔，这样的研究框架可谓新颖独特。

换言之，这是注重文学现象的复杂性。因为历史并非铁板一块，有主流，有支流，也有余波，有汹涌澎湃的巨浪，也有埋伏暗涌的潜流，有这一种形态，也有那一种形态，

① 杨义：《研究方法上的三个境界》，《文学评论》1984年第6期。
② 唐弢：《读杨义〈中国现代小说史〉》，《瞭望周刊》1988年第36期。
③ 杨义：《中国现代小说史》（第一卷），人民文学出版社1986年版，第6页。

注重文学现象的复杂性，其实就是尊重历史的复杂性，还原历史的本来面目，使得文学史具有历史的纵深感与多样性，追求一种"深刻的完整"。例如杨义在分析民初鸳鸯蝴蝶派的时候，并非笼统处理，而是根据文体区分出"史汉支派"和"骈文支派"两种派别："所谓鸳鸯蝴蝶派文学就是这种浪子加才子的文学，它们带有对封建传统名教或强或弱的离心倾向，又带有殖民地文化中忽沉忽浮的病态成分，在这种离心倾向和病态成分上，包天笑、周瘦鹃和徐枕亚、李定夷只有量的差别，而没有质的区分。他们相似在本质，区别多在文体，因此可以根据文体特点，把包、周和徐、李分为鸳鸯蝴蝶派总派别中的'史汉支派'和'骈文支派'。骈文支派比起史汉支派，文风更为柔靡俗艳，更多矫揉造作和滥调陈言，因此他们把鸳鸯蝴蝶派的弱点显露得更为淋漓尽致，以致史汉支派不愿和不屑于与他们相提并论。"[①]又例如杨义探讨抗战时期作家对南明史的关注，并未仅仅把南明史看作是一种文学题材，而是视为一种"潜在的文学风气"，以及"季世气氛"的表现：八一三事变时期的抗战热情已经开始凝缩和沉淀，乱世或季世的悲凉忧郁开始浸染作家的心灵，"对南明史的关注，成为当时进步作家寄托心灵愤懑的方式，算得是一种潜在的文学风气"。在这种季世气氛的浸染下，便有了复社组建，尤兢和阿英编写南明史剧，郑振铎影印《明季史料丛书》，唐弢在杂文中谈论"明季稗史"，探讨"马士英与阮大铖"，著《南明史纲》四卷，流徙桂林后还发动南明史料社。[②]

除此之外，杨义在重视作家主要特征的同时，又不轻视作家的其他特征。例如在阐释叶绍钧作为一个真诚的人生派作家的时候，杨义同时指出叶绍钧曾发表文言小说十二篇，它们带有由浪漫主义向现实主义过渡的驳杂状况，从中可以看出他受到华盛顿·欧文影响的痕迹。[③]而在分析上海沦陷时期的小说时，杨义专门论述了杂文家唐弢的小说《海和它的子女们》《稻场上》《山村之夜》，并且相当客观地指出："唐弢的小说不多，但无论抗战前写历史题材，沦陷期写故乡题材，均成不可多得的精品。……他与师陀、张爱玲等作家一道，提高了上海沦陷期小说的艺术水准——文学史是不应忘记这一点的。"[④]

杨义在《中国现代小说史》中运用史料的第三个特征是注重中国现代小说的发生。

首先，杨义注重体裁发生。杨义之所以把鲁迅的《狂人日记》推为中国现代小说开山之作的缘由[⑤]，我们已经耳熟能详，不再赘言。例如晚清民初小说的发生，杨义指出清末民初开通小说界风气的，有清末的启蒙主义思潮，有梁启超的报刊文章，更直接

---

① 杨义：《中国现代小说史》（第一卷），人民文学出版社 1986 年版，第 49 页。
② 杨义：《中国现代小说史》（第三卷），人民文学出版社 1986 年版，第 393 页。
③ 杨义：《中国现代小说史》（第一卷），人民文学出版社 1986 年版，第 317 页。
④ 杨义：《中国现代小说史》（第三卷），人民文学出版社 1986 年版，第 399—402 页。
⑤ 杨义：《〈中国现代小说史〉絮语》，《出版工作》1987 年第 7 期。

的则是林纾翻译的外国小说。最终他从清末民初小说发展来判断五四小说革命的发生具有必然性和必要性，他鞭辟入里地指出清末民初一批政治倾向悬殊的革命志士启蒙志士，为当时的小说革命加了一把底劲不足的茅草火，经过民国初年的凄风苦雨，这把火在那些文坛浪子和才子的手中，被拨弄得炭残灰冷。在这种基础上，五四小说家虽然在近代小说家那里获得零星火种，但作用不大，故此，"必须另起炉灶，另添新柴，另下新米。从总体而言，清末民初小说理论和创作，是破坏性大于建设性，坏作派逐渐抵消新风气的。……他们的作品虽有各种不同的倾向和格调，但多是思想上鲜、腐交杂，形式上新、旧交杂，文字上文、白交杂，半生不熟，这样或那样地败坏胃口。应该说，他们是近代小说的垦荒者，但是他们却把近代小说的处女地变成了一片瓦砾场或烂泥塘"①。

又例如 20 世纪 40 年代长篇小说热潮的发生或兴起。杨义指出由于作家们自觉的审美意识和踏实的创作实践，引发了中国现代文学第三个十年出现中长篇小说的热潮，并以翔实的数据，雄辩地反驳了某些海外学者所言的第三个十年新文学小说处于"凋零期"的谬论：因为根据粗略的统计，1937—1949 年出现的新文学中长篇小说有 400 部左右，其中，中篇小说大概 150 部以上，而长篇小说则超过 200 部，这是新文学史上长篇小说超过中篇小说的第一个记录，而且长篇的数量是第二个十年的两倍半，远远超过第二个十年；这些长篇小说绝大多数是 1941 年以后的产物，在 1946 和 1947 年达到出版高潮，换言之，"这是一个小说大面积丰收的时代"，而非凋零的时代。②这样雄辩而理性的结论，如果缺乏扎实的史料爬梳，是难以得出的。

其次，杨义还注重小说题材发生，例如晚清缺乏农民题材小说的原因，这是我们比较容易忽略的一点。针对阿英的晚清作家没有一本反映农民生活的书这样的观点，杨义雄辩地指出这并非晚清知识分子或者作家的错误，而是由于时代错误所致。因为从力量动员上，当时的启蒙运动主张"欲开民智，先开官智"，旨在争取王公大臣、上层士大夫对维新运动的同情和支持，后来资产阶级革命为了推翻清王朝，主要精力也是放在动员华侨、联结新军和会党上面，陈天华的《狮子吼》就是很明显的例证，主人公深入四川内地，不是为了了解农民，调查民生疾苦，而是为了联结会党，准备起事。而从学说上，梁启超的"新民说"，也几乎没把农民纳入视野。故此，"小说中写不写农民，如何写农民，自然与作家生活经历有关，但最根本的是由'时代的视野'决定的。新民主主义时代，是无产阶级领导的农民革命时代，农村和农民问题已移到时代视野的中心位置，不管小说家自觉还是不自觉到这一点，但时代视野的转移已作为一种历史潜流在运动

---

① 杨义：《中国现代小说史》（第一卷），人民文学出版社 1986 年版，第 64—65 页。
② 杨义：《中国现代小说史》（第三卷），人民文学出版社 1986 年版，第 39—40 页。

着"①。不能不说，如果杨义没有一种开阔的视野，没有一种对中国现代小说的深入研究，很难提出这样深刻的观点。

再次，杨义也关注中国现代作家小说创作的发生。例如对冰心小说发生的关注。杨义在分析冰心小说的时候，一开头就特别提到冰心的一篇早期小说《一个忧郁的青年》，杨义之所以特别重视这一篇艺术上不太成熟而没被收入冰心小说集的作品，是因为"它的思想内容极为重要，可以视为打开冰心问题小说的大门的一把钥匙"。该小说写了以彬君为代表的五四时代敢于思考的青年形象，这一代青年开眼看世界，以觉醒的理性看待社会的弊端，思考了很多新问题，但是寻求答案的时候却不得要领，忧心忡忡。杨义确信这篇小说"展开了对人生、家庭、社会的种种问题的思考，也可以视为冰心的一系列问题小说的总纲"，他甚至认为基于"冰""彬"音近，所以小说中以"忧郁性"作为"入世之初"的彬君，其实是作者冰心的夫子自道。②应该说，这样对"入世之初"的冰心小说"创作之初"的判断，需要较深的梳理和明亮的慧眼。

除此之外，杨义还关注中国现代小说流派发生发展的线索。

例如讲到京派作家群和上海现代派小说的时候，杨义专门梳理了京派、海派小说之分源自京剧南北分派：京剧正统派为宫廷府邸演出，受贵族审美趣味的浸润，逐渐形成典雅精致的行当家法和严谨规范的表现程式；但是庚子之变导致大批京师艺人来沪，受商埠风气所浸染，演剧寻求突破与开放，注重情节、趣味性和娱乐性，等而下之追求声色刺激、火爆驳杂，被注重功力和声乐技巧的北方正统派讥之为"海派"。这样的区分影响了后来京派和海派小说的命名。正如鲁迅《"京派"与"海派"》所言："'京派'是官的帮闲，'海派'则是商的帮忙而已。"③

这种对小说流派发生的命名考察需要扎实的史料搜寻和辨析的功夫，而对小说流派发生发展线索的考察，由于杨义对相关史料已经烂熟于心，故此他对此可谓信手拈来。例如他在探讨四川乡土作家群的时候，指出我国乡土文学从20世纪20年代前期到30年代的发展趋势，呈现由东向西的渐进过程：即由20年代前期浙东乡土小说家（王鲁彦、许钦文、许杰等）群体出现，到20年代中期向西传播，从湖南作家彭家煌、沈从文、湖北作家废名，到贵州作家蹇先艾，再到四川作家艾芜、沙汀、周文、李劼人等等。④应该说，这样的概括和梳理是很见功力的。再例如在研究东北流亡者作家群的时候，杨义注意到他们对当时文学主潮的发展所产生的三次冲击波：第一次冲击波是1932年初到

---

① 杨义：《中国现代小说史》（第一卷），人民文学出版社1986年版，第136—137页。
② 同上，第228页。
③ 杨义：《中国现代小说史》（第二卷），人民文学出版社1986年版，第587页。
④ 同上，第415页。

1933 年，以李辉英为代表，处于只有"作家"而未成"群"的状态；第二次冲击波由萧军、萧红于 1935 年下半年掀起；而第三次冲击波是 1936—1937 年抗战爆发前夕，属于东北作家群重聚而极盛期，当时舒群、罗烽、白朗、骆宾基、端木蕻良等创作极为丰富活跃。继而在史料爬梳的基础上，进行入木三分的概括："东北作家群是一个有潜力、有才华的作家群，在三五年间，它经历了萌发、崛起、成熟的发展过程，艺术上也由初期的粗糙峻急，迅速转向雄健壮阔，深邃凝实。在现代文学史上，如此紧贴时代思潮而波澜迭起，风格独标而丰富多彩的作家群，是不多见的。"①从人员、时间、风格、思潮来入手进行评价，可见这是历史感很强的治学者的独具慧眼。

另外，杨义还极为重视刊物对中国现代小说发生的作用。杨义对从五四时期到 20 世纪 40 年代每一阶段的小说史，都非常注重把刊物纳入视野，他展现了各种报刊对中国现代小说的发生、发展、变异、成熟、曲折期的不可抹杀的作用。

小而言之，杨义注重杂志封面对中国现代小说潮流变化的彰显。例如他注意到《文艺复兴》在抗战胜利后的封面变化与文学潮流的关联：第一卷是国共谈判时期，封面用的是欧洲文艺复兴时期的意大利大师米开朗基罗的《黎明》，意味着胜利了，人醒了，事业有前途了；而第二卷封面用的是米开朗基罗的《愤怒》，意味着国共谈判破裂，内战又要开始，人民怨恨不已，怨声载道；第三卷封面用的是西班牙著名画家高讶的《真理睡眠，妖异出世》，意味着当时上海、国统区民不聊生，一片黑暗的境地；最后三期是《中国文学研究号》，封面改成了陈洪绶画的《屈子行吟图》。杨义继而进行了理性的思辨："这种封面设计，不仅具有强烈的现实针对性，而且包含着浓郁的历史哲学思考的气息。经过狂欢后之悲哀的上海进步知识界，面向世界，面向历史，以西方文艺复兴式的智慧，以战国时期屈原式的上下求索精神，沉思着古老的中国文化性格的改造，沉思着近百年灾难深重的出路。这种历史精神和文学空气，使当时相当一批重要的作品，具有宽阔的时空幅度，具有浓郁的民族新生意识。"②如在《文艺复兴》上刊载的巴金的《寒夜》，钱锺书的《围城》，李广田的《引力》，艾芜的《乡愁》等小说，就是很好的证明。

中而言之，杨义注重报刊对中国现代小说流派的作用。例如海派的发生与三种新文艺杂志《无轨列车》《新文艺》《现代》的关系，京派的发生与三种新义艺杂志《文学季刊》《水星》《大公报·文艺》的关系，他都如数家珍。

大而言之，则是注重五四时期，20 世纪 30 年代、20 世纪 40 年代的诸多报刊对小说发生的作用。例如对于 30 年代的小说，杨义掷地有声地明言："现代作家大多是从杂志、副刊和丛书中诞生和成长的，杂志丛书的繁荣从一定的角度反映了文学的繁荣，杂志丛

---

① 杨义：《中国现代小说史》（第二卷），人民文学出版社 1986 年版，第 523—525 页。
② 杨义：《中国现代小说史》（第三卷），人民文学出版社 1986 年版，第 404 页。

书的气魄从一定的角度反映了文学的气魄。"他赞成将 1934 年称为杂志年，因为当时中国各种性质的定期刊物有 300 余种，郑振铎、靳以、赵家璧、巴金等等都是 30 年代涌现的有胆识、有魄力的编辑大家，郑振铎主编的南北两大刊物《文学》和《文学季刊》，靳以参与主编的《文学季刊》《水星》《文季月刊》《文丛》，赵家璧主编的《中国新文学大系》10 卷，《良友文学丛书》及特大本 44 种，《良友文库》18 种，巴金主编的《文学丛刊》，10 年间出版 10 集 160 册，《文化生活丛刊》48 种，诸如此类，都发挥着重要的作用，他们"既是联系广大作家，以及各文学社团的强大纽带，又是培植文学新人和文学杰作的出色的园丁"①。

（二）以开放、深刻的审美史观来对抗狭隘、肤浅的研究

杨义注重史料翔实丰富，注重复杂性，注重小说的发生，都彰显了杨义的求真史观。史料越是翔实丰富，越能看清一个作家或一部作品在历史中的位置，就越能按照历史的本来面目来构筑学说的体系，让学说体系的楼房建立在"史料的大地"这样的一个坚实开阔的基础之上，否则坐井观天，在井那么大的地方，是难以建立起学说的楼房的。而探索复杂性，则避免了完全根据自己的趣味甚至偏见来进行学术研究，避免了片面的肤浅与片面的盲目，让研究者懂得历史是具有多层面多声部多维度的，不能掩耳盗铃，闭目塞听，历史的声音那么美妙，你不去听并不等于它不存在；历史的色彩那么缤纷，你不去看并不等于它不存在。而探索小说的发生，则是以追溯的方式试图还原历史的本真，以"起源"来叩问历史过程、影响或归宿的密码与奥妙，因为任何研究都具有"洞见"与"不见"的双重性，"深刻的完整"并不意味着研究要面面俱到，历史在某种程度上也是当代史，因为我们回不到历史原场，所以踏寻历史真相需要某种建构或勘测，那么从"发生"或"起源"入手，便是在史料的广阔大地之上找到了勘测点，达到"片面的深刻"，或者更严谨地说是"精深的挖掘"，并最终找到研究的"宝藏"：史实、史观与史识。与此同时，拓宽或生发了学者的生命史与心灵史，学术研究并不是让生命萎顿，而是让生命提升，学者在历史、现实与文化的宏大空间之中，通过学术叩问，寻觅到属于自己的生命空间。这个空间哪怕只是蜗居，但也具有茫茫原野的广袤无垠，这个空间哪怕风雨欲来，但也值得持守。而这也许就是文学史研究的"历史性"。

而文学史或小说史研究的"历史性"，在很大程度上具有"心灵史"的特质。就连杨义本人也信誓旦旦地声明："小说史是现代人和前人的心灵对话，我们自可在这种对话中获得自己的科学智慧和学术个性的满足，但是这种满足应该毫不勉强地、浑然天成地消融在宏观的和深层次的历史发现之中。"另一方面，他希望他的"小说史能给人们提供一

①　杨义：《中国现代小说史》（第二卷），人民文学出版社 1986 年版，第 28—29 页。

些读书的线索和艺术探索的途径，有利于人们认识现代小说史的本来面目和拓展艺术思维的胸襟"①。换言之，无论是"心灵对话"，还是"拓展艺术思维"，这些属于心灵层面的东西，都要致力于"历史发现"与"认识历史的本来面目"，二者结合，充分体现了文学史研究的"心灵史"或曰历史的"文学性"特质，因为它并非纯粹的历史，而是文学史、小说史，故此，这样的史观固然是历史观，但也可以说是审美史观。

杨义的《中国现代小说史》，体现的正是这样一种开放、深刻的审美史观，它不仅彰显历史意识，而且彰显文学意识和文化视野，而这恰恰是更高的历史意识，即超越一般的史料搜寻、钩沉、辨析和总结，而从更高的角度来观照历史，洞察历史与思辨历史，让历史发声的同时，也发出学者自己的独特声音：独特思考与独特表达。

首先，杨义的《中国现代小说史》体现出倡导文化视角，反思庸俗社会学的文化史观。

中国现代文学史上曾经流行庸俗社会学的批评观念，例如 20 世纪 30 年代创造社等左翼理论家对鲁迅等人的阶级定性与文学批判，40 年代对丁玲、萧军、王实味等人的思想批判，这股风气从 50 年代开始嚣张肆虐，上纲上线的批判此起彼伏，甚至延伸到 80 年代初期。庸俗社会学并非根据文学自身的特点和规律，而是根据庸俗唯物主义的观点和政治社会学的方法，背离文学自身的特点和规律，进行观察、研究和处理文艺问题，导致得出不符合文艺创作实际情况的主观的、偏颇的结论；其突出表现在于：在典型问题上，主张阶级决定论；在文艺与生活的关系问题上，主张写本质、写主要矛盾；在文艺与政治的关系上，主张政治标准第一，艺术标准第二，文艺从属于政治；在世界观和创作方法问题上，主张两者之间只能是统一，无视世界观不等于创作方法。②

杨义的清醒之处在于以文化视角消弭庸俗社会学对其中国现代小说史研究的负面影响。当夏志清本以政治偏见来选择和分析作家作品的时候，当田仲济、孙昌熙本突破政治历史分期的文学史格局但并未摆脱典型环境中的典型人物的小说理论框架的时候，当赵遐秋、曾庆瑞本或多或少重蹈"政治艺术标准""现实主义主导"的覆辙的时候③，当赵遐秋、曾庆瑞本以及更早的唐弢《中国现代文学史》对资产阶级、小资产阶级作家（例如沈从文）评价偏低的时候，杨义用文化视角审视中国现代小说史，达到了比时人更高的理论高度与更开阔的学术视野。

杨义重视文化视角，这种视角在当时是新颖的，迄今为止还不会过时，就是因为他

---

① 杨义：《〈中国现代小说史〉絮语》，《出版工作》1987 年第 7 期。
② 陈辽：《向我国当代文学批评中的庸俗社会学"将"一"军"》，《长江》1981 年第 1 期，转引自《向庸俗社会学"将"一"军"》，《文艺理论研究》1981 年第 2 期。
③ 杨洪承：《历史在艰难中前进——读国内三部〈中国现代小说史〉》，《文学评论》1989 年第 1 期。

运用文化视角，是建立在扎实的史料梳理和细致的文本发现的基础上的。他所有的努力并非证明某种西方或"先锋"理论的正确性，而是还原或发现历史与文学的复杂性，直追中国现代小说的文学风气与精神根底，而"发现"才更应该是学术研究的追求所在。杨义的文化视角大概包含两个内容：一方面注重对作品中文化元素的揭示，因而更为关注作品中的生活风情、习俗民风；另一方面是从文化学角度去评析作品，挖掘其特定的文化价值、文化隐喻、文化心理。①

就拿对茅盾小说的评论来说，在当时高度政治化的研究氛围之中，杨义对茅盾这样一个左翼作家、共产党员作家，从文化视角切入，反而得出较为新颖和坚实的结论。在分析《春蚕》时，杨义摆脱了一般的农村被帝国主义势力经济入侵以及丰收成灾的政治视角，指出"正由于《春蚕》是以丰厚的生活体验为基础的，小说就能够在'丰收成灾'的主题下，把古老的乡村习俗和深沉的文化心理从容细密地交织起来"②。同时，杨义也指出《春蚕》中的老一代农民老通宝那种勤苦的品性、微末的憧憬和顽强的生命意志，是在浓郁的古老的乡土文化习俗中展示的，而传统的天命观念和现实的破产遭遇，则给宗法制农民的心灵蒙上一层黯淡而空幻的浓雾，即使是到了阶级色彩有所加强的茅盾"农村三部曲"的最后一部《残冬》，传统文化观念还是老通宝的儿子阿四的精神痛苦的根源："'家'，久已成为他们的信仰，刚刚变成为无产无家的他们，怎样就能忘记了这长久生根了的信仰呵！"故此，杨义以文化视角归结茅盾的"农村三部曲"："在整部三部曲中，对旧中国农民的苦难生活和传统文化心理的描绘，始终占据着主画面。"③

而在分析《子夜》的时候，杨义同样扬弃了民族资产阶级与买办资产阶级斗法，以及暗示无产阶级革命的必然性这样的政治解读，而从文化视角入手，鞭辟入里地指出《子夜》"从吴老太爷进上海写起，就立意非凡，匠心独具，在强烈的文化反差中隐喻了偌大的中国何者在崩溃，何者在泛滥"④。吴老太爷刚进上海就呜呼哀哉，"象征着近代工业文明对封闭性的封建古老文化的撞击毁坏"。而土财主冯云卿在公债投机中用女儿做交易，巧施美人计，虽然有着公债利益的都市文化诱惑，但是"诗礼传家"的伦理观念却让他打噤、心跳、落泪，陷入了另一种文化交错之中。⑤

而像沈从文这样偏向自由主义的被批判的作家，我们现在能够以文化的、生命的诸种视角来看待，但在当时人们更愿意以政治倾向来判断（例如赵遐秋、曾庆瑞以及唐弢《中国现代文学史》对沈从文评价偏低偏略），但是杨义能够摆脱时人的视野局限，用一

---

① 黄修己：《中国新文学史编纂史》（第二版），北京大学出版社 2007 年版，第 161 页。
② 杨义：《中国现代小说史》（第二卷），人民文学出版社 1986 年版，第 112 页。
③ 同上，第 113—115 页。
④ 同上，第 130—131 页。
⑤ 同上，第 109—110 页。

种超越性的文化眼光来打量沈从文，也就得出了不一样的、经得起时间考验的评价。如果说人性与美是沈从文审美思维的纵横坐标，那么文化视角便是沈从文小说的基石，杨义断言：沈从文的小说少数是自传性的"生命的纪录"，部分用以解剖和嘲讽戴上"文明枷锁"的都市人性（如《八骏图》），而最属于沈从文"自己"的，是包括《山鬼》《龙珠》《贵生》《边城》在内的描写湘西古老习俗和原始生命的作品，这类作品彰显文明与道德的二律背反，发掘未经"文明社会"的社会组织羁绊和污染的边地"人生形式"与人性淳朴中的忧郁。①

　　杨义的文化视角既是一种方法，也是一种开放性、超前性的史观。它不是单纯地勾勒文学，也不是附庸政治，而是建立在一种历史意识之上的文化意识，他指出有的小说忽略对民族文化心理的沉思，在明快的文风中缺乏沉重的深邃的历史感，"这确实是历代作家困惑的问题：选择了历史文化意识容易使现实社会意识归于潜隐，突出了现实社会意识又容易使历史文化意识淡薄。然而，真正的杰作产生于这种困惑的克服和超越之中"②。这样思辨的史观，不能不令人拍案叫绝。

　　其次，在文化史观之外，杨义还反对单纯的大陆精英文学史观，而以大文学史观吸纳通俗小说、台湾乡土小说。这将在本文第三部分进行论述，此不赘言。

　　再次，杨义在《中国现代小说史》中提倡一种审美史观。

　　中国现代文学史不是中国现代历史的文学部分，而是中国现代文学的历史，所以我们在《中国现代小说史》中能够看到杨义在历史框架中融入审美框架，在审美意识中融入历史意识，而这就是典型的审美史观的表现。

　　正是由于这样的一种审美史观的作用，杨义以启蒙与审美视角抵抗拜金主义文学，对晚清民初的鸳鸯蝴蝶派小说多有批评，而非沉溺于单纯的趣味之中。也正是由于这样的审美史观，杨义强调中国现代小说史首先是"小说史"，"历史离不开人和事，抽掉了作家和作品，就谈不上什么小说史。……我们既可理清一些小说史的线索，又可以阐明作家的创作道路，使作家作品论具有浓厚的历史感，动态感，达到因人见史，因文见史，文史交融的境界"③。

　　就像《中国现代小说史》的内容提要所言，本书从总论—流派作家群论—作家论三个层面，建立起具有历史感和动态发展过程感的文学史框架。或曰杨义实行的是思潮辨析、作家群落、作家主体、作品主导的写作思路，以此营造一种文学史的整体性与动态性。而这就是重视文学之为文学的审美史观。更具体地说，杨义把中国现代小说发展的

①　杨义：《中国现代小说史》（第二卷），人民文学出版社 1986 年版，第 606—608 页。
②　同上，第 127 页。
③　杨义：《研究方法上的三个境界》，《文学评论》1984 年第 6 期。

历史当作一个宏伟壮丽、仪态万端而又不息地运用推移的系统来把握。小说史自然包含着作家作品的历史，但是作家作品的存在和发展绝不是孤立和封闭的；在中外文学猛烈撞击的历史背景中，新文学作家互相呼应又互相竞争，形成了各有追求、各具特色的社团、流派和作家群，而它们的盛衰沉浮、聚散衍化，又在不同的层面上组成整个时代的文学氛围，而这种文学氛围最终又被社会历史的发展所制约。[①]

杨义《中国现代小说史》的审美史观主要体现为如下三方面。

第一方面是注重小说意识、小说美学和小说体式的变迁。从晚清到 20 世纪 40 年代，每一卷的第一章都注目于此，相当于每一卷的绪论。

就拿第一卷来说，它从源头上梳理了晚清小说理论变迁与梁启超等掀起的启蒙主义思潮的关系，特别提到"现代小说意识的觉醒"。觉醒的重要标志之一是科学的尊严，"是以民主和科学的精神，使一向处于被压制和歧视的堪称文学中民主派的小说艺术，获得了一种前所未有的科学的尊严"。小说由此不再是小妾艺术，也不再是单纯的宣传工具，五四以后，对小说的研究趋向系统化和科学化，改变了以往的即兴评点（"小话""丛话"等）的传统形式与观念，出现了郁达夫《小说论》，翟世英的《小说研究》，谢六逸的《西洋小说发达史》，鲁迅的《中国小说史略》，沈雁冰的《小说研究 ABC》等等小说研究著作。[②]现代小说意识觉醒的标志之二是战斗的尊严，作家们将批判的矛头直接指向鸳鸯蝴蝶派小说和黑幕派小说，以求净化与革新小说风气。标志之三是各种小说流派的出现，是五四小说对中国传统小说的重大突破。标志之四是新小说美学原则的崛起，杨义每一卷都谈到小说真善美的美学原则，五四时期小说，"真"在文学研究会那里是再现之真，在创造社那里是表现之真；"善"在文学研究会那里是进步的社会功利性，在弥洒社那里是游离于文艺的功利性，而在创造社那里则态度复杂，步法紊乱，时而想调和"为艺术而艺术"和"为人生而艺术"的两种观念，时而提倡小说创作的"无目的论"，时而提倡作家担负时代使命；而对于"美"，创造社认为美具有独立的价值，文学研究会的沈雁冰将真善美统一于真，王统照则把美置于善、知之前。[③]

第二方面是注重对小说史现象进行命名，注重风格评价与审美分析。

命名意味着一种研究模式的确立，也彰显研究者的提升学理、总结规律的能力，只有穿透史料，不被史料所限制，才能突围而出，进行具有历史感和文学性的高度概括与准确命名。我们发现，杨义《中国现代小说史》中命名的小说流派或现象，无论是人生派小说、乡土写实派小说、浪漫抒情派小说、普罗小说、左翼小说、七月派小说、京派

---

① 杨义：《〈中国现代小说史〉絮语》，《出版工作》1987 年第 7 期。
② 杨义：《中国现代小说史》（第一卷），人民文学出版社 1986 年版，第 85—86 页。
③ 同上，第 87—1107 页。

作家群、上海现代派等等带有流派特色的命名，抑或是四川乡土作家群、东北流亡者作
家群、华南作家群、上海孤岛小说、沦陷区小说、解放区小说、台湾乡土小说等等带有
地域特色的命名，诸如此类命名都得到广泛的认可与运用。而且，个人认为"上海现代
派"的命名比"新感觉派"要准确一些，因为新感觉派只是借自日本，带有左翼文人的
嘲讽口吻，而且也不能概括这一小说流派的整体特征，也未能传达它与《现代》杂志的
密切联系。

　　与此同时，杨义注重小说流派概念的复杂性，例如乡土写实派小说，杨义阐明他之
所以不用"乡土文学"，而用"乡土写实派小说"，"是为了更切实地反映这个流派在创作
方法和艺术样式上的特点，使它带上更多一点历史具体性"，因为现实主义成为这个流派
中绝大多数作家的主要创作方法，乡土写实的作品成为这个流派创作成就的主干。①

　　命名是一种整体定位，而细致的风格与审美评析，则是一种具体定位。从《中国现
代小说史》的章节标题，便能看到杨义对作家风格的评判。例如冰心是"优秀的文体家"，
庐隐具有"融合中西的婉约文风"，叶绍钧具有"朴实浑厚的艺术风格"，王统照是开放
的现实主义作家，"探索的广泛与风格的发展"是其特征，许地山的风格则是"奇特清妙
和苍劲凝实"，鲁彦的小说吹着"朴实细密的乡土写实风"，废名的小说呈现"精美与朴
讷的艺术风格"，郁达夫的小说彰显"感伤放荡与愤世嫉俗的心理二重性"，郭沫若的小
说"追求幻美与抒写穷愁"，并且"向写实转化"，而茅盾小说体现了"涵容万象而绚丽
多姿的文学风貌"，巴金小说追求"三部曲形式和热情酣畅的风格"，老舍小说倾向于"诙
谐俗白的文学风格"，沈从文"于边地人性寻觅诗体小说之生命"，风格"清澈空灵又仪
态多端"，李劼人的创作类似"小说的近代《华阳国志》"，萧红是"才华横溢的写实抒情
作家"，其小说蕴含了"诗的别才和散文的风韵"，张爱玲是"洋场社会的仕女画家"，钱
锺书是"才学兼胜的讽刺奇才"，徐訏则"逶迤于哲理、心理和浪漫情调之间"。这些评
价可谓切中作家命脉而又各显特色，辨析度高，不是泛泛而谈，而是一语中的，独具慧
眼，体现了杨义作为文学研究者的文学审美能力与概括提炼能力。例如通过对沈从文小
说的整体梳理与探讨，杨义在该节结尾作了收束有力的评价："沈从文有'文体作家'的
美誉，他以古朴，雅洁，明慧，潇洒随心又明澈似水的笔致，以诗化和散文化的小说体
式，展示一个遥远、奇特而带点神秘色彩的山间水上世界，展示一片纯朴、强健而未为
都市商业文化污染的自然人性的天地。他以自然人性、化外风俗和诗化笔墨为三根玲珑
剔透的支柱，擎起'京派'小说的顶梁。"②客观来说，时至今日，这些评价并未过时，
反而发出智慧的光芒，令人深思。

---

　　① 杨义：《中国现代小说史》（第一卷），人民文学出版社 1986 年版，第 416—417 页。
　　② 杨义：《中国现代小说史》（第二卷），人民文学出版社 1986 年版，第 630 页。

而这一切风格都是审美史观的具体表现或者落实，否则所谓的审美史观只是空中楼阁。

第三方面则是注重小说比较。

如果说前面对史料的注重是历时性研究，那么这里对小说比较的研究则是共时性研究。如果是杨义对小说意识的探讨是宏观研究，对小说流派命名与风格评析是微观研究，那么对小说的比较研究则是横向研究。通过比较，才能探其根源，辨其特色。

杨义关注小说比较，大致分为几种类型，简述如下：

其一是将理论家与理论家比较，如把周作人和李大钊的平民文学主张进行比较。

其二是把作家与作家比较。除了提到中国现代作家对中国古典文学（作家）的借鉴与吸收，杨义还把中国现代作家进行比较：例如将庐隐与冰心比较，将叶绍钧与王统照比较，将钱杏邨与蒋光慈比较，将沈从文与鲁迅、老舍、废名等比较，将萧军与萧红比较，将四川乡土作家之间进行比较。再例如将中国作家与外国作家比较：如把郁达夫与外国作家进行比较，或者探寻郁达夫的国外精神资源，勾勒郁达夫与佐藤春夫、屠格涅夫、卢梭、道生、契诃夫的文学渊源与精神沟通。如提到李劼人《死水微澜》受到福楼拜《包法利夫人》的影响，师陀《落日光》浸染过哈代《苔丝》的气息，王统照曾以叶芝为师法对象，诸如此类，不一而足。

其三是把流派与流派进行比较。如把乡土写实小说与五四其他小说流派比较，彰显了乡土写实派的坚实，人生派的开阔，抒情派的热烈或浪漫；如将五四乡土写实小说与四川乡土作家群比较，将四川乡土作家群与京派、上海现代派比较，将东北作家群与四川作家群比较，将京派小说和上海现代派小说进行比较，将 20 世纪 30 年代三派都市文学（茅盾、老舍、上海现代派）进行比较。诸如此类，不再赘言。

其四是将作家与流派进行比较，例如将鲁迅的前期浪漫主义特征与创造社的新浪漫主义特征比较。

最后是将阶段文学史进行比较，如将晚清与民初文学进行比较。

比较并非为了比较而比较，而是建立在翔实史料基础上的高屋建瓴，是思辨考问之后的信手拈来。比较是在中西的纵横坐标上，确立中国现代作家在中国现代小说史中的位置，辨析其审美风格的渊源，发现其独特性，探听其在历史上发出的声音，哪怕微小如沙，也曾留下痕迹。

无论是求真史观、文化史观，还是审美史观，杨义都极力将之打造成一种辩证史观，极力以辩证的思维去处理问题与文本，努力追求深刻的完整，而非片面的酷评，这在上述晚清与民初小说的比较，林纾翻译小说的功过，五四小说的真善美，茅盾小说的传统文化浸染，诸如此类的例子中可以得知。

试再举几个例子。例如杨义在研究萧红的时候，他相当辩证地指出"艺术家的清醒，在于具备能够及时而准确地把握本身才华之优势和缺陷的自审力。自审力的养成，是离不开尝试和探索的"。如萧红的《哑老人》。而一个合格的批评家，"他的基本职责之一，是提高和催化作家的艺术自审力。单纯的吹捧或抹杀的文字是易成的，而利于自审力的文字却需要慧眼。萧红在百不幸中有一幸，就是她的风格初经成熟，就得到卓有慧眼的名师的赞赏和点拨"。例如鲁迅为《生死场》作的序，胡风为《生死场》作的读后记，就有利于提高萧红的自审力。[①] 又例如在阐释梁实秋、沈从文、朱光潜对文学之真的观点时，在 80 年代初期的研究风气中，杨义并未一味批判自由主义，而是辩证看待其价值与不足（第二卷 15—17 页）。在 20 世纪 40 年代小说研究中，杨义指出 1940—1942 年，各派的文学观念，已经开始形成各自特定的形态和体系，"其后的几年，只不过是这形形色色的思潮在聚首、对抗之中，经历着各自消长荣衰的不同命运"。1942 年几乎同时出现在重庆舞台上的郭沫若的《屈原》和陈铨的《野玫瑰》，就是民主与民族这两股思潮渗透文艺界而发生歧异和冲突的鲜明表现。[②] 诸如此类的分析，可谓从史出论，辩证理性，扎实深刻。

二、对鲁迅研究的贡献

如果说杨义对中国现代小说史的研究属于宏观研究范畴，那么他对鲁迅的研究则属于个案或微观研究范畴。客观来说，杨义的中国现代文学研究是从鲁迅研究开始的，他 1981 年就开始在期刊上发表鲁迅研究的论文，至今他一共出版了 5 本鲁迅研究专著，包括《鲁迅小说综论》（陕西人民出版社 1984 年版）、《鲁迅小说会心录》（光明日报出版社 1985 年版）、《鲁迅作品综论》（人民出版社 1998 年版）、《鲁迅文化血脉还原》（安徽大学出版社 2013 年版）以及《重回鲁迅》（上海三联书店 2017 年版，含《中国现代小说史》的鲁迅专章），另外他还编选了《鲁迅作品精华》（1—3 卷，香港三联书店 1998 年版）。

综观杨义的鲁迅研究，其贡献大致存在着如下几方面：

一是确立了鲁迅小说的现实主义的本质特征。

关于此，杨义在《鲁迅小说综论》专章"论鲁迅小说的革命现实主义"，在《鲁迅小说会心录》探讨鲁迅的民族志士之心、时代思考者之心、民众代言人之心，在《鲁迅作品综论》中专门收入《鲁迅小说现实主义本质综论》，在 1986 年出版的《中国现代小说史》第一卷的《中国现代小说之父——鲁迅》专章，以及后来的《鲁迅文化血脉还原》《重回

---

① 杨义:《中国现代小说史》（第二卷），人民文学出版社 1986 年版，第 564—565 页。
② 杨义:《中国现代小说史》（第三卷），人民文学出版社 1986 年版，第 12—13 页。

鲁迅》，对鲁迅文学的现实主义本质都有所涉猎。

用杨义的说法，鲁迅文学的现实主义本质，一方面在于以文学（小说）参与历史发展。杨义认为鲁迅对旧中国的社会结构和心理结构的现实主义探索的深度，对旧文化、旧道德、旧习惯的批判深度，均代表了中华民族在五四时代的智慧水平，甚至超越了当时几乎所有的思想家，鲁迅以文学的巨人而成为了历史的巨人，至今找不出第二个小说家足以同鲁迅相比；鲁迅以文学（小说）参与历史的发展，在处理文学与社会（时代）的联系上，开创了一个伟大的传统，体现了他的现实主义的精神与情怀。①另一方面，杨义认为鲁迅开创了一个伟大的文学传统，即中国现代文学的现实主义主潮，这是一种开放性的现实主义，鲁迅吸取了外国文学和本民族文学的多样性影响，使得现实主义创作方法孵化出新的审美原则和艺术功能，为现实主义的更新和拓展开辟了广阔的道路。②杨义指出，彻底的反帝反封建的时代精神和自觉的现实主义文学运动相结合，是鲁迅小说的最根本的特征，这种本质特征表现为宣布旧时代的结束和宣告新时代的来临，对旧体制的存在合理性的根本性质询与批判，在沉重的压抑或绝望中提供一种历史性的期待，具有探索人民命运的社会史诗的风格，不仅写出一代社会生活史，而且写出了一代心史的许多侧面。③

杨义的鲁迅研究的贡献还在于他提出了"鲁迅小说的艺术生命力"这一重要命题。

当人们关注艺术特色而忽视艺术生命力的时候，杨义强调艺术生命力与艺术特色不是同一个概念，而是比艺术特色更为本质的范畴，它不能单纯从艺术描写的手腕内部去解决，而要从艺术与生活的关系中去解决，它存在于艺术深刻的真实性之中。④例如《狂人日记》《阿Q正传》《祝福》《药》等等小说，就包含着鲁迅对世界人生"真实"的审视与"艺术"的发现。杨义从艺术生命力的命题与文学真实观，真实的时代广度与史诗性深度，典型性格的真实生命感与社会精神文化含量，兼容悲剧与喜剧、深刻与诗情、平易与崇高的艺术表现体系，老辣精到、风清骨峻的文体家风范这五个部分来考察鲁迅小说的艺术生命力。第一部分论证了鲁迅是中国现代文学史上第一个恢复艺术真实的权威，并把艺术真实和艺术生命力联系起来考察的伟大的作家；而后面四个部分则表明深刻的社会观察和重要的艺术发现，是鲁迅小说高度真实的灵魂；具有巨大概括能力的艺术典型，是鲁迅小说高度真实赖以支撑起来的骨骼；而高度的艺术独创性是鲁迅小说高度真实的筋脉与血肉；至于富有表现力的文体，则是鲁迅小说高度真实的细胞。所

---

① 杨义：《中国现代小说史》（第一卷），人民文学出版社1986年版，第167页。
② 同上，第168—186页。
③ 杨义：《鲁迅作品综论》，人民出版社1998年版，第520—532页。
④ 同上，第99—100页。

有这一切，使得鲁迅小说获得了具有高度精神文化价值和高度美学价值的强大生命。正因如此，鲁迅小说不仅属于自己的时代，而且跨越了自己的时代，具有了恒久的价值："它的艺术生命力的基础，在于真实，在于真实地描写了我们民族在一个特定的历史时代的社会生活和社会心理，成为一代社会生活的精深的史诗。唯有高度真实地反映一代生活的文学作品，才能具有传世不衰的艺术力量，这就是艺术生命力这个命题本身的辩证法。"而这种艺术生命力也与鲁迅所处的时代动力以及鲁迅本人的人格力量息息相关。[1]正如鲁迅在《论睁了眼看》中所言："中国人向来因为不敢正视人生，只好瞒和骗，由此也生出瞒和骗的文艺来，由这文艺，更令中国人更深地陷入瞒和骗的大泽中，甚而至于已经自己不觉得。"故此，鲁迅呼吁作家"取下假面，真诚地，深入地，大胆地看取人生并且写出他的血和肉来"。这样具有广度、深度、高度、力度、真实度的艺术生命力，是鲁迅作为伟大作家区别于艺术匠人、普通作家的重要标志。

　　杨义对鲁迅研究最大的贡献也许在于他对鲁迅文化血脉的还原。

　　虽然杨义也探讨过鲁迅与外国文学的关系，但早在 1984 年出版的《鲁迅小说综论》以及 1998 年出版的《鲁迅作品综论》，杨义就强调了鲁迅跟中国传统文学与文化的血肉联系，直到 2017 年出版的《重回鲁迅》，杨义还专门列入了发表于 2014 年的"鲁迅与汉石画像"一节作为回应。但是，客观来说，杨义对之研究最为深刻厚重的还是 2013 年出版的《鲁迅文化血脉还原》一书。

　　杨义在学术研究上倡导世界视野和文化还原的双向对质和融合，他认为"没有文化还原的世界视野，是空泛的世界视野；没有世界视野的文化还原，是盲目的文化还原"。甚至希望以文化还原撑起世界视野的脊梁[2]，希望借助这种双构性的文化方法论，使得一向被压抑的文化还原取得厚重的研究成果。

　　杨义对鲁迅文化血脉还原的时候，十分注重关键词的爬梳。例如对血脉、意境、枢纽等等词语，他都一一细致梳理。正因为要对鲁迅的文化血脉进行研究，所以杨义专门梳理了"血脉"的来龙去脉：血脉是人对自身生命的一种认识，是人的生命自觉的表现；对人的生命与血脉的关系的理解，被引导到养生学上，顺乎人体之自然，保持血脉与身体机能的和谐；而对于血脉滋育人的精气、精神以致生命的理解，导引出家族以血脉相传的血缘说，以及思想学术的学派承传；而在人体生命、家族血缘、学派因缘之外，血脉一词带着生命的体验，向广泛的文化领域渗透，文化血脉如人体血脉，既有经典自身的内在血脉，又有学派传承的纵向血脉，以及文化类型之间互相渗透的横向血脉。[3]

---

　　① 杨义：《鲁迅作品综论》，人民出版社 1998 年版，第 168—170 页。
　　② 杨义：《文学地图与文化还原》，北京师范大学出版社 2011 年版，第 9 页。
　　③ 杨义：《鲁迅文化血脉还原》，安徽大学出版社 2013 年版，第 2—5 页。

　　但是，杨义指出鲁迅对于传统血脉并非全盘照搬，而是做到如《文化偏至论》中所言："外之既不后于世界之思潮，内之仍弗失固有之血脉，取今复古，别立新宗，人生意义，致之深邃。"因此，这种文化血脉还原是具备开阔的世界视野的，是与"世界之思潮"对话而又不落后于世界的，而且其目的并非为了文化还原而还原，并非为了复古和故步自封，而是吸收中外古今的长处，取其精华，弃其糟粕，为了"取今复古，别立新宗"，这是一种双向（中外）三维的结构，如果说"世界之思潮"是第一维度（即"取今"），"固有之血脉"是第二维度（即"复古"），那么"别立新宗"则是第三维度；如果说"别"意味着开放性，"立"意味着坚实性，"新"意味着创造性，那么"宗"则意味着主体性和高度，意味着传承与信仰，而这一切，都需要"立"，即能够真正站立起来，才能真正创造和健康成长。正因如此，鲁迅对待传统文化血脉采取的是建立在这样双向三维结构基础上的三种态度或三种路径：先是"逆向承续"，鲁迅痛心地体会到固有的文化血脉已经到了必须改弦更张、革旧求新的时候，所以以"世界之思潮"和活人的悲观与智慧，对古老中国的"古老的鬼魂"和"气闷的沉重"进行"反戈一击"，形同刮骨疗伤，置之死地而后生，"逆向承续的对象赋予重新出发的支撑点和思考问题的思想层面，正如百米赛跑需要安置脚蹬以提供反作用力"[1]。从而迈出现代性的脚步。例如鲁迅表面上"中些庄周韩非的毒"，对它们进行批判，但实际上它们对他也有帮助。除了逆向承续之外，杨义指出鲁迅还主张"深层承续"，不拘泥于表面上的亦步亦趋、循规蹈矩，而是追求内在情调和神韵上的契合，例如鲁迅为《陶元庆氏西洋绘画展览会目录》作序就公开宣称："作者是夙擅中国画的，于是固有的东方情调，又自然而然地从作品中渗出，融成特别的丰神了，然而又并不由于故意的。"鲁迅在《当陶元庆君的绘画展览时》则进一步思考："他以新的形，尤其是新的色来写出他自己的世界，而其中仍有中国向来的魂灵——要字面免得流于玄虚，则就是：民族性。……必须用存在于现今想要参与世界上的事业的中国人的心里的尺来量，这才懂得他的艺术。"[2]无论是自然而然的东方情调，还是画家自己的世界，都表现出"中国向来的魂灵"或民族性，而这就是"承续"，但是这种承续必须以现代中国人的现代标准来衡量，才能创造出新的形和新的色，而这就是"深层承续"。最后，杨义指出鲁迅对文化血脉承续的第三种方式是"建设性承续"。它注重建设性途径的广阔多样，坚持探索的多元性，所以鲁迅的眼光经常超出单纯的文学范围，涉及青年便于尝试的艺术形式，例如木刻。鲁迅在《〈木刻纪程〉小引》中指出，当时木刻一方面还在介绍欧美的新作，另一方面复印中国的木刻，他入木三分地指出这只是中国新木刻的羽翼，他呼吁国人走另外的两条道路："采用外国的良规，加以发挥，使我们的

---

①　杨义：《鲁迅文化血脉还原》，安徽大学出版社 2013 年版，第 7—8 页。
②　同上，第 8—9 页。

作品更加丰满是一条路；择取中国的遗产，融合新机，使将来的作品别开生面也是一条路。"很明显，在这两条道路之中，鲁迅是更为关注后一条路的，毕竟，这样做能够"取今复古，别立新宗"。应该说，逆向承续、深层承续、建设性承续是层层递进的关系，"逆向"的批判才能达到"深层"的思考，然后才能谈到"建设"。为此，杨义坚持认为："三者经过历时性探索，最终形成共时性的互动互补。"①

在鲁迅具体的文化血脉还原研究上，杨义不仅指出鲁迅的作品艺术手法、风格特征、遣词造句、想象趣味之类受古代文学影响，还指出鲁迅的人格受到古代先贤的影响，例如屈原和嵇康对鲁迅思想人格、思维方式的内在影响。杨义强调鲁迅小说的力量首先是思想与人格的力量，鲁迅景仰屈原的人格，倾心其诗章，在日本留学的时候，随身携带屈原的《离骚》，1924年9月，鲁迅集取《离骚》辞句"望崦嵫而勿迫，恐鹈鴂之先鸣"作为对联，并邀请同事书写挂在寓所西壁，以其蕴含的实现历史与生命价值的紧迫性作为警醒，作为座右铭。其后鲁迅更是把屈原《离骚》的"路漫漫其修远兮，吾将上下而求索"作为《彷徨》的卷首语。不仅如此，鲁迅还时不时在作品中采用屈原的词语，例如"荃不察"和"上征"等词语，鲁迅甚至想用"上征"作为《新生》杂志的刊名，这彰显了一个"启蒙主义者的社会进化的理想和蓬勃向上的精神状态"。由于词语的采用是一种文化状态，鲁迅作品对屈原作品词语的采用，"将屈原的精神、人格、色彩，带入自己的想象现场"。但是，鲁迅毕竟不是屈原，鲁迅尊重屈原，但是又不盲从屈原，"尊重是使自己人格连上民族文化的根脉，自由是使自己具有现代性创造的广阔的心理空间"②。

但是，比较而言，杨义指出鲁迅更具有"嵇康气"。例如鲁迅的"横眉冷对千夫指"的"横眉"二字便带有一点嵇康气。鲁迅对嵇康的人品和文章极为倾心，他大概从1913年起从事《嵇康集》的整理校勘工作，到1935年临终前一年终于考订完成最精校本，历时23年。能够让鲁迅付出如此漫长的经历和心血的古代作家，嵇康是唯一的一个。杨义指出鲁迅的杂文和小说都承接着嵇康的影响，《狂人日记》《头发的故事》《铸剑》等等小说便是如此。不仅如此，嵇康的人格也深深熏染着鲁迅的人格，只不过，鲁迅"从积极的角度上改造了嵇康的敢于反抗传统、敢于菲薄'圣人'、敢于拂逆权贵的刚肠烈胆，来辅翼和充实自己向旧世界、旧营垒和旧传统发起毫不留情的批判和攻击的事业"。对嵇康的人格进行革命性的改造。当我们强调鲁迅受西方影响的时候，我们要清楚鲁迅对嵇康的熟悉和理解程度，绝非早年接触或提及的外国文学家、思想家可比，如果说外国文学家、思想家拓展了鲁迅的世界视野，左右了鲁迅一时的思想方向，但是这些视野、方向

① 杨义：《鲁迅文化血脉还原》，安徽大学出版社2013年版，第9—10页。
② 同上，第28—36页。

的把握方式，最终还落实到影响了鲁迅的人格、气质的嵇康等中国古代人物或文化血脉上。[①]只有如此，鲁迅的思想才能落地生根，根深叶茂。

而在鲁迅宏观的文化血脉还原研究上，杨义指出鲁迅的诸子观与其文化策略的内在联系。杨义还原出鲁迅诸子观的四个维度，即以启蒙思想家、文学和文化史研究者、小说家、杂文家这四种身份四种维度来评说诸子。在这四个维度中，启蒙思想是鲁迅诸子观敞开的或开放的大门，通向鲁迅的各个时期、各种文体；而文学和文化史研究，是鲁迅诸子观的基础，它给鲁迅的诸子评述输入充沛的元气，也让鲁迅在小说和杂文中对诸子材料的运用驱遣自如，笑骂由己；而小说想象和杂文神思，则是鲁迅表现其诸子观的两座回廊。但是，鲁迅不同于守旧派和疑古派，他是变古派，变古是鲁迅的文化方略和归宿："鲁迅诸子观之四个维度的差异性，是统一于鲁迅进行文化革新的'现在性'上。'现在性'，乃是鲁迅作为变古派的一个核心观念。"鲁迅借助"世界之思潮"来更新和深化"固有之血脉"，必然走向变古，不以古人束缚今人，主张用活人的思想来想问题，将古人的智慧融合新机，化为今人的智慧，因为文化究其实质是一个过程，那么如何发出创造性的"中国的声音"，同样表现为一个过程，而非用凝固的"现在性"代替"过程性"，只有如此，中国知识分子才不仅仅"是文艺上的遗产的保存者，而且也是开拓者和建设者"[②]。但是，鲁迅对文化血脉的还原、承续、思考与建设并非轻而易举，它体现的是一种《墓碣文》所言的"抉心而食"的文化态度："抉心而食，欲知本味。创痛酷烈，本味何能知？"在中国思想文化里，"心"是文化中联系人体核心的器官，是最具哲学意味又传统学问精深的，所以鲁迅对之频频回首和反省并不奇怪。[③]在一定意义上，这是一种类似"自在暗中，看一切暗"（《夜颂》）的融合痛苦、清醒、勇敢与反思于一体的文化精神。

客观来说，杨义是以鲁迅作为方法的。

杨义从研究鲁迅起家，1981 年就发表了《论鲁迅小说的艺术生命力》，1984、1985 年连续出版《鲁迅小说综论》《鲁迅小说会心录》两本专著。杨义以鲁迅研究敲开了中国现代文学研究的大门，登堂入室，并且以鲁迅为路径，走进了研究中国古代文学与诸子学的殿堂。用杨义自己的话来说，鲁迅研究是杨义研究中国现代小说史并孜孜探寻中国古往今来的文学，乃至整个中国思想文化的本源和本质的第一个驿站，让他"储备了弥足珍贵的思想批判能力、审美体验能力和文化还原能力"[④]。故此，当杨义重新回到鲁

① 杨义：《鲁迅文化血脉还原》，安徽大学出版社 2013 年版，第 48—61 页。
② 同上，第 245—248 页。
③ 杨义：《重回鲁迅》，上海三联书店 2017 年版，第 5 页。
④ 同上，第 213 页。

迅研究中来的时候，他以鲁迅为方法，主张的就是复合型思维，主张不偏激而又深刻地研究鲁迅，以求达到"深刻的完整"而非"片面的深刻"，希望超越以往研究"半鲁迅"的局面，还原一个"全鲁迅"。正是在这种意义上，杨义希望学界既需要关注鲁迅借鉴外来思潮，也需要顾及鲁迅植根于本国文化血脉这一事实。[①]也是在这种意义上，杨义希望通过疏通文化血脉、还原鲁迅生命、深化辩证思维、重造文化方式、拓展思想维度来推进鲁迅研究，也郑重思考鲁迅给我们留下了什么？它包括鲁迅眼光、鲁迅智慧、鲁迅骨头、鲁迅情怀。

以鲁迅作为方法，为杨义以及我们了解现代中国思想，疏通中国文化血脉，丰富现代人生提供了参照，而这也许就是鲁迅的当下意义。

三、对中国现代文学研究方法论的贡献

无论是前述中国现代小说史研究这样的宏观研究，还是鲁迅研究这样的个案研究，都需要一定的学术方法。杨义曾经有言："对于从事研究工作的人，不下一番探幽索微、勘误辨伪的功夫，而一味地在研究方法上追求新奇，是很容易把自己的研究成果建立在沙滩上的。"[②]但是，这并不是说杨义本人的研究缺乏新颖的学术方法，恰恰相反，杨义在坚实的史料基础上，慢慢建筑了他方法论的大厦，他只是会通中外，不唯西方理论马首是瞻罢了。

客观来说，杨义提出的重绘中国文学地图，以及中国文学的民族学、地理学、文化学、图志学问题，都隶属或者近于其大文学观。以下我们主要论述杨义的中国现代文学大文学观、文化学方法与图志学方法。

首先，中国现代文学的大文学观并非杨义独创，但是由他推广，影响较大。

就学人提出大文学史观的观念史而言，从名实的角度来看，"大文学史"除了本身的称谓，也存在着"宏观文学史"（陈伯海、董乃斌）的提法，也存在着不用"大文学"字眼的相近史观概念。例如 2000 前后从新旧角度，考问现代中国的旧文学尤其是旧体诗的归属问题，如此"中国现代文学"的概念也许随之改为"现代中国文学"更为合适；也有从民族角度，叩问多民族文学的问题，呼吁中国现代文学并不限于汉族文学；也有从雅俗兼顾的视野，提出市民通俗文学的归宿问题。"仅就这三点而言，若能实现，中国新文学史必将给人以面目焕然一新之感。但真要做到，又要下大功夫。……从认识到目前

---

① 杨义:《重回鲁迅》，上海三联书店 2017 年版，第 222 页。
② 杨义:《研究方法上的三个境界》，《文学评论》1984 年第 6 期。

新文学史的局限，到完成'大文学史'的目标，还需要很长的时间和艰苦的劳作。"①

另外，有的学者从文本角度审视中国现代文学，开辟大文学史的道路，认为文学文本并不等于作品，还包括版本、副文本等等，例如序跋、题词、图像、注释、广告、笔名、标题、版权页，诸如此类都是副文本。为此，出现了姜德明的《新文学版本》（凤凰出版社 2002 年版），金宏宇的《新文学的版本批评》（武汉大学出版社 2007 年版）和《文本周边——中国现代文学副文本研究》（武汉大学出版社 2014 年版）等等专著。而有的学者则对语言视角中的中国新文学史观情有独钟，例如朱寿桐近十年来就大力挥舞"汉语新文学"的大文学史观念的大旗，提倡像西方的英语文学史、德语文学史、法语文学史等等以语言作为区分角度一样，统筹海内外以汉语写作的新文学，重构中国新文学史，并且编有《汉语新文学通史》（广东人民出版社 2010 年版）。

而从纵横的角度来分析，就大文学史的观念史而言，它并非近几年才初露头角，而是具有近百年历史。1909 年日本学者儿岛献吉郎出版了《支那大文学史》，这也许是最早使用"大文学史"字眼的学术论著；而 1918 年，中国学者谢无量则出版了《中国大文学史》。根据有的学者的研究，"如果从文学史观的演变来考察 20 世纪中国文学史的写作，可以发现其间主要经历过三个阶段"②。第一个阶段是文学史草创的 20 世纪一二十年代，学者们将文字学、经学、哲学、史学等等都列入其文学史，此时的文学史接近于学术史；而 20 世纪 30 年代则采用西方的纯文学概念来写文学史；此后的文学史写作可称为第三阶段，80 年代中期，学者们以大文学的观念来研究古代文学，到了 2000 年左右，除了出现了大文学史观的集中系统的专论，其最大改变是"对大文学和大文学史的认识逐渐由中国古代文学学科扩展到中国现代文学、文艺学乃至比较文学等其他学科领域"③。贾植芳、黄曼君、杨义等人便是代表。

相较于贾植芳、黄曼君等人对大文学观的感性或局部认知，杨义的大文学观相对理性与全面，视野更加开阔。

就理论主张而言，杨义在 2000 年的《认识"大文学观"》一文中指出从杂文学、纯文学到大文学的"文学三世"之变化：即从中国古代文史混杂、文笔并举的"杂文学"观念，转变为 20 世纪以诗歌、散文、小说、戏剧四大体裁划分文学，体现出对西方"纯文学"观念的接受，再到 21 世纪以来，文学应该在文化深度与人类意识中获得对自己存在的身份和价值的证明，从而逐渐地形成了一种"大文学"观念。④

---

① 黄修己：《中国新文学史编纂史》（第二版），北京大学出版社 2007 年版，第 332—333 页。
② 刘怀荣：《近百年中国"大文学"研究及其理论反思》，《东方丛刊》2006 年第 2 期。
③ 同上。
④ 杨义：《认识"大文学观"》，《光明日报》2000 年 12 月 27 日。

　　20世纪文学堪称大视野的文学，因为它在文言文学之外发现白话文学，在正统文学之外发现平民文学，在文献文学之外发现口头文学，在中国文学之外发现世界文学。只不过这种文学奉行纯文学观念，它起码隐藏着三个缺陷：本体论缺陷在于当人们引进他者眼光对文学进行提纯处理时，它很可能把一些历史学、文化学的知识排除在文学体验的边缘或圈外；功能论缺陷在于西方观念源于西方文学经验，往往与中国经验存在错位，如果不经辨析、校正和融合，就轻易地套用西方观念，就很难回到中国文化的原点，很难从本源上发挥中国文学思维和理论概括的优势；而动力学缺陷在于如果单纯以从西方引进的五花八门的文学思潮为动力，单纯追慕新潮而忽略中国经验和生命神韵，忽略它们与中国社会发展、人生方式和文化现实之间的距离与脱节，很容易产生类似于邯郸学步的负面影响，这也许是一些不乏才华的创作缺失大家风范和传世素质的一个原因。①

　　正因为纯文学过度提纯带有某种人为的阉割性，使文学与整个文化浑融共处的自然生成形态被割裂了，故此新世纪的文学观要把传统的博识与20世纪的精纯，在新的时代高度上实行大文学观的创造性整合，催生出一种具有精审的现代理性的文学——文化的生命整体性。大文学并非纯文学可以概括的，它是一种具有世界视野与文化胸怀的文学，当今科技和经济的全球化浪潮来势迅猛，知识信息在瞬息间就可以在全球超国界传播，文学与高科技缔缘而在愈来愈深的本质层面改变着文学存在形态，包括它的书写方式、传播方式和接受方式。本是以深邃的人文精神为依托的文学，面临着普泛化、快餐化、通俗化和个人化的大狂欢和大尴尬。

　　在此意义上，文化成了文学参与全球流通和竞争的身份证，文学变成一个完整的生命历程，它必然会在大文学观念下返回自己的本性、本位、本体，并开拓自己广阔自由的运思空间，使文学成为千古文明和真实生命的现代倾诉，从而以一批里程碑式的创作，实现新世纪的辉煌。从这种意义上说，大文学观不仅是一种知识构成或知识重组，它更重要的是一种世纪性的文化胸襟。②

　　2010年，杨义在谈及重绘文学地图的时候，重提大文学观，希望拓展研究对象发生和存在、发展和变异的可开发范围，在博学深思上做到文学与文明互训、中原与边缘互动、文献传统与口头传统互生、古代与现代互贯，以此展示文学—文化—文明的整体性，确立大文学观，"去纯文学观的阉割性而还原文学文化生命的完整性，去杂文学观的浑浊性而推进文学文化学理的严密性"③。2013年，也许鉴于他以往的大文学观，涵盖几千年的中国文学，针对性不够强，杨义专门指向中国现代文学史研究，直陈其不足与弊病，

---

①　杨义：《认识"大文学观"》，《光明日报》2000年12月27日。
②　同上。
③　杨义：《文学地图与文化还原》"代序"，北京师范大学出版社2011年版，代序第14—15页。

在《以大文学观重开中国现代文学史写作的新局》重申大文学观。他鞭辟入里地指出：学界必须以大文学观，才能总览文学纷纭复杂的历史的、审美的文化存在，深入其牵系着人心与文化的内在本质，展示其广阔丰饶的文化地图，揭示其错综纷繁的精神谱系；研究中国现代文学应该以一种博学多识的心态，对于与新文学处在不同层面、不同维度上的通俗小说、文言诗词、传统戏曲、少数民族文学进行全方位的研究。基于此，他呼吁全国高校和研究机构应该分工合作，对百年文学多样、多层、多维的史料资源，进行卷地毯式，或竭泽而渔的清理，然后从纷繁复杂的历史文化存在中，抽象出属于自身原创的原理、法则，用自己的声音与当代世界进行平等的深度对话，以此重开中国现代文学史写作的新局。①到了 2015 年，杨义继续呼吁以大文学观对 20 世纪中国文学进行研究，提倡全史意识，认为它是大文学观的一种展开与落实。②

我们应该明白的是，杨义并不止于单纯的观念提倡，而是以一系列扎实的研究来展示其大文学观的可行性、发展性与深刻性。杨义对大文学观的践行远远早于理论，它是建立在大量的、长久的实践上的观念。例如他的《中国现代小说史》，早在 1986 年出版的第一卷以及 1991 年出版的第三卷中，杨义就把通俗小说纳入论述视野，而在 1988 年出版的第二卷以及其后的第三卷中，他把台湾乡土小说纳入研究范围。而 1995 年于台湾出版的《二十世纪中国文学图志》，除了创造"以图出史、图文互动"的文学史写作模式，依然把通俗文学甚至传统戏曲纳入研究视野，这很明显奉行的是大文学观。中国现代文学研究尚且如此，更不用说他的中国古代文学文化研究了，也不用说他对少数民族文学的关注了。③

而就其理论影响而言，杨义践行其大文学观的著作例如《中国现代小说史》《二十世纪中国文学图志》等等都影响甚大。甚至不少学者对其大文学观直接撰文呼应，例如刘纳的《"大文学观"的生动范例》（《人民日报》2003 年 5 月 13 日），胡景敏的《大文学观与文学史研究的的文化转向》（《北方论丛》2008 年第 6 期）以及《我赞成"大文学观"》（《文艺报》2009 年 1 月 15 日），李怡的《大文学视野下的近现代中国文学》（《社会科学研究》2016 年第 5 期）等等，诸如此类，不一而足。而刘怀荣的《近百年中国"大文学"研究及其理论反思》（《东方论丛》2006 年第 2 期）、黄永健的《从纯文学到大文学》（《海南师范大学学报》（社会科学版）2011 年第 4 期）、张华的《中华民族大文学史观和世界文学》（《比较文学与世界文学》2012 年第 3 期）等文则以整体的方式对包括杨义在内的

————————

　　① 杨义：《以大文学观重开中国现代文学史写作的新局》，《湖北大学学报》（哲学社会科学版）2013 年第 3 期。
　　② 杨义：《20 世纪文学全史论纲》，《海南师范大学学报》（社会科学版）2015 年第 6、7、8 期。
　　③ 杨义是全国《格萨尔》领导小组组长，曾经著有《中国古典文学图志——宋、辽、西夏、金、回鹘、吐蕃、大理国、元代卷》，建议在 20 世纪文学全史中少数民族文学独立成卷。

学者所提倡的大文学观演变历程进行综述。李怡甚至在 2014 年就开始撰写一系列关于大文学观的论文，并且带领他的硕士、博士、博士后在《社会科学研究》《当代文坛》《民国文学与文化研究集刊》（台湾），以专题研究或圆桌会议的方式，对大文学观进行再思考与再创造。黄修己虽然没有明确呼应杨义的大文学观，但是他 2007 年出版的《中国新文学史编纂史》（第二版），在谈及 20、21 世纪之交的大文学史观念的时候，所提的 20 世纪中国文学的文言文学、少数民族文学、市民文学，几乎都是杨义大文学观的中心内容。① 我们甚至可以认为，诸如钱理群等的《中国现代文学三十年》（1998 年修订本）、朱栋霖等的《中国现代文学史》，几乎都把通俗文学和台港文学纳入其中，在某种程度上，是对杨义大文学观的理论与实践的有意无意、或明或暗的呼应。

其次，杨义的大文学观，如上所言，旨归在催生出一种具有精审的现代理性的文学—文化的生命整体性，它不仅是一种知识构成或知识重组，更是一种世纪性的文化胸襟。这里要重点审视一个词"文化学"，可以说以作家论为基础的文化学方法，是杨义研究中国现代小说甚至中国文学的方法论。而鉴于"民族学或者地理学，有些问题也可以放到文化学里面去讲"②，地域文化也是文化，我们有必要把杨义对中国现代小说地理学与文化学的问题研究一起放到文化学里面分析。

就地理学视角而言，杨义曾经指出文学的地理学，需要关注几个问题：地域文化的问题，作家的出生地、宦游地、流放地问题，大家族的迁移问题，以及文化中心的转移问题。③ 他也曾经宣称："我就是在大家习惯的文学研究的时间维度上增加并且强化空间维度"，"我编写的三卷本现代小说史与其他文学史的不同，除了文化研究和审美体验的视角转换之外，很重要的是在大量原始材料基础上展开丰富的空间维度、地理维度。东北流亡作家群、四川乡土作家群、京派海派、华南作家群、东北沦陷区、华北沦陷区、孤岛、还有香港台湾"就是例子；他认为"空间问题，地域文化问题，是我们研究的一个新关注点所在，……讲中国文学不讲空间，不讲人文地理，是说不清楚中国文学的内在奥秘的"，"应该强调的是，地域文学研究必须有全国眼光、全球视野，才能在总体和分别的参合中发现新问题，开掘新意义，达到新境界。"④

在这个意义上，杨义的中国现代小说的地理学问题研究，不仅仅限于某个地域，而是具有空间维度、开放视野、文化意味的，毕竟地域文化同样属于文化学范畴。但我们必须注意的是，杨义的地理学（地域文化）视野中的中国现代小说研究，是以作家论为

---

① 黄修己：《中国新文学史编纂史》（第二版），北京大学出版社 2007 年版，第 332 页。
② 杨义：《文学地图与文化还原》，北京师范大学出版社 2011 年版，第 69 页。
③ 同上，第 61—65 页。
④ 杨义：《中国文学地理中的巴蜀因素》，《重庆师范大学学报》（哲学社会科学版），2010 年第 1 期。

基础的。例如就拿杨义的《中国现代小说史》来说，在四川乡土作家群中，他单独研究了李劼人、沙汀、艾芜、周文、陈铨这几个作家的小说；而在东北流亡者作家群中，他单独探究了萧军、萧红、李辉英、舒群、端木蕻良、骆宾基、罗烽、白朗、孙陵等作家的小说；在华南作家群中，他单独分析了马宁、司马文森、黄谷柳、于逢、易巩、陈残云、侣伦等作家的小说；在台湾乡土小说中，他单独探讨了赖和、杨逵、吴浊流、钟理和等作家的小说。杨义不仅区分了不同地域文化特色的流派，甚至在研究同一流派的时候，也对处于不同地域的作家进行了辩证对待，例如在研究左翼小说主潮的时候，他还区分了上海左翼作家和北方左联作家，在探讨乡土写实派小说的时候，他对寓居北京和寓居上海的乡土写实作家也分别对待。他也指出王统照的《山雨》等作品与齐鲁文化的内在联系。诸如此类，不再赘言。

　　这样做的好处在于既不会忽略地域文化对中国现代作家创作的潜移默化，也没有轻视作家个体的独特性与主观性。例如就东北流亡者作家群而言，杨义既从整体上指出东北沦陷的三五年间，东北青年作家陆续南下上海，"把北国的血与泪、剑与火和胸间的民族情、乡土情凝聚于作品，成为方兴未艾的抗日反帝文学的劲旅，以一个地区作家的群体意识给全国文学主潮的发展打下了深刻的血的烙印"。"关外地域文化的开放性，潜移默化地涵养了他们的艺术胸襟。"东北作家群"尽力地从广阔的时代社会、人生背景中发掘白山黑水间血染的民族灵魂。……作为流亡者，这个作家群是失去乡土的，然而外在的失去却转化为内在的苦恋，他们作品洋溢着东北旷野、河流、草原山林的寥廓而悲郁的气息，由此产生一种粗犷而雄健的艺术格调"[①]。又从个体上指出萧军也许是最典型的东北作家，因为他的作品"带有极充分的关外气质。读他的作品，仿佛在东北的荒甸山林中探险，扑面而来的是粗犷、强悍的气息"。或者呈现出一种"从辽阔荒凉的土地上蒸腾出来的'力之美'"。即使是文笔稍微凄婉温馨的端木蕻良的作品，也展示出一种"晓风残月"其表，"大江东去"其里的独特风格。[②]

　　客观来说，杨义以地域文化区分作家流派的做法有可能潜在地影响或启发了湖南教育出版社 1995 年出版的"二十世纪中国文学与区域文化丛书"，从其中逢增玉的《黑土地文化与东北作家群》，刘洪涛的《湖南乡土文学与湘楚文化》，吴福辉的《都市漩流中的海派小说》，魏建、贾振勇的《齐鲁文化与山东新文学》，李怡的《现代四川文学的巴蜀文化阐释》等著作便可略知一二。

　　杨义的地域文化视野与他的文化学视野息息相关，应该说杨义从《中国现代小说史》开始，就一直运用文化学视野来进行中国现代文学的研究，《中国现代小说史》如

---

① 杨义:《中国现代小说史》(第二卷)，人民文学出版社 1986 年版，第 522—529 页。
② 同上，第 529—531 页。

此,《二十世纪中国小说与文化》也如此,《京派与海派比较研究》《京派海派综论》如此,
《鲁迅文化血脉还原》亦如此。鉴于前文已经对《中国现代小说史》与《鲁迅文化血脉
还原》的文化学视野进行了一定的探讨,这里将对杨义其他中国现代文学研究专著的文
化学视野进行略述。

我们发现这也是以作家论为基础的,从目录就可知晓,杨义在探讨作家个案的时候
也注重文化学视野。《二十世纪中国小说与文化》就单独探讨了鲁迅、郁达夫、丁玲、张
天翼、茅盾、巴金、老舍、萧军、萧红、废名、沈从文、赵树理、路翎、钱锺书作品的
文化内涵与品格,而《京派与海派比较研究》将沈从文与穆时英、萧乾、废名进行比较,
也将施蛰存与刘呐鸥、穆时英进行比较,在比较研究之中领略作家作品的文化意蕴。例
如在《二十世纪中国小说与文化》中,杨义指出丁玲的《莎菲女士的日记》等作品透视
出都市病态文化对人的灵魂的压迫和扭曲,《奔》折射了城乡对比意识,《我在霞村的时
候》对人的灵魂的关注,故此,杨义认为"丁玲是有文化意识的作家,她的文学思维空
间是非常开阔的"①。

而在流派比较研究的时候,杨义也以文化学视野探析之。杨义对京派海派进行比较
研究,他不仅在创作上将京派海派作家的文学—文化意识进行比较:如废名从华中领略
到"美在自然中"的哲学,沈从文从湘西体悟到"神在生命中"的哲学,施蛰存小说的
怪异色彩,穆时英小说的死亡意识,京派作家的乡土抒情诗和人生抒情诗的小说体式,
海派小说对带有官能刺激性的都市现代人心理小说体式的探索,诸如此类进行比较。他
还把京派与海派的争论归因于"文化的差异引发了这场争论,文化的差异又渗透在这场
争论的方式之中",所以京派理论家如沈从文带着明清帝都的古朴之风,即使是争论,也
具有宁静、恬适和随和的风度,而海派理论家如杜衡的审美文化心境则是敏感、亢奋而
骚动的,非辩个明白,争个高低不可,但是他们后来又互相支持,可见京派海派之争是
礼让之邦的"君子之争"。②

另外,杨义也关注 20 世纪 40 年代文化中心的转移,即解放区、国统区、香港、上
海孤岛文学的文化意味:解放区文学对苏俄文学采取认真的采纳的态度,对中国传统文
学采取宽容的借鉴的态度;国统区文学思考民族命运和社会积弊,追求民族新生,四方
求索;而香港文学熔国际自由港的开放性、作家的流动性、岭南地域文化特征于一炉;上
海孤岛文学则由于上海都市、外国租界、政治高压的多重因素的综合作用,或采用曲笔
(如杂文),或在洋场风味与东方文明的缔盟中走向纯艺术(如张爱玲)。③

---

① 杨义:《中国现代文学流派·20 世纪中国小说与文化》,人民出版社 1998 年版,第 134—137 页。
② 杨义:《中国现代文学流派·京派与海派比较研究》,人民出版社 1998 年版,第 293—298 页。
③ 杨义:《中国现代文学流派·20 世纪中国小说与文化》,人民出版社 1998 年版,第 248—252 页。

而这已经不只是中国古代的"南北"（地域文化）之别，而是晚清以来的"东西"（本土文化与外国文化）之别在起作用了。明乎此，我们才会明白杨义所强调的"文学文化学问题的内涵极其丰富。文学作为审美的精神文化方式，它与文化之间存在着深刻的千丝万缕的互相制衡和互相渗透的关系。一方面，文学存在于文化的巨大网络之中——我在你中；另一方面，文化的因子以文学为精微的载体——我中有你"①。

再次，杨义的中国新文学图志学也是值得关注的方法论。

杨义 1995 年于台湾出版《二十世纪中国文学图志》，1998 年该书由人民出版社出版，书名改为《中国新文学图志》，2009 年的三联书店版增加新序和小序，改名叫《中国现代文学图志》。杨义的图志本文学史不止这一本，他还著有《京派海派综论（图志本）》《二十世纪中国小说与文化（插图本）》《中国古典文学图志》。

客观来说，杨义的图志本文学史一如既往地强调其文学研究的大文学观，即文学研究不只是研究文字，还应该研究图画，或者说强调文学研究的空间维度，正如上述的地理学问题凸显了空间维度，图志学同样体现了空间维度。杨义指出：图志学提供了文学文献学之外的另一个文学存在空间和解释空间，在文字空间与图画空间之间开拓出一个相互对照阐释的互文性系统，并且经由互文性沟通了文学史、艺术史和文明史，为文学地图重绘开拓了更多可能的模样和范式。②

但是，中国现代文学图志学并非弄到一堆图片就可以的，它需要一定的前提。因为图志不是插图，而是由图出史，为图作史，所以必须在熟悉文学史的同时，熟悉图像史，"花上一番考证功夫，去清理装帧者、画家与出版社、作家的关系，去熟悉他们的风格和特殊的署名方式"，熟悉 20 世纪中国书刊装帧史和绘画史，打牢相关跨学科的知识积累，"缺乏这种跨学科的知识，面对装帧插图就会产生隔膜感，就难以产生真切的心的交流"③。除此之外，还必须掌握一定的研究方法，所以杨义除了借鉴中国古代的史志和图志，还吸取了现代艺术形态学、心理学、文化学以及古老的考据学的一些思维方式④，否则可能对图一片茫然，无从入手，难以提升，难以由图说史，从图出史，从图出论。换言之，中国现代文学图志学一方面是图志版的"文学史"，另一方面则是文学史版的"图志史"，"文学史"赋予"图志史"以厚重感，而"图志史"则赋予"文学史"以画面感，二者形成一种互文的关系，互相参照，相得益彰。

根据杨义的《中国新文学图志》，图的绘制形式有几种：一是作者自绘，例如鲁迅自

① 杨义：《文学地图与文化还原》，北京师范大学出版社 2011 年版，第 69 页。
② 同上，第 83 页。
③ 杨义：《中国新文学图志》，人民出版社 1998 年版，序言第 9 页。
④ 同上，序言第 6 页。

绘《呐喊》封面,萧红自绘《生死场》封面;二是请人绘制,例如《彷徨》封面是鲁迅请陶元庆绘制的;三是借用他图,例如沈从文的《月下小景》借用了美国爱特华·华惠克的套色木刻《会见》。

而作家、编辑选择图画的意图,大概存在如下几方面。

一是折射作品风格或内容。例如北新书局出版的《呐喊》,封面是鲁迅自己设计绘制的,自写黑长方框中的"呐喊《鲁迅》"隶体字样,显得大方而雄浑,较好地契合着苍劲悲凉、富有风骨的审美格调。而《彷徨》的封面是陶元庆所作,底色橘黄,上面有三个人坐在椅子上百无聊赖地观看太阳,人物多用几何线条,椅背顶端卷曲,太阳颤颤巍巍的不圆而做落日状,画面兼具象征与写实,相当贴切地传达了彷徨的精神状态。沈从文的《月下小景》封面是两只健美的麋鹿在密林野花之间含情相对,它借用的是美国爱特华·华惠克的套色木刻《会见》,从中可以感受林野之间万物皆灵的意味,这封面极为契合该小说山寨边民男女野性而又自然的幽会,以及最终以死来追求爱之永生的幽冥之约的场景与意蕴。其他如鲁迅、周作人翻译的《域外小说集》封面,以及田汉翻译的《莎乐美》的封面,诸如此类,都具有相似作用。

二是折射作家的心灵世界。因为书刊装帧插图既是客观的,又是主观的,是主客观融合渗透的产物,可以从一个特殊的视角,透过装帧插图,看取作家或隐或显的心灵世界,看取他们个人的修养和趣味,看取民族命运和中西文化在他们心灵中的投射和引起的骚动。①例如萧红《生死场》的封面是她自绘的,在血红色的东三省地图上斜劈一道直线,反映了她从关外流亡到上海的失去故土的沉重,以及对人的生死和民族生死的反省。

三是折射作家、刊物或流派的创作态度与宗旨。例如晚清《新小说》杂志封面左侧的"新小说"三字是魏碑体,充满力量,这暗示该刊物崇尚的并非阴柔之美,而是阳刚之美,所以它的不少小说、论文,甚至一些戏曲、歌谣,字里行间都荡漾着政治文学的英雄主义气息。②其他如晚清的《绣像小说》封面、20世纪40年代上海《诗创造》封面,作用类似,不再赘言。

四是折射编者或刊物的文化态度。例如梁启超主编的《新民丛报》卷首图像中,既有外国的拿破仑、华盛顿、苏格拉底、伏尔泰、卢梭、培根、康德、达尔文、西乡隆盛、福泽渝吉,又有中国禅宗六祖慧能、王安石、王阳明、曾国藩、左宗棠、邓世昌、谭嗣同,前者显示了主编的开阔的文化眼光,后者显示了主编沉厚的文化心态。

五是折射编者或刊物的时代感受。例如张爱玲的《传奇》增订本封面,借用了一张

---

① 杨义:《中国新文学图志》,人民出版社1998年版,序言第3页。
② 同上,第12页。

晚清时装仕女图，却在诗书礼乐人家的少妇无聊地玩弄骨牌的窗外，增添了一个绿色的、鬼魂般的现代人形，造成了一种十里洋场时空错综的不安感和神秘感。又例如上述所言的《文艺复兴》一至三卷封面分别用米开朗基罗的《黎明》《愤怒》、西班牙著名画家高讶的《真理睡眠，妖异出世》，来表达对时代变化的强烈感受。

　　六是杨义希望通过一些被忽略的图来还原文学史的复杂性，挖掘被忽略被遗漏的史实。例如用旧派文人办的《戏杂志》的图片与内容，弥补新文学运动的盲点。再如人们对鲁迅支持出版的马克·吐温的《夏娃日记》和裴多菲的叙事诗《勇敢的约翰》，只是欣赏其插图但不考究文本，几乎把这两本书遗忘了，究其原因，"主潮文学执着于现实和较少心灵余裕，使得借神话原型和民间传说的狂幻，去探索深层的人性、人格和种族精魂，成了一个未了的课题"①。

　　注重作者、编者对图片的选择意图的阐释，并非杨义的目的，他的目的在于建立一种新的文学史编写模式。他把古代和民国以来的图片只是衬托的插图史志，变通为图志，即以图出史、以图统史的"文学图志"，他认为作家选作装帧插图的画面也是一种特殊的语言，一种以线条、色彩、构图、情调为符号的"无语言"的心灵语言，它包含着极为丰富的信息量，从中可以窥见文化心态、文学气氛以及文学史，故此，他追求的是图要有神采，文要有情趣，使图文之间产生一种互动、互映的效果，打造以史为经、以图为纬的特殊形式的文学史。②换言之，"以文引导图进入文学史的思潮、流派、社团、报刊、主题、文体、语言形式的脉络之中，又以处在文学史脉络中的图强化重点、展示现场、再现载体、披露奥秘、点染情趣，从而在图与文的互动互释互补中，敞开文学史存在的空间，深化文学史解释的意义，提升文学史表达的魅力"。"以史带图，由图出史，图史互动，图文并茂。"③

　　杨义的《中国新文学图志》影响甚大，一方面影响了国内外的学界读者和普通读者，被他的前辈和同辈师友称为"换一种眼光打量文学史"，被萧乾先生赞为使他仿佛走进图书馆一排排尘封已久的书架前的"旷世奇书"。另一方面，它还引发了其后林林总总的以图释史的文学、文化史写作的潮流。④例如陈思和的《中国当代文学史教程》，贺绍俊、巫晓燕的《中国当代文学图志》，程光炜等合著的《中国现代文学史》，吴福辉的《中国现代文学发展史（插图本）》，许道明的《插图本中国新文学史》，范伯群的《中国现代通俗文学史（插图本）》，于润琦总主编的《插图本百年中国文学史》，唐文一等编著的《20

---

① 杨义：《中国新文学图志》，人民出版社 1998 年版，序言第 8 页。
② 同上，序言第 2—10 页。
③ 同上，新序第 9 页。
④ 同上，新序第 8—9 页。

世纪中国文学图典》，徐迺翔的《20世纪中国文艺图文志》，龚宇和王桂荣主编的《图文本·中国文学史话·现当代文学》诸如此类，甚至陈平原、夏晓虹编注的《图像晚清》也难以摆脱受其影响的嫌疑。

　　一言以蔽之，无论是中国现代小说史研究，还是鲁迅研究，抑或是中国现代文学研究方法论，无论是多维史观还是文化学、地理学、图志学，无论是大文学观还是空间维度，都彰显了杨义开阔的文化视野、深厚的学术功力、严谨的学术态度、深刻的学术创造与追求进步的学术精神，都彰显了杨义不盲从西方，而建构中国学术方法论的创造力、自信心与大气象（就像他以西方叙事学理论为参照，以中国文学的经验和智慧为本，铸就原创性极强的《中国叙事学》一样），足见其对中国现代文学研究的贡献。影响深远，足见斯人可贵。

（作者单位：肇庆学院文学院）

民族史学理论的探索者

——陈育宁民族史学理论研究评介

张宇龙

内容提要：民族史研究是历史学的重要分支，和任何一门学科一样，民族史研究离不开具体的科学理论指导。同时，民族史学理论也是在民族史研究的实践中凝练出来的带有规律性和普遍性的理论体系，彼此相辅相成。陈育宁先生长期从事北方民族史研究，并较早涉足民族史学理论这一研究领域，取得了《中华民族凝聚力的历史探索》《民族史学概论》《中国民族史学理论新探索》与《中国民族史学理论与实践研究》等一系列民族史学理论成果。这些理论成果是陈先生在不同历史时期对民族史学理论思考的集中体现，也是目前为数不多具有整体性、系统性、连贯性的民族史学理论著作，对完善和构建具有中国特色、中国风格、中国气派的民族史学理论体系作出了重要贡献。因此，对陈育宁先生的民族史学理论研究历程、主要内容、研究特色和社会价值进行梳理和提炼无疑具有重要的学术价值和现实意义。

关键词：陈育宁；民族史；民族史学理论；中华民族凝聚力；中华民族共同体

一般来说，任何一门学科的发展都离不开科学理论的指导，没有正确的理论指导，民族史研究就有可能走向歧途，没有理论的提炼和深化，民族史研究就不会深刻。因此，民族史学理论的概括和提炼，是民族史研究的基本要义。陈育宁先生长期从事民族史学理论研究，其代表作《中华民族凝聚力的历史探索》《民族史学概论》《中国民族史学理论新探索》与《中国民族史学理论与实践研究》切合了不同时期民族史研究的需要，对民族史学理论领域的一些基本概念、主要内涵和方法途径进行了系统阐述。这不仅初步构建了具有中国特色、中国风格、中国气派的民族史学理论体系，也为当前民族史研究的进一步深化，提供了学术上的导向。是故，笔者拟对陈育宁先生的民族史学理论研究历程、基本内涵、主要特色与现实意义在学术上作初步梳理和总结，以期为当前的民族史学理论研究提供一定的学术借鉴。不当之处，敬请指正。

一、陈育宁民族史学理论研究历程

1967 年，陈育宁先生从北京大学历史系毕业，1968 年到部队农场劳动，1970 年初正式分配工作，此后在内蒙古鄂尔多斯等地区工作多年。[①]由于长期在民族地区工作、生活，陈先生收集和积累了丰富的民族历史文化素材，为其后来从事民族史与民族史学理论研究奠定了坚实基础。众所周知，20 世纪 80 年代以来，特别是 80 年末 90 年代初国内外环境复杂多变。此时，国内改革开放稳步推进，迫切需要进一步凝聚和提升中华民族精神。而国际上东欧剧变、苏联解体，社会主义运动遇到前所未有的困境，这给当时的学界和理论界提出新的思考，即如何在复杂多变的国内外境遇下处理和解决好国内民族问题。正是在这样的大背景下，来自历史学、民族学、社会学等领域的诸多专家学者对民族社会、民族史等问题展开多维度、深层次研讨，并产生了一批较有影响的学术论著和相关理论成果。特别是 1988 年，费孝通先生在香港中文大学作了《中华民族的多元一体格局》的学术报告，此后有关"中华民族多元一体格局"与中华民族凝聚力等理论问题逐渐引起学界的探讨和热议。随之，有关统一与分裂、民族关系、少数民族政权、民族历史人物、民族的迁徙、民族与边疆等宏观问题逐渐成为学术研究的热点。从陈育宁先生已发表的学术成果来看，其学术研究大体始于 20 世纪 80 年代初；从其学术成果的内容上看，与此时的民族史研究思潮基本吻合，如发表了多篇有关"中华民族多元一体格局"与中华民族凝聚力的学术成果，其主持负责的全国中华社科基金项目"中华民族凝聚力的历史探索"就是典型代表。

具体来看，陈育宁先生长期耕耘于民族史学领域，特别是对北方民族史的研究可谓硕果累累、令人瞩目。从陈先生的学术研究历程来看，其最早关注的学术领域当属蒙古史、鄂尔多斯地方史、黄河河套流域民族史等。如 20 世纪 80 年代陈先生先发表的《成吉思汗的葬地和陵园》《鄂尔多斯地区民族关系的历史考察》《论秦汉时期鄂尔多斯地区的经济开发》《魏晋南北朝时期的河套民族关系》等一系列学术成果就是其中代表。显然，这一时期陈先生的学术研究是以具体的北方民族史为主。但值得一提的是，此时陈先生也开始尝试对历史上我国民族关系的发展演变规律进行理论上的概括和总结。如1983 年他发表的《鄂尔多斯地区民族关系的历史考察》一文中就指出"历史上的民族关

---

① 陈育宁：《我的学术活动回顾》，《中国民族史学理论与实践研究》，科学出版社 2020 年版，第 719 页。

系表现在政治、经济、精神、文化等各方面，而其中经济关系是最本质的、起决定作用的，是决定其他一切社会关系的基础"，"经济上的联系和依赖，在相当长的历史发展过程中，形成为一种内聚力、向心力，成为我国历史上民族关系的纽带和之所以十分牢固的基础"。[①]显然，这些具体的民族史个案研究与相关理论的总结提炼为陈先生后续的民族史学理论研究奠定了坚实基础。

20世纪90年代陈先生开始加大对民族史学理论研究的投入，先后发表了《论历史上的民族迁徙》《中华民族凝聚力形成的历史要素》以及《我国历史上的民族关系及其发展趋势》等民族史学理论成果。需要指出的是，1994年陈先生主编的《中华民族凝聚力的历史探索——民族史学理论问题研究》一书，由云南人民出版社出版，并作为中国少数民族地区马克思主义教育丛书。该书主要从历史角度探讨中华凝聚力的形成、发展及其规律，同时对我国民族史学理论领域的一系列基本问题进行了系统阐述。该书的出版问世，既是陈先生多年学术研究成果积累和自身学术历程的自然体现，同时也呼应了时代和当时的学术思潮。值得一提的是，此时民族史研究中带有规律性和普遍性的理论问题逐渐引起学者们的注意，如"中华民族多元一体格局"、中华民族凝聚力等理论。平心而论，陈先生正是其中较有代表性学者，其主编的《中华民族凝聚力的历史探索》一书，无论在其自身的学术研究历程中，还是在当时民族史学理论研究中都具有重要的里程碑意义。

进入本世纪头十年，陈先生在从事具体的民族史研究的同时，也一直关注和思考民族史学理论问题。先后发表了《论民族精神》《论中华民族多元一体格局》《民族史学理论的几个基本问题》等专题文章。同时，在一些具体的案例研究中也对民族史学理论问题进行了探讨，如《西口文化的内涵特征》《初识"三边文化"》等。需要指出的是，陈先生关于民族史学理论的认识和见解还散见于评论性的文章和各种学术会议的主旨发言中，如《第一部系统论述中国民族关系史的著作——〈中国民族关系史纲要〉评介》《宏观认识中国民族史的新理论、新观点——〈中华民族多元一体格局〉评介》等。其中，2001年出版的《民族史学概论》与2006年出版的《民族史学概论》（增订本），集中体现了当时陈先生对民族史学理论的新认识和新思考，对之前的《中华民族凝聚力的历史探索》进行了有益补充。如，增加了"少数民族的历史贡献"一章，同时将涉及民族史学理论领域的一些专题论文列入其中，进一步丰富了民族史学理论内涵。

本世纪第二个十年直到现今，陈先生一直关注民族史研究领域，不断有民族史学理论研究新成果问世。如《我国多民族历史的最大特征》《中华民族凝聚力是"一体"的核

---

① 陈育宁:《鄂尔多斯地区民族关系的历史考察》,《内蒙古社会科学（汉文版）》1983年第5期。

心内涵》《从"多元一体格局"到"铸牢中华民族共同体意识"》《民族史与民族史学理论》等等。同时，陈先生在北方民族史研究、宁夏区域史研究以及地方学研究领域中，都或多或少涉及了民族史学理论内容。如《"人文北京"中的民族元素》《从西夏陵文化内涵看多元一体特征》《灵州会盟与唐朝的民族关系》等就是其中代表。值得注意的是，2015年陈先生主编的《中国民族史学理论新探索》一书，由中国社会科学出版社出版，该书是继其《中华民族凝聚力的历史探索》与《民族史学概论》之后的第三部民族史学理论著作。相较之前的两部民族史学论著，该书更加系统地阐述了民族史学理论的主要问题和基本观点，增加了海疆、民族与宗教、汉族文化的内容及特点等内容，进一步廓清了我国是由多民族共同缔造的客观历史事实，阐明了我国民族关系发展脉络和少数民族的历史贡献。令人欣喜的是，2020 年 11 月陈先生的《中国民族史学理论与实践研究》由科学出版社出版，正如书中简介所言，本书"在史论结合的基础上，论述中华民族凝聚力形成与发展的若干基本问题、主要特点及其基本规律"，"对中国民族史学理论体系的建立进行了有益的探索"。

综观陈先生的民族史学理论研究历程，一个鲜明的特征就是持续关注和跟踪民族史与民族史学理论研究的最新动态，前后近四十年，期间既有诸多单篇专题论文发表，又有成体系的民族史学理论著作问世。同时，陈先生的民族史学理论研究历程呈现出"实践——理论——实践"的清晰脉络。再者，陈先生的民族史学理论研究历程呈现了一定的周期性，即在近四十年的学术研究历程中，每个时代都会形成相应的具有整体性、系统性的民族史学理论成果。最后，陈先生的民族史学理论研究历程，在一定程度上与我国民族史研究的时代主题、学术思潮相契合，体现了时代、学术、学人互动的历史现象。

二、陈育宁民族史学理论研究的几个问题

综观陈育宁先生的民族史学理论研究成果，可谓内容翔实、层次分明、结构严谨，并自成体系。其中有关于民族、民族史、民族史学、民族史学理论等基本理论概念。同时，也有关于民族关系主流、历史上的民族迁徙、历史上民族政策与边疆治理、民族英雄与民族历史人物评价、少数民族文化与中华文化、民族认同、中华民族认同与国家认同等等一系列民族史学理论基本问题的阐述。上述这些基本概念和理论问题共同构成了陈先生民族史学理论研究的主要内容，试举例论述如下。

（一）对民族史学理论基本概念的阐述

众所周知，一门学科的基本概念问题是该学科的重要根基。民族史学理论研究同样

面临着基本理论概念的澄清。综观陈育宁先生的民族史学理论论著，其首要回答的也是该学科的基本概念问题。如关于民族定义问题，最早在《中华民族凝聚力的历史探索》一书中有过较为系统的梳理和阐释。陈先生通过对古今中外经典理论作家关于民族定义的梳理，并结合我国历史上民族形成发展演变的实际情况，指出"民族是一个历史的范畴，是人类发展史在一定的历史阶段和历史条件下所形成的一种特殊形态的人们共同体"，同时"民族是由许多因素相结合而构成的一种内部统一性的人类群体；不是按照人们的意愿，而是由于历史进程而产生的一种具有很大稳定性的人类共同体"。[①]至于哪些因素构成了民族，该书作者经过与学界讨论后基本认同吴金先生的观点，即"民族是人们在历史上由共同地域、共同语言、共同经济生活等要素所形成的具有共同的文化传统和民族自我意识的比较稳定的共同体"[②]。此后，在陈先生的民族史学理论研究中基本沿袭这一观点。

民族史的概念比较明确，陈先生在《中华民族凝聚力的历史探索》一书中有清晰的表述，如"民族史就是指民族发展的历史过程以及对这一历史过程的记载和阐述"[③]。具体言之，"民族史就是民族发展的历史和对这一历史过程的记述和认识，是民族这一主体在客观世界的历史过程中形成、发展与社会变化的轨迹，也是民族发展过程这一客体，在人们对全部历史认识中的反映和记述"[④]。在此后的《民族史学概论》与《中国民族史学理论新探索》等书中基本沿袭了这一概念。

民族史学的概念同样是陈先生非常关注的内容，其在《中华民族凝聚力的历史探索》一书中有系统的阐述。他认为："民族史学就是以民族为对象，对民族的起源、变迁、社会兴衰和民族间相互关系变化的各种过程及其规律性研究。作为一门历史分支学科，它所研究的历史，不是一般的历史，而是以民族为主线的历史，它所研究的民族，不仅是民族的空间状况，而且是以民族为主线的历史过程。因此说，民族史学是历史学和民族学相结合而形成的一门新的历史学科，也是民族学所研究的一个重要领域。"[⑤]此后的《民族史学概论》《中国民族史学理论新探索》等著作基本秉持该论述。

与此同时，陈先生对民族史学理论内涵也进行了阐发。在《中华民族凝聚力的历史探索》一书中，陈先生指出，"中国民族众多，演进过程曲折，相互关系复杂"，因此"民族史学理论研究的首要任务，就是在于从这种复杂性和曲折性上去做文章"。[⑥]这是其首

---

① 陈育宁：《中华民族凝聚力的历史探索》，云南人民出版社 1994 年版，第 18 页。
② 同上，第 24 页。
③ 同上，第 35 页。
④ 同上，第 37 页。
⑤ 同上，第 37 页。
⑥ 同上，第 37 页。

次提出民族史学理论的任务。此后，在《中国民族史学理论新探索》一书中，陈先生进一步明确了民族史学理论的概念与基本内涵。他指出："民族史学理论虽然在史学理论之前冠之'民族'二字，但并非是研究史学理论中关于民族那部分。在很大程度上，民族史学理论所要研究的是'历史理论'中关于中国民族史的部分。"①进而指出，"本书所探讨的民族史学理论，属于'民族历史理论'，既有宏观上的理论，也有中观意义的理论，它们是通过民族史的研究经验，得出的具有规律性和一定普遍意义的观点"②。此外，关于民族史与民族史学理论关系问题，陈先生对此也给予了关注。他认为："民族史撰述中会遇到一系列需要阐释的问题，需要作出有依据的回答，或是代表某种立场和利益说明，这个任务就交给了民族史学理论；民族史学理论所表达的认识、观点和概括，又引领和推动着民族史撰述。民族史撰述与其理论内涵是民族史研究不可或缺的两个方面。"③不难发现，陈先生对民族史学理论基本概念及其内涵的阐述是其几十年民族史研究心得的高度概括和凝练，为构建具有中国特色、中国风格、中国气派的民族史学理论体系奠定了重要的学术基础和理论框架。

（二）对中国历史上民族关系主流的认识

我国是多民族国家，民族关系错综复杂。因此，什么才是民族关系发展中的主流，这不仅是个历史问题，也是一个现实问题。以往学术界有过不同的争论，有的认为"友好合作"是民族关系发展的主流，有的认为"民族斗争"是民族发展的主流。然而，这只是我国历史上众多民族关系的某些方面，并不构成民族关系的主流。关于什么才是民族关系发展中的主流，王勋铭先生认为："中国历史上民族关系的主流可概括为：各民族互相吸收、互相联合、互相依存的关系。"④翁独健先生则认为："中国各民族间的关系从本质上看，在漫长的历史进程中，经过政治、经济、文化诸方面愈来愈密切的接触，形成一股强大的内聚力；尽管历史上各民族间有友好往来也有兵戎相见，也曾不断出现过统一或分裂的局面，但各民族间还是互相吸收、互相依存、逐步接近，共同缔造和发展了统一多民族的祖国，这才是历史上民族关系的主流。"⑤白寿彝先生对民族关系的主流认识更进一步，白先生指出："究竟什么是民族关系中的主流，我看各民族促进历史前进是主要的，也可以说这就是主流。"⑥陈育宁先生的民族史学理论研究通过对以往有关"什么是民族关系的主流"等观点的吸收和凝练，对"什么是民族关系的主流"作出了

---

① 陈育宁：《中国民族史学理论新探索》，中国社会科学出版社 2016 年版，第 31 页。
② 同上，第 31—32 页。
③ 陈育宁：《民族史与民族史学理论关系》，《中国民族史学理论与实践研究》，科学出版社 2020 年版，第 3 页。
④ 王勋铭：《关于我国历史上民族关系的主流问题》，《中南民族学报》1986 年第 1 期。
⑤ 翁独健：《什么是历史上民族关系的主流》，《中国社会科学》1982 年第 4 期。
⑥ 白寿彝：《民族宗教论集》，河北教育出版社 2001 年版，第 61 页。

新的理论探索。

关于什么是民族关系的主流，陈先生最早在其主编的《中华民族凝聚力的历史探索》一书中作出了初步回答。他认为："所谓'主流'，是指反映事物本质的发展趋势。民族关系的主流，也就是本文所论述的民族关系的发展趋势。中国历史上民族关系的发展趋势已经证明，各民族间在政治、经济、文化等诸方面的接触愈来愈密切，彼此间相互依存、相互吸收，形成了一股强大的内聚流，共同创造着中华民族的物质文明与精神文明。"[①]并进一步指出："凝聚，是中华文明5000年的结晶；统一，是中华民族历史发展不可阻挡的潮流。"[②]接着，陈先生又进一步阐述了民族关系的主流，将民族关系的发展趋势与"中华民族多元一体格局"的形成相联系。他指出："多元文化交融和汇集的发展趋势，为以后各民族的交融和汇集开了历史先河。在以后的历史过程，民族关系的变化虽曲折复杂、形式各异，但发展的趋势仍然是逐步的交融和汇集，并且规模越来越大，速度也逐渐加快。纵观这一变化过程，大致经过民族汇集和内聚两个步骤：第一步骤：弱小分散的民族依生态地理环境和生产方式的汇集而统一，形成初级的统一体。……第二步骤：周边民族向中原内聚，形成更大规模或全国性的统一体——中华民族。"[③]可见，陈先生从民族发展趋势的视角来理解民族关系的主流，并不断地对这一理论进行充实、完善。

（三）对中华民族凝聚力及"多元一体格局"的分析

综观陈育宁先生的民族史及民族史学理论研究成果，其理论根基当属中华民族凝聚力。其《中华民族凝聚力的历史探索》一书即是典型事例，该书紧紧围绕中华民族凝聚力的历史形成展开溯源，阐述了我国民族史学理论的一系列基本问题，对于构建中国民族史学理论体系进行了有益探索。后续的《民族史学概论》与《中国民族史学理论新探索》同样紧紧围绕中华民族凝聚力这一理论根基。与此同时，在研究具体的民族史及民族史学理论问题时，其着眼点和归宿则是"中华民族多元一体格局"理论。显然，这两个理论共同构成了陈先生民族史学理论体系的两大支柱。

众所周知，1988年费孝通先生在香港中文大学作了《中华民族的多元一体格局》的学术讲座。此后，"中华民族多元一体格局"这一理论概念在学界多个领域引起了极大反响。普遍认为，这一理论是认识我国历史和现实民族问题的总框架。陈育宁先生很早就开始关注这一理论框架。其在《中华民族凝聚力的历史探索》一书中，就对"中华民族多元一体格局"的凝聚核心，从历史的视角进行多维度论述；此后，陈先生又在《民族

---

① 陈育宁：《中华民族凝聚力的历史探索》，云南人民出版社1994年版，第333—334页。
② 陈育宁：《民族史学概论》（增订本），宁夏人民出版社2006年第2版，第77页。
③ 陈育宁：《中国民族史学理论新探索》，中国社会科学出版社2015年版，第106—107页。

史学概论》中，对"中华民族多元一体格局"的发展脉络进行梳理，详细阐述了"中华民族多元一体格局"理论发展的"四个阶段"①。若干年之后，陈先生在其主编的《中国民族史学理论新探索》一书中，对"中华民族多元一体"这一理论的提出、形成、基本特征、理论深化及其意义又作了全面总结。可见，"中华民族多元一体格局"理论贯穿陈先生的民族史学理论研究历程，其理论主干地位当属无疑。

　　总的来看，中华民族凝聚力和"中华民族多元一体格局"理论，在陈先生的民族史学理论研究中一直处于指导的地位。但是，这两大理论并不是一成不变的，而是在不断拓展、丰富和完善。具体来看，陈先生之前的《中华民族凝聚力的历史探索》和《民族史学概论》，在论述中华民族凝聚力时，更多关注社会因素。如，中华民族凝聚力形成的历史前提——多源多流、源流交错；中华民族凝聚力形成的历史基础——共同开发、共同创造；中华民族凝聚力形成的历史途径——迁徙流动、汇聚交融；中华民族凝聚力形成的历史根源——互相联系、互相依存。值得注意的是，2015年陈先生主编的《中国民族史学理论新探索》一书，在继承上述社会因素基础上，又补充了中华民族凝聚力生成的自然环境，如：半封闭型的内陆地理条件；气候差异和波动的影响；水——促成华夏各族凝聚的纽带。同时，《中国民族史学理论新探索》更进一步指出，中华民族凝聚力是民族复兴的伟大动力，特别是实现中华民族伟大"中国梦"的动力来源。正是其民族史与民族史学理论研究在"实践—理论—实践"的不断互动下，逐渐深化了中华民族凝聚力与"中华民族多元一体格局"理论认识。

　　（四）对民族英雄的认识

　　我国自古以来就是多民族国家。各民族在产生和交往中，涌现出大量的、杰出的历史人物，有的被称为民族英雄。学界关于民族英雄的含义所持观点各有不同，其中有以下几种观点。其一，认为应该提倡放宽民族英雄的含义，认为"许多少数民族人物，在各自的民族中立下很大的功劳，把本民族的历史推向前进，也应该看作英雄。②其二，认为中国自秦汉以来就是统一的多民族国家，称得起民族英雄的，其功业应该对各族人民都有利，仅仅有利于某一民族的不能叫作民族英雄。③其三，认为国内两个民族之间对垒，可以同时产生各民族的民族英雄。进行正义战争的民族可以产生自己的民族英雄，

---

　　① "四个阶段"具体指：（一）先秦秦汉时期中国各族多元一体格局的出现；（二）魏晋南北朝隋唐时期中国各族多元一体格局的发展；（三）辽宋夏金元时期中华民族多元一体格局的形成；（四）明清时期中华民族多元一体格局的稳固。马戎先生提出了"三个阶段"观点：多元一体格局的形成时期，多元一体格局的危机时期，多元一体格局的重建时期，具体参考马戎先生的《中华民族凝聚力的形成与发展》，《西北民族研究》1999年第2期。
　　② 陈育宁：《民族史学概论》（增订本），宁夏人民出版社2006年第2版，第158—159页。
　　③ 同上，第159页。

进行非正义战争的民族也可以产生自己的民族英雄。④其四，认为我国在 15 世纪以前无民族英雄。其理由是中国境内各民族祖祖辈辈生存于同一疆土之内，虽有斗争与战争，但是属于一个国家的内部事务，民族间的斗争与战争不过是"同室操戈""兄弟阋墙"没有侵略与反侵略的性质，因而不存在产生民族英雄的前提。①其五，认为各族人民共同承认的民族英雄，要在社会主义的历史条件下才能出现。②

对于学术界上述几种关于民族英雄的观点，陈先生在综合各方意见的前提下，总结出民族英雄应强调三点内涵：第一，必须与民族斗争相联系，在民族斗争或民族起义、民族战争中产生；第二，为维护本民族和中华民族的利益，在反抗外民族的剥削、压迫和侵略的正义战争中做出杰出贡献或坚贞不屈、具有大无畏的气概，保持本民族的气节；第三，反对民族投降主义、民族分裂主义，维护民族统一，维护社会经济发展。③白寿彝先生对历史上我国内部不同民族的民族英雄的定位也值得参考。白先生将此分为两类，"第一类，在本民族内部，促进了本民族的发展，这是民族英雄。"④"第二类民族英雄，反抗民族压迫。岳飞还是民族英雄。"⑤值得一提的是，王锺翰先生主编的《中国民族史》也认为："民族英雄，首先是有民族的因素，只有在民族关系上，才能反映出民族因素来，单一的民族国家在国内根本就不存在民族关系问题。反映在民族关系上，能成为'民族'的，只能在民族之间斗争中反映出来。"⑥可见，上述史家对民族英雄的理解略有出入，然其共同点都强调在民族关系上反抗民族压迫这一关键因素。因此，在这一点上，陈育宁先生对"民族英雄"的理论阐释与白寿彝、王锺翰等史家的观点是相通的。

关于中华民族的民族英雄在学术界也产生过分歧。从民族英雄产生的条件上看，民族英雄有两种类型，一种是国内各民族共同和外国民族的斗争中涌现的民族英雄，另一种是在反对国内民族压迫、侵略的斗争中涌现出某个民族的民族英雄。前一种情况的民族英雄很好确认，是中华民族的民族英雄，容易理解。后一种则有的认为是"兄弟阋墙"家内打架，谈不上民族英雄，更不应说是中华民族的民族英雄。这样一来，岳飞、文天祥等，皆不是民族英雄。

对于后一种情况，陈先生从唯物史观出发，历史地评价了后一种民族人物是否中华民族的民族英雄。陈先生认为："在反对国内民族压迫、侵略的斗争中涌现出的某一个民

④　同上，第 160 页。
①　陈育宁：《民族史学概论》（增订本），宁夏人民出版社 2006 年第 2 版，第 161 页。
②　同上，第 161 页。
③　同上，第 154 页。
④　白寿彝：《民族宗教论集》，河北教育出版社 2001 年版，第 47 页。
⑤　同上，第 48 页。
⑥　王锺翰：《中国民族史》，中国社会科学出版社 1994 年版，第 29 页。

族的英雄人物，能不能也称为中华民族的民族英雄呢？我们的回答是肯定的。"①陈先生
又从中华民族的现实出发，进一步认为："今天，我国已完成了形成统一的多民族国家的
过程，各民族已组成了不可分割的大家庭，并以中华民族的整体称呼屹立于世界，无论
是古代已消失了的民族和现在的各民族，他们的历史都是中国历史不可分割的一部分，
过去各民族的民族英雄以及他们的业绩和要求独立自主、不屈不挠的斗争精神，都属于
中华民族的宝贵历史遗产。从这个意义上说，历史上各民族的民族英雄已不再是某一个
民族的英雄，而成为中华民族的民族英雄。"②这一观点与学界大多数观点基本吻合，如
李振宏先生对中华民族英雄的认识也有类似的同感。他认为："岳飞这样的历史人物，今
天已经不仅属于汉族，阿骨打、努尔哈赤也不仅属于满族，成吉思汗也不仅属于蒙古族，
他们都属于我们整个中华民族。他们的伟大形象，是我们各族人民共同的历史财富。正
是在这个意义上，我们完全有理由把他们称为中华民族历史上的民族英雄。"③

　　由此可知，陈育宁等诸位先生正是从"历史意义"和"当代意义"④两个维度出发，
对民族英雄和中华民族英雄的认识给予较恰当的定位。是故，我们可以进一步认识，中
华民族是我国各民族共同构成的既是自在的实体又是自觉的实体。各民族的民族英雄在
为本民族做贡献的同时，也是在为中华民族共同体这一实体做贡献。所以，中华民族内
部各民族的民族新英雄亦是中华民族英雄。

三、陈育宁民族史学理论研究的主要特色

　　在近四十年民族史学理论研究历程中，陈先生不仅取得了丰富的民族史学理论成
果，也呈现出鲜明的学术特色。首先，始终坚持唯物史观与"多元一体格局"基本观点
作为民族史学理论研究的出发点和落脚点；再者，民族史与民族史学理论研究相结合，
即史论结合、论从史出的治学方法；最后，陈先生的民族史学理论研究特色还体现在为
社会现实服务的价值取向，试论述如下。

　　（一）坚持唯物史观的指导地位，以"多元一体格局"基本观点为主线

　　陈先生的民族史学理论研究是在唯物史观指导下，从中国民族的具体历史实际出
发，形成了具有中国本土性的民族史学理论体系。同时，这一民族史学理论体系的建立

---

① 陈育宁：《民族史学概论》（增订本），宁夏人民出版社 2006 年第 2 版，第 156 页。
② 同上，158 页。
③ 李振宏：《历史学的理论与方法》，河南大学出版社 1999 年第 2 版，第 440—441 页。
④ 孙麾、吴晓明：《唯物史观与历史评价》，中国社会科学出版社 2009 年版，第 39 页。俞吾金先生指出："按照历史唯物主义理论，所谓'历史意义'是指一个历史事实在当时时代中所具有的客观意义；而所谓'当代意义'是指一个历史事实在当今时代中所具有的客观意义。"

也在一定程度上丰富了唯物史观内涵。两者实质上，是一种双向互动过程。如，对中华民族凝聚力的形成、发展、演变历程的分析。陈先生着重从民族平等的角度来考察，指出中华民族的历史是各民族共同创造的，中华民族凝聚力正是在各民族共同创造中华文明的历史过程中，经过长期的锤炼而形成的。进而得出，中华民族凝聚力的形成始终伴随着四个基本要素：其一，多源多流、源流交错是中华民族凝聚力形成的历史前提；其二，共同开发、共同创造是中华民族凝聚力形成的历史基础；其三，迁徙流动、汇聚交融是中华民族凝聚力形成的历史途径；其四，相互联系、相互依存是中华民族凝聚力形成的历史根源。不难发现，陈先生的民族史学理论研究始终坚持唯物史观的指导地位，充分肯定了民族平等这一马克思主义民族观。以此为基础，陈先生分别从自然环境、物质上特别是经济上，概括和提炼我国民族起源具有多源多流、源流交错等特点，以及不同民族在经济上存在着互补性，这也使不同民族之间保持着紧密的相互联系。显然，以上这些分析和总结充分体现了唯物史观的指导地位。

再有，陈先生的民族史学理论研究在以唯物史观为指导的同时，也一直秉持中华民族及中华文化的"多元一体格局"基本观点。如，关于少数民族文化与中华文化之间关系，陈先生认为："中国是一个历史悠久的文明古国，中华民族创造了博大精深的中华文化；中国又是一个传统的多民族国家，灿烂的中华文化是历史上各个民族共同创造的。中华文化是包括汉文化在内的各民族文化的集合体，各民族文化的内容塑造并决定着中华文化的形态和内涵；而汉文化在型塑中华文化的过程中拥有突出的地位和作用。"[1]并进一步加以论析，"中华文化发展过程中，最基本的趋势是各民族文化的共性不断增加，相互的依存和联系愈加紧密。不同区域、不同民族的文化，通过长期的交流传播，相互借鉴、相互吸收、相互交融、相互促进，形成了你中有我、我中有你的局面，这就是中华文化的共性的表现。在不断交流和融合中，各民族文化不断向着一体化方向发展，共性越来越多，最终使中华文化汇聚成为内容丰富、形式多样的人类最优秀的文明之一。"[2]最后，陈先生总结指出："各民族文化共性增强的趋势并不意味着各民族文化独特性的消失，文化共性的增加也不是指某一种民族文化取代了其他民族的文化，而是在追求共性的同时依然保存着各民族文化的个性。中华文化的共性寓于中华文化的个性之中，没有不同民族、不同地区的文化，就没有中华文化；不同民族、不同地区的文化也离不开整体的中华文化，而是和整个中华文化相互联结，不可分割。因此，中华文化是共性和个性的统一。"[3]

---

① 陈育宁：《中国民族史学理论新探索》，中国社会科学出版社 2015 年版，第 258—259 页。
② 同上，第 273 页。
③ 同上，第 275 页。

通过上述事例的分析和论述，我们不难发现陈先生是从我国民族文化的具体实际出发，指出中华文化的多彩绚烂离不开少数民族文化的多样性，同时也肯定了汉族文化的主导地位。不限于此，陈先生又从唯物辩证法的角度加以分析，指出中华文化与少数民族文化是"共性与个性""一和多"的辩证关系。对此，白寿彝先生也有类似的认识："'一'和'多'，是辩证的统一。'一'存在于'多'中。'多'好了，'一'就会更好。反过来说，'多'要团结为'一'，'多'才可以使'一'更有力量。"①更为重要的是，陈先生从我国少数民族文化与中华文化的具体现象加以分析，反过来也丰富了马克思主义民族观。客观上，这一过程也进一步推动了唯物史观的发展。陈育宁先生的民族史学理论研究始终坚持唯物史观的指导地位，同时又以"多元一体格局"基本观点为主线来考察和认识中华民族与中华文化的丰富内涵。

此外，陈先生的民族史学理论研究还涉及统一与分裂、历史上的民族政策与边疆治理、历史上的民族观与民族关系、不可抗拒的民族交融聚合流，以及中国疆域的形成和演变等等。由于篇幅，不再赘述。要之，陈先生的民族史学理论研究始终坚持唯物史观的指导地位，同时又以"多元一体格局"基本观点为主线，概括和提炼出具有我国本土性的民族史学理论。同时，这一理论框架也丰富了马克思主义民族理论内涵，显然这是一个双向互动的过程。

（二）民族史与民族史学理论研究相结合

综观陈先生的民族史与民族史学理论研究成果，其中一个显著特点就是民族史专题研究中有宏观的民族史学理论指导，同时也有中微观具体的民族史学理论的提炼和总结。另一方面，在诸多民族史学理论论著中，有丰富的民族史资料和相关的民族史史实作为支撑。显然，这充分体现了陈先生的学术研究始终坚持史论结合、论从史出的治学原则，同时也体现了其民族史与民族史学理论研究相结合的治学特色。具体来看，陈先生的民族史学理论研究最早散见于北方民族史专题研究和地方学研究中。如，1983年陈育宁发表了《鄂尔多斯地区民族关系的历史考察》一文，在文中陈先生着重从历史的角度，勾勒了先秦、秦汉、魏晋南北朝、隋唐、宋元明等时期鄂尔多斯地区各民族对该地区做出的贡献。文中参考了大量的历代正史、实录、学人撰述等史料，如《史记》《汉书》《魏书》《明实录》《西夏书事校正》等。以此为基础，系统翔实地梳理了历史上鄂尔多斯地区不同民族关系的演变历程，进而提出"各游牧民族首先对鄂尔多斯地区进行了开发和实现了局部统一，从而为全国的统一提供了一定的历史条件"②。显然，陈先生的分析论述是从统一的多民族国家的历史事实出发，而文中具体的理论认识又是建立在大量的具体

① 白寿彝：《中国通史》第一卷导论，上海人民出版社1989年版，第98页。
② 陈育宁：《鄂尔多斯地区民族关系的历史考察》，《内蒙古社会科学（汉文版）》1983年第5期。

史实基础上，体现了论从史出、史论结合的治学方法。

不限于此，该文中通过大量的历史事实，阐述了历史上鄂尔多斯地区各民族与中原地区之间存在的各种形式的政治、经济、文化方面的密切联系。在这些联系中，陈先生认为经济关系是最本质的，起着决定作用，是决定其他一切社会关系的基础。文中还对这一历史现象进行了系统分析，认为"中原地区的农业经济成为边疆少数民族社会经济和生产体系的一部分，边疆地区的畜牧业经济也成为中原地区社会经济和生产体系的一部分，各自都不能缺少，从而联结成为一个互相补充的经济整体"，"这种经济上的联系和依赖，在相当长的历史发展过程中，形成一种内聚力、向心力，成为我国历史上民族关系的纽带和之所以十分牢固的基础。在这个基础上，逐步形成了多民族国家的统一体"。[①]由此可知，陈先生较早地注意到我国历史上各民族凝聚力问题，并指出凝聚力的原因主要是建立在相互的经济依赖关系上，这也在一定程度上为后来陈先生负责主持全国中华社科基金项目"中华民族凝聚力的历史探索"做了准备。不难看出，陈先生早在20世纪80年代初就尝试从民族史与民族史学理论相结合的方式进行学术探索，这也成为其民族史研究的一大特色，并在此后近四十年学术研究中一直坚持，取得了诸如《魏晋南北朝时期的河套民族关系》《论历史上的和亲》《中华民族凝聚力形成的历史要素》《从西夏陵文化内涵看多元一体特征》等一系列丰硕的学术成果。

需要指出的是，陈先生不仅在具体的民族史研究中始终坚持民族史与民族史学理论研究相结合，在民族史学理论研究中也同样坚持该治学特色。这在《中华民族凝聚力的历史探索》《民族史学概论》以及《中国民族史学理论新探索》等论著中得到了充分体现。众所周知，《中华民族凝聚力的历史探索》是陈先生主编的第一部系统、完整的民族史学理论成果，对学界产生了重要影响。在该著作中，陈先生及课题组成员参考了大量的中外历史文献，如《马克思恩格斯全集》《列宁选集》《毛泽东选集》《尚书》《诗经》《史记》《三国志》《唐会要》《通典》《辽史》《汉民族形成问题讨论集》《纳西族的传统及其资料》等等。同时，又通过不同历史时期大量的历史事实，系统阐述中华民族凝聚力形成的历史特点和规律，充分展现了中华民族共同体形成和发展的壮美画卷。毋庸置疑，这是陈先生始终坚持史论结合、论从史出以及民族史与民族史学理论研究相结合的典型例证，这也是其学术研究的一大特色，对学界从事相关的民族史研究的学人来讲无疑具有重要的借鉴价值，限于篇幅，其他具体研究案例不再一一列举。

（三）为社会现实服务的价值取向

综观陈先生的学术成果，无论是民族史还是民族史学理论研究，其最重要的宗旨就

---

① 陈育宁:《鄂尔多斯地区民族关系的历史考察》,《内蒙古社会科学（汉文版）》1983 年第 5 期。

是为社会现实服务，这也成为其学术研究的一个重要学术特色。如在《鄂尔多斯地区沙漠化的形成和发展述论》一文中，陈先生系统梳理了秦汉、唐代、清末、新中国成立后等多次对鄂尔多斯地区进行大规模开垦，其中人为因素特别是对自然规律的无知是导致沙漠化的重要原因。对此，该文提出建议一要"充分认识人和自然环境的辩证关系"，二"要使我们的决策由经验决策转变为科学决策"。①与此相关的还有《论秦汉时期鄂尔多斯地区的经济开发》《要重视生态环境演进研究》《生态改善与认识升华》《应重视对草原丝绸之路的研究》《宁夏地区沙漠化的历史演进考略》《地方学的内容、特征及功能》等多篇文章都涉及民族史研究的社会应用价值。

在民族史学理论研究中，其中一项重要功能也是服务社会。对此，陈先生在《中华民族凝聚力的历史探索》一书中有具体的论述。该书认为"通过民族史的考察，为民族新的发展与进步提供相关的借鉴，体现古为今用的原则。也就是说，民族史的研究，不是为传统史学作注脚，而是主动地从总结民族历史的经验中，实事求是地分析历史发展中正反两方面的事物，为民族的现代化发展服务，为阐明民族间的联系，进一步增进民族间的相互理解，加强民族间的团结服务，为巩固与发展祖国统一服务"②。在《民族史学概论》一书中，陈先生将民族史学的社会功能分为"提高民族素质""维护民族团结"与"借鉴历史经验"等几方面。③

值得注意的是，陈先生一直跟踪民族史与民族史学理论研究动态，不断推进民族史学理论发展。最近几年，陈先生陆续有新的民族史学理论成果问世。如《中华民族凝聚力是"一体"的核心内涵》《从"多元一体格局"到"铸牢中华民族共同体意识"》《民族史与民族史学理论》《历史观视野下的共同体意识》等等。在这些新的理论成果中，陈先生着重从历史和现实的角度阐述了中华民族凝聚力是中华民族共同体的核心内涵，并从多个维度总结了中华民族共同体实际上是经济共同体、政治共同体、文化共同体、价值共同体与命运共同体，明确"铸牢中华民族共同体意识"是实现中华民族伟大复兴宏伟目标的重要任务。对此，陈先生又提出"深入学习、研究、阐述和宣传习近平'铸牢中华民族共同体意识'的思想""大力推进各民族交往交流交融""坚持和完善民族区域自治制度""要从中华民族整体性的视野，帮助少数民族和民族地区加快发展"等可行性对策。④显然，这不仅体现了陈先生在学术研究上的不断与时俱进，更体现了陈先生为社会服务的社会责任感。同时，这也是陈先生从事民族史与民族史学理论研究为社会现实

① 陈育宁：《鄂尔多斯地区沙漠化的形成和发展述论》，《中国社会科学》1986年第2期。
② 陈育宁：《中华民族凝聚力的历史探索》，云南人民出版社1994年版，第49页。
③ 陈育宁：《民族史学概论》（增订本），宁夏人民出版社2006年第2版，第9—11页。
④ 陈育宁：《从"多元一体格局"到"铸牢中华民族共同体"》，"中国社会科学网"2018年8月24日，参见陈育宁的《中国民族史学理论与实践研究》，科学出版社2020年版，第44页。

服务价值取向的真实写照。

　　总的来看，陈育宁先生长期从事民族史与民族史学理论研究，在多个学术领域取得了丰硕的学术成果，呈现了鲜明的学术特色，为不断构建和完善具有中国特色、中国风格、中国气派的民族史学理论体系做出了重要贡献。同时也为学界不断完善、丰富中国民族史学理论内涵奠定了基础，并指明了方向。如，目前民族史学理论研究运用的史料多以文本材料为主，且多是汉文材料，因此我们有必要加强考古资料和少数民族语言史料的运用。再者，关于民族迁徙流动的概述，目前民族史学理论研究多集中在我国疆域之内。众所周知，历史上我国大的民族迁徙流动不仅在我国的疆域范围内产生影响，而且更具有世界意义，如月氏、匈奴的西迁，蒙古的西征等等，因此有必要进一步拓宽民族史学理论研究的视域。最后，关于民族史学理论概念，目前的研究主要集中在"历史理论"中关于中国民族史的部分，即"民族历史理论"。而对民族史学本身的理论，即"史学理论"中有关民族的部分论述涉及较少，如民族史家、民族史观、民族主义、民族主义史学等等。诚然，这主要是由于中国民族史学理论研究起步较晚，相关的学术研究还未充分开展。因此，这也给中国民族史学理论的后续研究提供了广阔空间。

（作者单位：宁夏师范学院政治与历史学院）

陈育宁与鄂尔多斯地区史研究

刘　杰

内容提要： 陈育宁先生在长期从事北方民族史及民族史学理论研究的同时，依据自己的切身经历和多年的实际考察，一直把鄂尔多斯地区多民族的历史作为一个典型，围绕主要问题进行深入研究，取得了一系列学术成果，研究内容广泛、深入，包括鄂尔多斯地区史的历史变迁、民族关系、民俗文化、生态演进以及创建鄂尔多斯学等领域，成为改革开放以来鄂尔多斯地区史研究的一个重要标志。

关键词： 陈育宁；鄂尔多斯地区史；鄂尔多斯学；贡献

陈育宁先生在长期从事北方民族史及民族史学理论研究的同时，依据自己的切身经历和多年的实际考察，一直把鄂尔多斯地区多民族的历史发展和演进作为一个典型，长期围绕主要问题进行深入研究，取得了丰硕的学术成果，与此同时，注重和现实社会需求紧密结合，参与创建鄂尔多斯学，以推动地区史研究和地方文化建设。陈育宁先生关于鄂尔多斯地区史的研究涉及历史沿革、民族关系、文化交流、生态演进等诸多方面，是改革开放以来鄂尔多斯地区史研究的一个重要标志。

鄂尔多斯地区史的独特魅力与陈育宁的长期关注

鄂尔多斯地区历史悠久，1922 年考古学家在位于鄂尔多斯高原南端的萨拉乌素河流域发现旧石器时代晚期的人类文化遗迹"河套人"，是我国北方古代文明的发祥地之一；鄂尔多斯地区大约从商周时期，就有游牧部落活动的轨迹，到了秦汉时期，设置郡县，成为统一多民族国家最早的组成部分。"历史上中国北方的主要游牧民族几乎都在这一地区留下了自己创造文明的足迹。既有各民族文化的特征，又有相互间的交流融合，构成了这一地区传统文化的鲜明特点"①。由于河套地区相对的封闭性，鄂尔多斯地区保留了许多蒙古族传统文化，形成了以成吉思汗陵、苏鲁锭为代表的蒙古祭祀文化，以鄂尔多斯民间歌舞为代表的蒙古传统艺术，以《蒙古源流》《蒙古黄金史》为代表的蒙古古典历史学，以及具有鲜明特色的蒙古语言、口头文学、宗教信仰及民俗文化等。

陈育宁先生大学毕业后，于20世纪70年代曾在鄂尔多斯工作和生活了十年，他对鄂尔多斯地区传奇般的历史产生了浓厚兴趣，做了初步的调查和实地考察。1980年初，先生和夫人奉调进入内蒙古社会科学院工作，有条件查阅收集资料，向专家请教和交流，如他所说，"那时，我完全沉浸在鄂尔多斯的历史天地中。长期的渴望和思考得以满足，得以释放，在20世纪80年代的头几年，我连续不断地在国内报刊上发表了一系列介绍和研究鄂尔多斯地区历史的文章。这些文章引起了学术界和新闻媒体的关注"②。

在搜集、整理以及研究鄂尔多斯历史的过程中，陈育宁先生发现，关于鄂尔多斯地区历史在史书文献中有部分涉及和零星记载，很少有专门系统的著述。近代以来，陆续出现了一些关于鄂尔多斯地区历史沿革的文章和调查，"这些著述，收集、汇编了鄂尔多斯地区的历史资料和实地调查资料，尽管是很不完全的，其中有不少还是相互传抄的，但在封建时代，在旧中国，对于边疆地区，也只能做到这一步。这些著述，毕竟不是对鄂尔多斯地区历史的正确描述，更谈不到用科学的观点去揭示历史发展的规律"③，所以很有必要重新收集、整理鄂尔多斯地区的历史资料，研究和编写系统的鄂尔多斯地区历史。陈育宁先生还认为，通过研究鄂尔多斯地区的民族关系演变和发展，揭示这个典型地区的内涵特征，"对于今天鄂尔多斯地区的各族人民来说，了解这一地区民族关系的历史是十分必要的，温故而知新，就会更加珍惜这个历史传统，发扬这个历史传统，自觉地依据历史发展的规律，发展和促进各民族间的经济联系和相互支援，维护和加强民族团结"④；追溯鄂尔多斯地区生态演进的历史，总结历史上开发的经验和教训，有助于推动今天鄂尔多斯地区的生态重建。由此出发，他开始了几十年从未间断的对鄂尔多斯地区历史文化、民族关系、现实发展的关注、考察和研究，鄂尔多斯研究成为陈育宁先生学术生涯的重要组成部分。

---

① 陈育宁:《田清波及其鄂尔多斯历史研究》,《西北民族研究》1994年第1期。
② 陈育宁:《永远的牵挂》,远方出版社2004年版,第40页。
③ 陈育宁:《鄂尔多斯地区史研究的几个问题》,《民族研究》1987年第1期。
④ 同上。

陈育宁关于鄂尔多斯地区史的研究

鄂尔多斯地区历史内涵丰富，具有历史研究的典型性，有许多重要问题需要和值得深入剖析。多年来，陈育宁先生坚持不断提出新问题，一个问题一个问题地深入研究解读，作出说明，进而探求规律，作出理论概括。陈先生对于鄂尔多斯地区史的研究涉及多个方面，仅就几个主要问题评述如下。

1. 厘清基本历史线索和沿革

从开始接触鄂尔多斯地区历史问题起，陈育宁先生就深感厘清该地区历史演进的基本线索和沿革十分必要，而对于这方面全面的研究和著述一直是一个薄弱环节。陈先生在 1989 年出版的《祭祀成吉思汗的地方——鄂尔多斯河套历史概述》一书，主要内容就是用通俗的描述，概括鄂尔多斯地区史历史变迁的基本线索和沿革，这是认识了解鄂尔多斯历史不可或缺的基础。陈育宁先生是较早写出鄂尔多斯完整历史的作者之一[1]。

陈育宁先生依据鄂尔多斯地区史的基本线索和沿革，将之大体分为五个历史阶段。第一阶段从远古到秦汉时期（约三万五千年前—公元 220 年）。主要论述鄂尔多斯历史文化的发端、游牧民族的分布状况、与中原王朝之关系以及农业、牧业、手工业、人口及秦汉王朝对该地区的移民垦殖等。第二阶段魏晋至隋唐时期（公元 220—907 年）。这一时期是鄂尔多斯地区多民族融合的重要时期。北魏少数民族政权对该地区经济发展与民族融合做出了贡献。隋唐时期的羁縻政策促进了该地区的民族融合，为此后该地区游牧民族与农耕民族交流与融合奠定了基础。第三阶段五代至宋辽夏金时期（公元 907—1227 年）。主要论述了党项西夏对于鄂尔多斯地区的统治。西夏与辽、宋、金之间频繁的战争以及蒙古攻灭西夏的一些关键性战役，多是在鄂尔多斯地区进行。第四阶段元明时期（公元 1227—1644 年）。元朝在鄂尔多斯地区设置行政区划及皇室封地"察罕脑儿"。该地区既是连接中原腹地的交通要道，也是元代的重要军事牧场。明代鄂尔多斯蒙古人入驻河套，建立了与中原"割不断的经济交往"。随着喇嘛教的传入，建立了许多召庙，例如著名的王爱召和准格尔召。鄂尔多斯部将对成吉思汗的祭祀带入河套。第五阶段清朝时期（公元 1644—1911 年）。清朝实行盟旗制度，在鄂尔多斯地区设置伊克昭盟进行有效的统治。清代对鄂尔多斯地区草原土地的开垦激化了民族矛盾，沙漠化问题凸显。蒙古历史文化的发展，出现了《蒙古源流》等历史经典。各族人民掀起反洋教及争取民族解放的斗争。

---

[1]　陈育宁：《我与鄂尔多斯学》，宁夏人民出版社 2009 年版，第 253 页。

陈育宁先生对鄂尔多斯地区史的历史线索的研究和描述，是基于长期坚持、不懈努力对各类历史资料的收集、整理和应用。这些资料主要包括《史记》《汉书》类正史文献史料，包括如《元和郡县图志》《册府元龟》等史志研究著述，《蒙古源流》《蒙古黄金史》《西夏纪事本末》及《绥乘》《圣武记》等民族史著述，包括地方文史档案、民间口述资料以及今人的研究成果等。在当时非常困难的条件下，陈育宁先生将查阅的各类资料是用一页一页稿纸、一张一张卡片抄录下来，而且坚持多年，这需要付出很大的辛苦和毅力，是很不容易的。

2. 鄂尔多斯地区的民族关系

历史上鄂尔多斯地区一直是一个多民族活动地区，各个民族你来我往，民族关系错综复杂，但总的趋势是相互间交往交流交融，这是鄂尔多斯地区史的一条主线，民族关系是该地区历史论述的重点。

陈育宁先生是较早关注和研究鄂尔多斯地区民族关系的学者之一，早在 1983 年，他就发表了《鄂尔多斯地区民族关系的历史考察》[①]一文，系统阐述了各个历史时期鄂尔多斯地区民族关系的状况。他在之后又陆续发表了《近代鄂尔多斯地区各族人民反对外国教会侵略的斗争》[②]《明代蒙古之入居河套》[③]《蒙古与西夏关系略论》[④]《魏晋南北朝时期的河套民族关系》[⑤]等学术论文，进一步探讨不同时期鄂尔多斯地区的民族关系，在学术界引起了反响。根据陈育宁先生的论述，早在商周时期，鄂尔多斯地区就有土方、鬼方、猃狁等游牧部落活动。春秋时期，华夏诸侯国与地处北方的游牧部落或战或和，出现了华夏与戎狄杂居融合的现象，发生了密切的联系。春秋末期，林胡及娄烦等迁徙至鄂尔多斯地区。到了战国时代，这一地区又成为匈奴的重要活动和栖息之地。秦汉时期通过移民屯垦的开发活动，使鄂尔多斯地区的人口有了增加，鄂尔多斯地区开始形成农耕业和畜牧业共存，农耕民族与游牧民族大杂居、小聚居的分布格局。魏晋时期，边疆各族纷纷南下，入居中原，出现了民族大迁徙的趋势。隋唐时期，一部分突厥部众被安置在鄂尔多斯地区，唐朝政府在鄂尔多斯地区设置羁縻府州。羁縻政策的实行，对于民族间经济文化的交流和民族地区的稳定与发展起到了促进作用。宋代，鄂尔多斯地区成为西夏同宋、辽、金等交战的主要战场。进入元代，鄂尔多斯地区为蒙古皇室的封地，游牧业得到重视和发展。明代蒙古进入河套地区并非一蹴而就，而是随着明蒙关系的变化，历经波折。清初在鄂尔多斯地区实行盟旗制度，各部划旗而治。有清一代，蒙汉之

---

① 陈育宁：《鄂尔多斯地区民族关系的历史考察》，《内蒙古社会科学》1983 年第 5 期。

② 陈育宁：《近代鄂尔多斯地区各族人民反对外国教会侵略的斗争》，《内蒙古社会科学》1982 年第 4 期。

③ 陈育宁：《明代蒙古之入居河套》，《史学月刊》1984 年第 2 期。

④ 陈育宁：《蒙古与西夏关系略论》，《民族研究》1988 年第 5 期。

⑤ 陈育宁、景永时：《魏晋南北朝时期的河套民族关系》，《固原师专学报》1989 年第 4 期。

间交往并未因"封禁"政策而中断，蒙汉民族间的民间交往不断发展，引起了鄂尔多斯地区经济结构、文化习俗等方面的变迁。

通过对鄂尔多斯民族关系史的研究，陈育宁先生认为，在长期的历史进程中，鄂尔多斯地区活动的各族人民都做出了自己的贡献。对鄂尔多斯地区的开发，大大增强了各个民族之间的政治联系和经济上的交流互补，促成了我国疆域的局部统一，为大一统奠定了坚实的基础。历史上的民族关系表现在政治、经济、文化等各个方面，其中经济关系是最本质的、起决定作用的，是决定其他一切社会关系的基础。鄂尔多斯历史发展的轨迹表明，游牧民族和农耕民族随着经济生活的不断扩大，通过和亲、通贡、互市，甚至掠夺的形式，日渐形成紧密的经济依赖关系。正是基于这种强大的内在联系，使得我国古代各个民族即便是在战争时期也保持着一定联系与不同程度的融合，逐步形成了多民族国家的统一体，形成强大的民族凝聚力。在各民族交往、融合的过程中，统治阶级实施的开明的民族政策也起到了重要的作用。在鄂尔多斯地区民族关系的历史上，出现过几次民族关系较好的时期。汉代在鄂尔多斯地区设置"属国"，唐代实施"羁縻府州"政策，给予少数民族一定的自治空间，起到了维护统一、促进民族地区经济发展和民族之间友好往来的重要作用，应当给予充分的肯定。

3. 成吉思汗祭祀及成陵变迁

鄂尔多斯部是蒙古守护成吉思汗"八白室"、祭祀成吉思汗的部落。历史上关于成吉思汗葬地地址一直是学界讨论并存有争议的问题。20 世纪初，北京大学的张相文认为成吉思汗的葬地在鄂尔多斯伊金霍洛，而蒙古史专家屠寄则根据蒙古大汗的密葬传统，认为随鄂尔多斯部迁徙的"八白室"，是蒙古人的望寄之地，是祭祀成吉思汗之所在，而葬地应在蒙古高原本部之地。两位学者的争论引起了学术界的极大关注。20 世纪 80 年代，陈育宁先生依据"张屠之争"的资料和梳理史籍记载，认真研究和分析，发表了《成吉思汗的葬地和陵园》一文。陈育宁先生原则上同意屠寄的观点，并进一步指出，成吉思汗的葬地和陵园是分开的。八白室是祭祀成吉思汗之地，它随着守灵人不断流动，但葬地始终是保密的，至今仍然不得而知。守护"八白室"的蒙古鄂尔多斯部，于明代中期迁居河套地区，在这个相对封闭的区域内，保持并传衍了祭祀成吉思汗的习俗。陈先生对保留至今的成吉思汗祭祀做了充分的调查和细致的介绍。陈育宁先生还指出，成吉思汗到底葬于何处，是个未解历史之谜，更是蒙古民族始终沿袭的古老习俗所致。这种对成吉思汗崇拜和祭祀的特殊形式，在历史的发展中已融入蒙古族的历史传统与文化之中。陈育宁先生还依据所搜集到的资料，对 1939 年成陵由鄂尔多斯伊金霍洛迁往甘肃榆中兴隆山的事件背景、原因、经过以及意义做了详细论述。

4. 近代各民族的革命斗争

近代鄂尔多斯地区发生的清末抗垦、反洋教、独贵龙、反分裂等史实，是中国人民反侵略、反压迫、争取民族独立与解放伟大斗争的组成部分，是鄂尔多斯地区各族人民维护国家统一、维护中华民族共同体根本利益的生动体现，也是鄂尔多斯地区历史上闪耀光芒的重要时期。陈育宁先生对鄂尔多斯地区这一段历史特别予以关注，并就几个重要的历史事件撰文论述。

陈育宁先生在发表于 20 世纪 80 年代的《近代鄂尔多斯地区各族人民反对外国教会侵略的斗争》一文中认为，近代以来由于列强对鄂尔多斯地区的侵略，蒙汉各族人民开始联合共同反抗封建势力的压迫和帝国主义的侵略。陈育宁先生在文中指出，西方天主教在鄂尔多斯地区试图从经济、政治、司法以及文化上干预甚至控制鄂尔多斯蒙古，侵犯了蒙古族及各族民众的利益，矛盾日益加深，最终爆发了大规模的反抗运动，成为中国近代反对列强侵略的悲壮而光荣的典范。"他们的所作所为促使了这一地区蒙古族和汉族人民的觉醒和反抗。蒙古族人民在帝国主义的欺骗和侵略面前，在清政府对外妥协和对内镇压的反动政策面前，他们和汉族人民团结一致，英勇反抗，表现了中华民族不屈不挠的爱国斗争传统。"[1]在同一时期发表的《近代内蒙古地区"独贵龙"运动的兴起和发展》一文中，陈育宁先生指出，"独贵龙"以一种特殊的组织形式，由小到大，由弱到强，成为近代鄂尔多斯地区蒙古族人民英勇不屈、团结奋进的精神的象征。"独贵龙"运动中，蒙汉下层人民的联合，反映了清代以来蒙汉民族之间建立了荣辱与共、不可分离的紧密关系。"近代内蒙古鄂尔多斯地区兴起的'独贵龙'运动，随着阶级矛盾、民族矛盾的日益尖锐和蒙古族牧民的日益觉醒，由群众自发组织的分散斗争，发展成声势浩大的反帝反封建武装斗争，产生了巨大的影响，它在发动、团结、教育、组织广大牧民进行革命斗争方面积累了丰富的经验，成为旧民主主义革命时期中国人民反帝反封建斗争的重要组成部分，并为五四运动以后，伊盟以及内蒙古地区的新民主主义革命做了必要的准备。"[2]

5. 鄂尔多斯地区的生态演进

从历史学的视角对鄂尔多斯地区生态演进的研究，是陈育宁先生鄂尔多斯地区史研究的重要内容和创新点，也是陈育宁先生的重要学术贡献。近代以来，鄂尔多斯地区长期处于贫困和落后的状态，尤其是清末放垦之后，加剧了这一地区草场退化、生态环境恶化等一系列问题。新中国成立初期，鄂尔多斯地区的经济状况有所改善，但由于忽视

① 陈育宁:《近代鄂尔多斯地区各族人民反对外国教会侵略的斗争》,《内蒙古社会科学》1982 年第 4 期。
② 陈育宁:《近代内蒙古地区"独贵龙"运动的兴起和发展》,《西北第二民族学院学报（哲学社会科学版）》1990 年第 2 期。

了鄂尔多斯地区本身的自然条件，沙漠化的趋势未得到根本遏制。在鄂尔多斯有过长期生活经历的陈育宁先生对沙漠化的危害有着切身的体验。改革开放初期，陈育宁先生就开始广泛搜集和整理历史上鄂尔多斯地区经济开发和生态演变的记载，1985 年写出了论述鄂尔多斯地区沙漠化演变的长篇论文《鄂尔多斯地区沙漠化的形成和发展述论》，这篇论文发表在国家权威学术理论刊物《中国社会科学》（1986 年第 2 期）上，后又译成英文，发表于本刊的外文版上。这篇论文，以充足的历史资料和详细考证，系统论述了人类历史时期以来鄂尔多斯地区的开发活动演进及其对沙漠化的影响，从理论上提出了人与自然的关系和科学决策问题。这篇文章引起了学界的高度重视，特别是较早提出和阐释人与自然辩证关系的问题，被认为具有很高的学术价值和社会价值，该文作为典型个案，至今常被研究者引用。

6. 参与创建鄂尔多斯学

2002 年，奇·朝鲁同志倡议创建鄂尔多斯学，邀请陈育宁先生参与。陈育宁先生意识到，将对鄂尔多斯地区历史文化的研究，进一步提炼并纳入地方学的建设范畴，使学术研究更加深入、更有规划，历史与现实、研究与应用更加紧密结合，这是推进地区文化建设的重要举措，而且恰逢其时。陈育宁先生当即写成《关于建立鄂尔多斯学的初步建议》，并从此参与了共同创建鄂尔多斯学及鄂尔多斯学研究会的活动。

陈育宁先生认为，地方学是立足地方、研究地方、服务地方的一门学问，它以特定地方的一些具有自身特色、自成体系、有自身发展规律的社会文化现象、经济现象为系统研究对象，并且注重将这些研究内容加以理性概括，形成有专门知识和理论的学问。鄂尔多斯学就是研究鄂尔多斯的一门地方学，它的产生，一是源于鄂尔多斯丰富而独特的历史文化资源。由于地理环境、民族关系、历史传承等原因，鄂尔多斯所积淀的历史文化资源所具有的独特性、民族性、多样性、连贯性极为鲜明，这是一座丰富多彩的文化富矿。二是现实发展的需要。改革开放以来，鄂尔多斯经历了巨大的变化，这种变化带给人们思想观念的冲击更为激烈。体验之丰富，思想之解放，环境之变化，速度之惊人，都是前所未有的。如何让人们的思想认识、文化觉悟适应这种变化，理性地参与和实践，理论文化的创新和引领作用凸显了、迫切了。三是提升文化自信。在鄂尔多斯，文化自信渗透在蒙汉各民族在长期历史进程中形成的拼搏、包容的性格特征和不畏艰辛、敢为人先的精神风貌中。鄂尔多斯学是应运而生。在这样的背景下，陈育宁先生陆续发表了一些新的成果。其中，《关于鄂尔多斯学》《再说鄂尔多斯学》《原生态的鄂尔多斯学》《鄂尔多斯学的发展与特点》《地方学的建设与发展》《一门新兴的地方学——鄂尔多斯学》《地方学中的传统文化》《鄂尔多斯学：知识体系＋应用服务》《对"阿尔寨文化"的初步认识》《给文化安个家》《生态改善与认识升华》《草原城市的文脉与创新》等文章都是对鄂尔多斯学和地方学开始提出时进行的探讨和诠释。

依据对地方学的认识，在奇·朝鲁和陈育宁先生共同策划主编的《鄂尔多斯学概论》中，对鄂尔多斯学的基本内涵做了概括：（一）较完整地保留了蒙古族的传统文化；（二）保留了蒙古族独具特色的祭祀文化；（三）生态演进的历史经验；（四）传承文化的深厚传统；（五）创造了经济社会跨越式发展的奇迹；（六）敢为人先的鄂尔多斯精神。

陈育宁先生还形象地比喻说，鄂尔多斯学的创建，如同搭起了一个"家"的框架，把鄂尔多斯地区从古至今那些最具特色、最有代表性的文化资源收拢在"学"这个"家"中，进行整体的、系统的认识和研究。鄂尔多斯学虽仍处在创建阶段，但可以看出，给文化安个"家"的作用已初步显现出来。陈育宁先生还指出，鄂尔多斯学有两个基本支撑点：知识体系（文化资源的整合与研究），应用服务（发挥地方学的功能），他归纳为：鄂尔多斯学＝知识体系＋应用服务，这是对地方学本质特征的认识。这些认识和观点，对于推进鄂尔多斯学的创建都起到了积极作用。

陈育宁鄂尔多斯历史研究的主要特点

1. 具有开拓性和奠基意义

陈育宁先生对于鄂尔多斯地区史的系统研究起步较早，坚持经年，涉及历史、民族、经济、文化、民俗、生态等多领域，形成众多成果，为鄂尔多斯地区史研究打下了一定基础，具有重要的学术地位。在研究思路上，陈育宁先生十分注重宏观的把握与微观的支撑，善于从个案中提炼历史的普遍性。陈育宁先生的研究是建立在他对鄂尔多斯地区史料的调查、收集和整理的基础上，将很多分散的史料串联起来，进行阐释和运用。陈育宁先生注重"以史立论"，如从鄂尔多斯地区民族关系史的研究中，提出"经济关系在民族关系中是决定性因素""大一统王朝对民族关系的推动作用""各民族共同创造中国历史"等理论观点。

2. 置于中华民族多元一体大背景下，主线鲜明

陈育宁先生对于鄂尔多斯地区史的研究，无论涉及哪个领域，一直遵循"中华民族多元一体"这条主线。他认为在中国历史演进过程中，最大特征就是形成"中华民族多元一体格局"，就是推动历史前进的中华民族凝聚力。鄂尔多斯地区作为中国北方一个历来是多民族相互交融共同开发的地区，更具有多元一体特征的典型性。陈育宁先生在《论秦汉时期鄂尔多斯地区的经济开发》[①]一文中，阐述了秦汉时期在鄂尔多斯地区移民开

---

① 陈育宁：《论秦汉时期鄂尔多斯地区的经济开发》，《内蒙古师大学报（哲学社会科学版）》1984年第4期。

垦、兴修水利、推广铁器牛耕以及促进手工业、商业、畜牧业发展的状况，认为这个时期经济的开发，不仅使人口、交通等状况有了明显的改善，而且奠定了鄂尔多斯地区农牧共存的经济结构，以及农耕与游牧两类民族共同活动的民族关系格局。"这种历史传统经过长期发展，经受了各种考验，显示了它在政治上维护祖国统一，在经济上互相补充，共同促进的历史作用。"①陈先生认为，先后在鄂尔多斯地区活动的各族人民对开发鄂尔多斯都做出了自己的贡献。民族间尽管有战争，但主流是各族劳动人民之间，特别是少数民族与汉族人民之间的频繁交往和不可分割的联系。由于经济生活范围的扩大，通过民族间的迁徙、贸易甚至掠夺的形式，逐渐形成互相需要产品交换的依赖关系，从而联结成为一个相互补充的经济整体。"在这个历史过程中，各民族由于社会经济的根本原因，结成了密切联系，互相依存的民族关系，这种民族关系形成了共同推动历史前进的集聚力量，成为统一的多民族国家长期稳定的基本因素。"②

3. 将史料运用、实地考察、现实需要结合起来，历史叙述与理论概括结合起来

上世纪 70 年代陈育宁先生在当时贫困、艰苦的伊克昭盟（鄂尔多斯）鄂托克旗工作生活的十年时间，既是一种人生磨炼，也是他以后研究鄂尔多斯历史文化可贵的实地考察与积累时期，是必要的基础准备。在以后的几十年里，他形成自己的习惯和方法——不是单纯的理论探讨，而是在实践与调查的基础上提出问题，开展研究，史料分析与社会调研并举。如关于鄂尔多斯地区沙漠化历史演进问题的研究，就是他亲身经历的鄂尔多斯当时恶劣的生态环境以及群众的贫困生活的真实情况，激发了他深入探究人与自然关系问题的强烈意愿，这样的研究也就更具有现实意义。在研究中注重史论结合也是陈育宁先生研究方法的一个显著特点。比如在探讨隋唐时期鄂尔多斯地区民族关系问题时，特别注意到唐朝统治者对周边少数民族实施的民族政策及对民族关系的影响，他认为"对历史上统治阶级所实行的民族政策要做历史的具体分析，应当客观地肯定那些起到维护统一，促进民族地区经济发展和民族间友好往来的开明进步的民族政策"③。关于明代鄂尔多斯地区蒙汉关系的研究，从史料分析出发，实事求是地得出民族间不可分割的经济联系的结论，从而将个案研究升华为理论认识，也成为探讨中华民族凝聚力这一民族史学理论问题的依据。史论结合的阐述，使得分析问题、研究问题、解决现实发展问题更为透彻、更加清晰，更具说服力。

将一个具有典型性、代表性的地区作为历史研究的解剖对象，是我国史地研究的传统方法。陈育宁先生将鄂尔多斯作为自己坚持多年研究解读的基地，倾注心血，取得一

---

① 陈育宁、景永时：《论秦汉时期黄河河套流域的经济开发》，《宁夏社会科学》1989 年第 5 期。
② 陈育宁：《鄂尔多斯地区民族关系的历史考察》，《内蒙古社会科学》1983 年第 5 期。
③ 同上。

系列重要成果，推动了当地地区史的研究和地域文化建设，也取得了一些有益的学术研究经验。如今，鄂尔多斯进入历史新时期，地区历史文化资源的开发、研究和应用也有了新局面。我们相信，在陈育宁先生等老一辈专家开拓研究的基础上，鄂尔多斯地区史的研究及以鄂尔多斯学为代表的地方文史知识体系的创建，一定会取得新的更多更好的成果，为地区文化建设做出新的贡献。

（作者单位：宁夏大学）

论阎景翰长篇小说《天命有归》

白　烨

内容提要：阎景翰的长篇小说《天命有归》以新中国成立之后的"十七年"为背景，描写了这一时期发生于辉城大学的种种故事，探悉和揭示置身其中的知识分子的跌宕命运。作者特别注重人物的形象描写与性格刻画，更力求写出人物的精神世界。小说书写了当代知识分子的命运，塑造了正面的知识分子形象，内中蕴含了十分丰盈的题旨与意蕴。

关键词：阎景翰；《天命有归》；知识分子

2021 年 6 月 25 日，恩师阎景翰先生不幸病逝。我从时在礼泉老家颐享晚年的阎纲先生的微信中得知消息，又问询了陕西师大的李继凯校友，证实了消息的确凿无疑。

在惊愕与悲痛之余，我向陕西师大文学院发去了唁电，其中有这样一段话："我本人在陕西师大求学期间，在文学写作上，有幸得到过造诣深厚的阎景翰先生的悉心指拨和谆谆教诲，在文风与学风上，受到质朴而严谨的阎景翰先生的深深影响，这些一直都让我受益无穷，没齿不忘，我深深地感激和无限地感念。"

人们知道，阎景翰先生在教书育人之余，笔耕不辍，著述甚丰，尤其是散文写作，坚持了数十年，影响广及省内外。阎景翰先生的笔名侯雁北，发表文章和出版作品，都用侯雁北的笔名。在写作行当和文学领域，侯雁北的名号更为人所知，也更具社会影响。但我还是想沿用求学读书时的习惯，称呼阎景翰先生。

这段时间，我抽空找出了阎景翰先生赐予的他的长篇散文《蓦然回首》（三秦出版社2004 年 11 月版），长篇小说《天命有归》（大众文艺出版社 2009 年 12 月版）。在拜读与学习中，又走进了先生营造的文学世界，得到了诸多的教益。尤其是长篇小说《天命有归》，切入生活之深切，把握现实之准确，挖掘人性之深邃，洞悉世事之透彻，都令人为之震惊，使人难以忘怀。我以为，作为国内颇有影响的散文大家的阎景翰先生，花了四年多时间经营这样一部长篇小说，自然有其良苦之用意，有其特别之寄寓。而且我还以为，他的《天命有归》这部小说作品，可能并不逊色于他的散文作品，甚至在某些方面另有天地，别具深意，更值得人们关注。

这里，我主要想谈谈阅读《天命有归》之后的诸种感受与体悟。如果说这也算是一篇小说评论的话，那也是先生所教予的一种写作技能。那么，就用先生所教予的写作技能，写篇先生的作品评论，权当学生向恩师的在天之灵奉上的一份作业。

一段动荡时代的校史

《天命有归》这部作品，以新中国成立之后的"十七年"为背景，主要描写这一时期发生于辉城大学的种种故事，探悉和揭示置身其中的知识分子的跌宕命运。

从作品循序展开的故事叙述看，建国之后新建起来的辉城大学，原本既有着较好的学科基础，也有着一个很大的奋斗目标。校长耿自夫曾向全校师生员工提出了"出关、上京、争取全国发言权"的战斗口号，"全国的几个主要报刊，已多次报道了辉城大学的先进事迹，也发表了多名辉城大学文理科教师的学术论文，使辉城大学在全国大大地有了知名度"。

但世事多变，辉城大学在其随后的发展演进过程中，被接踵而来的运动和频频发生的事件所搅扰和拖拽，陷入起伏不定、动荡不安的状态之中，使其与原本建设国内知名大学的目标相离相悖，渐行渐远。

事情的变化是由历史系学生王漠被处理开始显现的，王漠在高中时期参加了几次"现代人"读书会的活动，虽然所读的作品没有查出什么问题，但因组织活动的老师被查处，王漠也受到了牵连。在接到文教局等单位发来的告知函件后，在历史系主持工作的焦未英出于个人私利的目的，便抓住王漠事件不放，最终导致了王漠的自杀。此后，教师卫苍毫因为多年研究《史记》的长篇论文在泥土出版社出版，因此被认为与有关文化事件有所牵连，也遭到逮捕和抄家。

面对这些层出不穷的事件，校长耿自夫深深感到，"像这样如果再搞下去，这学校很难办了"。但他的个人意愿阻挡不了汹涌而来的时代大势。接下来的种种运动使越来越多的教师身不由己被裹挟其中，受到种种伤害，辉城大学就此陷入无序的状态和混乱的泥淖。直到迎来历史巨变，党中央召开"具有伟大历史转折意义"的大会，提出"拨乱反正""解放思想，实事求是，团结一致向前看"的精神之后，辉城大学才显现出了希望的曙光。"靠边站"的耿自夫，回归校长本位。重新主持工作的耿校长，首要的任务是"落实政策"。他读着一份份教师本人或其家属的申诉材料，意识到学校几十年来发生的大大小小的事件，都受到极端路线和投机分子的危害，使学校工作无法正常展开，纠正这些错误，恢复学校正常的教学科研秩序是目前工作中必须解决的主要问题。可以说，耿自夫的这种认识与感受，是到位的、深刻的，但对于那些在动荡时代遭受厄运和已经酿成的错误来说，很多影响是难以弥补的。

大学是实施高等教育、开展学术教研的高等学府。但在辉城大学，学校一旦陷入政治运动，高等教育与学术研究的本业便不能正常开展，甚至会成为批判的对象，学生和教师作为学校的主体，在种种批判和运动中都身涉其中，就导致大学无法正常运行，教师难以为教，学生难以为学，这无疑既是教育的悲剧，还是人的悲剧，知识分子的悲剧，更是社会的悲剧。《天命有归》的故事叙说，无疑正是这样一个悲剧性时代氛围的文学写照与艺术缩影。

两个堪称"典型"的人物形象

在《天命有归》的写作中，作者特别注重人物的形象描写与性格刻画，既着意写出人物外在形象的鲜明生动，更力求写出人物精神世界的自成一格。在作者的笔下，每个人物都形神兼备，栩栩如生。一些学有专长的知识分子形象，特别写得活灵活现，各有风骨。如马奚林、卫苍毫、赵萍生、陈至径等，都以各有所长的学术造诣和独具气象的心理世界，使人印象深刻，令人过目难忘。

但比较而言，在《天命有归》中，既有整体的贯穿性作用，又有性格的典型性特征的，尤以两个人物形象最为特别而突出，这就是辉城大学的校长耿自夫，辉城大学历史系的"大拿"焦未英。

由兴办教育起家，又有投身革命经历，还在心理学上颇有造诣的耿自夫，出任辉城大学的校长，是实至名归，十分适当的。爱好学问，敬重学者，使他"与很多知名人士都有深厚的友谊，即使在辉城大学，他对学有专长的老先生也很敬重和崇拜，和这些人情投意合，私交颇好，常常去这些人家里谈天说地，研讨字画，或欣赏古玩"。这在焦未英这样的人看来，"耿自夫并不是她所想象的无产阶级学者，也不是她所想象的高等院校领导"。越来越"左"的时政走势，绵延而来的批判运动，似乎都是站在焦未英的立场上，对这位学者型的校领导，给予着无言的审查，进行着无尽的考验。从学生王漠出事，到教师卫苍毫、赵萍生、陈至径等人的蒙冤，耿自夫不仅难以理解，不能认同，而且尽其所能以"稳妥"等方式予以减缓处理。但在"左"比"右"好、宁"左"勿"右"的大势面前，他不能改变任何事，也不能佑护任何人。因清醒而焦虑不安，既明白又万般无奈，这便是耿自夫所处的基本状态。

令人意外也引人敬重的是，在重新恢复工作之后，他首先公开自我责备，要大家"不要原谅他，宽宥他，同情他"。在回应好心的老伴的埋怨时，他这样说道："我要振作精神，从头做起，改变辉城大学的面貌，也改变自己的面貌。""我不能只顾自己，我如果只顾自己，也就没了自己……"辄遭磨难而不气馁，受了冲击还在自责，耿自夫身上，十分典型地表现出了有良知的知识分子，在反思历史中反躬自省的精神，这种深厚又优秀的精神品质，使得耿自夫这个形象，不仅有了儒雅的外在魅力，而且有着宽广的内在精神伟力。

"对教学是外行"的女干部焦未英，原本只是一个班主任的小角色。但她却凭借着辉城大学的运动，步步高升，青云直上，成为辉城大学历史系和全校叱咤风云的主导者。焦未英趋炎附势地"向上爬"，有一个逐步发展的过程。她紧紧跟住政治风向，捕捉种种问题苗头，先是利用学生的不满情绪来要挟不明就里的老师，又利用一些老师的差错与失误来钳制领导，直到勾搭上市政法委的王振飞主任，使她有了扛硬的后台和整人的能量，她就越发地肆无忌惮起来。但用更为宏观的眼光来看，真正培育了焦未英，成全了焦未英的，还是那一时期越来越"左"的政治，越来越多的运动。什么样的时代，孵化什么样的人才，焦未英就是那个混乱时世孕育出来的一个"怪胎"。

因为母亲戴有地主分子的帽子，焦未英认为这"影响了自己的前程"，她是怀着自我表现的强烈渴望，抓住每一次机会尽情发挥，充分利用。果然，通过整治学生王漠，焦未英让人看到了她的"政治敏感性和工作能力"，不仅由系办公室主任升任了副系主任，而且还兼任上了系党总支代理书记。这种因整人而晋升的结果，使从中尝到甜头的焦未英，必然会渴望运动接续不断，自然更乐于挑事整人。于是，卫苍毫、赵萍生、陈至径等教师，或被批判或被遣返，乃至无奈自杀的桩桩悲剧，就一幕接着一幕地上演。可以说，焦未英既是这些悲剧的直接操弄者，又是这些悲剧的最大获益者。当一段历史结束之后，一桩桩冤案平反，一个个真相大白之后，焦未英在经历了短暂的"神情恍惚、坐卧不安"之后，并未"回心转意，痛改前非"，她不仅未被处理，反而在新任校长孟才晋上任之后，成为了辉城大学的"两办主任"。饶有意味的是，焦未英在校内紧贴孟才晋校长，在校外攀附王振飞主任，但两个人都另有新欢，别有所图，焦未英感到自己被"玩弄"，被"戏弄"。她的这种感觉，当然是真切的，但她没有进而去深想，"玩弄"她，"戏弄"她的，何止王振飞、孟才晋，对她"玩弄"又"戏弄"了一生，使她不能自拔的，其实是极左政治，以及由极左政治操弄的各种运动。在这个意义上，她是极左政治的受惠者，也是极左政治的受害者。由焦未英这个人物，人们可以看到极左政治通过对人的洗脑式影响，对一个人在人性异化上，所能达到何种深度，何种烈度。

耿自夫和焦未英，是两类不同人物的典型代表。代表知识分子的耿自夫，代表极左政治"打手"的焦未英，在许多事情的看法上都意见相左，在许多事情的处理上都截然不同。这种矛盾与冲突，构成了作品的故事主线，表现了两人背后依托的力量，也在反差与对比之中，凸显了不同人物的立场站位和鲜明个性。美与丑，善与恶，真与伪，正与反，也由此呈现得更加分明，更为生动。

令人警醒的深刻意蕴

《天命有归》以沉重的故事、沉郁的叙事，有力地勾勒了辉城大学"十七年"的发展历程，书写了当代知识分子的跌宕命运，内中蕴含了十分丰盈的题旨与意蕴。因之，读来令人荡气回肠，读后引人深长思之。

小说具有引人思忖又发人深省的意蕴：在大学这样的高等学府，为何会疏离教育和学术；知识分子在高校这样的环境，为何失意落魄；在"革命"的旗号、"改造"的名目下，为何好人遭难，小人得志，等等。在这样一些事情上进而深究，便会发现，问题的根源，都指向同一个出处，那就是极左政治路线和极左社会思潮的大行其道。极左，是造成一切混乱的总根源。

在辉城大学，以政治眼光看待学术问题，利用极左手段处理知识分子，有一个过程。但这样的走势与路径，是与全国范围的政治运动的愈演愈烈密切关联的，委实是大潮流的小波澜，大事件的小穿插。看得出来，从历次社会运动，再到迎来改革开放和教育的春天，辉城大学都有自己的因应，都有相关的事件发生，都有相应的教师经历心灵震荡和精神洗礼。辉城大学的"十七年"坎坷行进，完全是国家"十七年"曲折行程的一个典型缩影。但《天命有归》显然把极左政治的本质属性与为害为祸的严重程度，做了更为集中的表现，给予了更为深刻的揭示。

1949 年至 1966 年的"十七年"，是一个本该在各个方面获得新的发展，取得更大成就的重要时间段。但却因频频出现的"左"倾错误，使得事业的建设受到严重拖累，前行的路上历尽坎坷。关于"十七年"时期的"左"倾错误，党的十一届六中全会通过的《中国共产党中央委员会关于建国以来党的若干历史问题的决议》（以下简称《决议》）

中，已经做了准确的判定与正确的结论。如谈到"反右"，《决议》指出："反右派斗争被严重地扩大化了，把一批知识分子、爱国人士和党内干部错划为'右派分子'，造成了不幸的后果。"谈到 60 年代的"左"倾错误，《决议》指出："'左'倾错误在经济工作的指导思想上并未得到彻底纠正，而在政治和思想文化方面还有发展。"[①]"在意识形态领域，也对一些文艺作品、学术观点和文艺界学术界的一些代表人物进行了错误的、过火的政治批判，在对待知识分子问题、教育科学文化问题上发生了愈来愈严重的左的偏差，并且在后来发展成为'文化大革命'的导火线。"[②]《天命有归》这部作品，从一个高等学府的不大也不小的角度，对此做了生动而深切的艺术再现，让人们看到了左倾错误的实质与危害，给人们以警醒和警策。

　　由此还会使人联想到，"左"倾错误似乎还有更为深刻而长久的根源。从党的发展历史上看，正是因为"左"倾错误屡犯不止，愈演愈烈，造成了许多不该有的历史悲剧。党的六届七中全会于 1945 年 4 月通过的《关于若干历史问题的决议》，就对党内的"左"倾错误进行了系统的梳理，特别对第三次"左"倾路线进行了深入剖析，指出："第三次'左'倾路线统治时间特别长久，所给党和革命的损失特别重大。"[③]"左"倾路线和极左政治，为何成为一种屡反屡犯的顽症和难以去除的痼疾，并从民主革命时期长驱直入到社会主义革命和建设时期，这实在是值得今天的人们大力反思和深入探究的。民主革命时期众多英勇献身的烈士和无辜被冤杀的革命者，社会主义时期在各种"扩大化"的斗争中蒙受冤屈和改写人生的人们，都在用他们的损失和牺牲诉说着过往的历史，也以此向人们发出无声的诘问。我们确实需要从中认真总结应有的深刻教训，避免同样的历史悲剧一再上演。从这个意义上说，《天命有归》这部作品，触及的是一个带有根本性的大问题，从极左政治不断为祸，至今仍然缺少有效的反思与有力的反制的情形来看，由《天命有归》这部作品的阅读，联想和反思这些历史顽疾和根本问题，确实具有特别重要的意义与作用。

主要艺术特点探微

　　《天命有归》的写作，总体给人的感觉，是秉持传统的小说叙事手法，恪守严谨的

---

　　① 《两个历史问题决议及十一届三中全会以来党对历史的回顾（简明注释本）》，中共党史出版社 2013 年版，第 21 页。

　　② 《两个历史问题决议及十一届三中全会以来党对历史的回顾（简明注释本）》，中共党史出版社 2013 年版，第 99 页。

　　③ 同上，第 24 页。

现实主义艺术方法。作品在以时间为经、事件为纬的总体架构中，依序展开辉城大学的运动始末与矛盾纠葛，不同人物的性格形象，各色人等的命运浮沉，相互交织又彼此辉映，共同演绎了一出惊心动魄的人间悲剧。

可以说，作者写作《天命有归》，既没有在写法上去另辟蹊径，也没有在文字上去雕章琢句，他只是按照自己原有的构想，老老实实地"按照生活本来的样子"，用虚构的方式去写真纪实。但当你进入作品的阅读之后，就会感觉到有一种无形的力量，在暗中牵拉和引动着人，使你很快进入作者所描述场景与情景，"穿越"到"十七年时期"，去见证辉城大学的风云变幻，目睹置身其中的人们的生死歌哭。

在近年兴起的网络文学与网络游戏中，出现了一个"代入感"的新词。与这种意在角色带领的"代入"不同，《天命有归》给人的感觉是另一种"带入"，即以激情投入、披心交付的方式，既引动读者进入作品的故事与叙事，又与读者在阅读体味中进行情感交流和心灵对话。这种"带入"的背后，是作者的"自我"投入，以此来激活所描写的对象，使他们以立体显现的方式与读者赤诚相见。如作者对于卫苍毫、赵萍生、陈至径等人的描写，既细写他们被无辜定罪的遭际，更深写他们不满、不解、不甘的心理活动，以及他们的遇难遭罪对于家人、亲人的种种牵连与命运改变。他们在回应审问时的有声的回答，他们在更多时候的无声的思绪，都自然引动着人们思虑他们的思虑，忧患他们的忧患。

作者对于不幸落难的知识分子的深切了解和准确把握，对于祸国殃民的极左政治的痛切愤慨和无情揭露，确实是有来由，有所托的。我们从先生的《蓦然回首》的叙说家事与诉说身世的作品中得知，阎景翰先生本人，因早年在中学时期不明就里地填写过一份"三青团"的申请表，虽然经过审查没有什么问题，但却烙下了永远去除不掉的"污点"，留下了什么时候都可以问罪的把柄。为此，他比别人更勤奋更努力，更小心地行事，却依然被打入"另册"，长期不被重用。可以说，卫苍毫、赵萍生、陈至径等人的坎坷境遇与心路历程，先生都有相似或相近的经历，都有自己的切身的体味，他是把自己的经历与感受，自己的认识与思考，融入一个个知识分子的形象塑造之中，用"有我"又"无我"的文学方式，为总被"运动"肆意整治的知识分子秉笔，为辄遭命运磨难的文人学者代言。因而，故事特别引动人，人物格外感染人，并让读者从个人的命运联系到国家的命运，为之唏嘘和慨叹，更为之思忖和深省。

《天命有归》在艺术特点上可圈可点处甚多，比如以反差和对比的方式，状写不同人物的性格与性情；由优柔的叙事、优雅的文笔构成的温文尔雅的文风，等等。但我以为，更为独特也更为重要的，是投入自我激情，融入自我感受，直入人物内心，切入人物命运等主体介入，构成的"有我"的写作和"带入"的特点，这是《天命有归》这部作品葆有生命活力和精神内力的关键所在。从这个意义上说，《天命有归》这部作品，完全可以看作先生留给我们的最为重要的一份文学遗产。

2021 年 9 月 10 日于北京朝内

（作者单位：中国社会科学院）

土地的"困境"与人的"自由"

——论邹志安的爱情小说

陈瑞琳

内容提要：曾经的陕西一级作家邹志安虽然英年早逝，但他是一个不该被遗忘的作家。面对着土地变迁的"困境"，如何寻找人的"情感自由"，邹志安创作的"爱情心理探索"系列小说为此作出了宝贵的探索。他的作品特别表达了在中国人伦文化中的"人"与自觉的"人"之间的根本差别，并且在努力发掘着"人"的生存矛盾以及如何寻求理想的生存方式之间的重大差异，他的创作因此具有了深层启蒙的文化意义。他的近百万字以"爱情"为主题的数部长篇小说，以其独特的乡村视角，广阔的生存空间，庞大的艺术建构，特别是其中所蕴含的对于各种"人"的文化人格的剖析和批判，不仅在陕西作家群中独树一帜，就是在当代的中国文坛，如此深入广泛地探索"人"的情感世界，邹志安也是独有的"这一个"。

关键词：乡土文学；爱情心理；文化人格

引 言

20世纪80年代，在全球范围内都是一个文学艺术星光璀璨的年代。中国的文坛，冰雪解冻，春潮汹涌，尤其是陕西作家，被誉为虎狼之师，一直是站在中国当代乡土文学的制高点。来自陕北的路遥写出了城乡转折之间的深刻痛苦；深耕在关中平原的陈忠实，思考着历史宗亲的百年灵魂；从陕南走来的贾平凹，心里蕴积着乡村的挽歌；提斧野唱的邹志安，努力挖掘着古老乡村男女悲欢的野火荒原。从五四到当代，沉郁顿挫的"乡土文学"一直是中国文学的主流传统，在20世纪的80年代绽放了它耀眼的光芒。

1990年，陕西师范大学的文艺理论专家畅广元教授决定要编撰一本《神秘黑箱的窥视》，召集了五位年轻的教师，立意要对陕西的五位一级作家的创作心理进行"案例分析"，即由作家、评论家和青年学者共同针对作家的创作心理展开对话。被选中的五位作家是：路遥、贾平凹、陈忠实、邹志安和李天芳，担任先期文学批评的五位年轻学者是：李继凯、屈雅君、吴进、李凌泽和陈瑞琳。此书由陕西人民教育出版社1993年9月出版。出版之时路遥已逝，但他为此书留下了那篇著名的绝笔之作《早晨从中午开始》，邹志安也未能看到此书，他的那篇万言回应文也成为留在这个世界的最后绝笔。

三十多年过去，文坛更迭粉墨登场，但很少有人再提起邹志安，他几乎已被学坛所遗忘。这个只活了四十三岁的关中汉子，却留下了超过百万字的作品。拨开岁月层层的烟雨，再回首他的创作，依然可以看见在那激越的河流下面流淌着深刻的冲刷力和破裂力，身心不甘的邹志安，闪烁着他燃烧的双眼，立在那灯火的阑珊处。

一、一个无法被忘却的作家

邹志安，1946年出生在陕西礼泉，1966年毕业于乾县师范学校，历任礼泉县小学教师、县文化馆员，中国作家协会陕西分会专业创作员、理事、主席团委员。1972年开始发表作品，文坛认识他是在1980年，他出版了第一部小说集《乡情》。从1980年到一1990年，邹志安创作了一百多个短篇和十多部中长篇小说，其中的《哦，小公马》和《支书下台唱大戏》连获第七、第八届全国优秀短篇小说奖，一举跃上文坛。

令人惊叹的是，从1985年开始，邹志安以一年两部长篇的速度，连续推出了四部《爱情心理探索》的系列爱情小说，包括《眼角眉梢都是恨》《迷人的少妇》《女性的骚动》《多情最数男人》等，可惜第五部和第六部都未能出版。其喷发之猛烈，探索之深广，立刻得到了文学界的瞩目和读者的赞赏。

从《哦，小公马》里那愤愤不平的"载道意识"，到《睡着的南鱼儿》中对"人"的发现，再到《爱情心理探索》系列作品中对"人"的深层情感心理的勘探、挖掘，再到后期创作的《关中轶事录》对"人"的现实生存状态的冷静观照，清晰地标示着邹志安十年间走过的精神历程。这期间他经历了一次又一次"文学观念"的深刻变化，以极大的创作激情进入了一种自由、自觉的创作状态。

关于邹志安，他首先是中国乡土文化的赤子，千百年来早已被中国农民化解在人生态度之中的儒家积极入世的精神，潜移默化地使他敢于直面人生、承受苦难（少年家贫，身为长子，胞弟残疾，代为养育），敢于改造现实环境、追求社会理想（担任礼泉县委副书记之职）。当他不无信心走向文学之门的时候，就充满着一种"天将降大任于斯人"的使命感。

邹志安早年的短篇小说《喜悦》，表达的是真诚欢乐的时代信心。但在《哦，小公马》中，他很快就融进了现实的悲愤和犀利的批判。到了1985年创作的中篇《睡着的南鱼儿》时，邹志安即开始冷静地思考文学的根本力量在于启迪和建设人的心灵。读者喜爱"南鱼儿"，为她的毁灭而震惊，那是因为在南鱼儿身上有着宝贵的"人"的觉醒，有着实现自我价值的精神需求。"南鱼儿"形象的成功在邹志安的心中产生了强烈的撞击，他追问自己："人"究竟是什么？文学与人应该构成一种什么样的关系？由此，他的文学观念发生了质的飞跃，他开始寻找生命的真实困惑，寻找"自觉的人"和"和谐的人"之间无以调和的矛盾以及各自的悲剧意蕴，发掘着"人"的生存矛盾以及如何寻求理想的生存方式的重大文化主题。

四部已经出版的《爱情心理探索》系列作品，融会了邹志安四十多年的生活积累和情感积累，也是他最有代表性的创作收获。在这些作品中，邹志安能够超越社会的外部形态，剥开裹在人身上的层层精神外衣，对人的"内宇宙"展开了广泛的探视和深入的开掘，在深层意识上揭示了当代国人盘根错节的精神痼疾及其文化土壤，深刻地反映出了这些心灵共同作用下的某些社会面貌。作者将自己的聚光灯由一丛丛燃烧的爱情野火投向了广漠幽暗的文化荒原，在宏观上构成了一个具有悲剧特征的整体意象，令人震撼。

《爱情心理探索》的系列作品是邹志安主体创作能力相当成功的一次选择，它不仅在当年的大陆读者中受到欢迎，台湾出版界也出版了其中的一部力作《多情最数男人》。在邹志安访苏期间，苏联学者也投入翻译之中。进入不惑之年的邹志安，以自己独特的爱情小说创作，开始在华语文坛冉冉升起。

1989年，邹志安的创作进入一个转折关头，《爱情心理探索》系列因为第五部《独身女人》被拒绝出版，让邹志安驻足反思，他决计重新开疆辟土，不仅把目光放远，而且在艺术上开创另一种个人的风格，即在叙述模态上完成一个从直接表达到间接表达及至潜在表达的转换，作者的主体意识不再与人物的主体意识复合迭印，使作品呈现出一种自然的多义状态，这显然是邹志安创作生涯的又一次重大突破。

邹志安此后创作的《关中轶事录》，他掩匿起自己的情感判断，在冷静客观的白描技法中找到了多年渴望的一种审美境界——艺术创作中的"距离感"。如果说《爱情心理探索》标志着邹志安一次精神上的洗礼，那么《关中轶事录》则标志着他艺术上的一次重大飞跃。

在《关中轶事录》之一的《人病》中，作品通过对一个"精神怪病"患者反复发作、不断蜕变过程的描写，寓意深刻地反思了时代与人的无常和多变。显然，这已经不仅仅是传统现实主义的白描技法，作品中所隐含的荒诞色彩明显地具有了现代艺术的审美特征。令人惊喜的是，邹志安在艺术视角的转换中，找到了自己超越"土地阴影"的支点，他开始用一种全新的目光审视自己曾经热恋并沉醉其中的关中风情，在自觉的反思和理性的挣脱中走向了一种哲学的高度。

《关中轶事录》之二的《神宅》，是邹志安尝试艺术风格改变的又一力作。他的视点由乡镇转向了城市，在一所神奇的宅院里，不动声色地表现了五个家庭各具特色的生活追求和精神层次，反映了那个喧嚣的时代隐含在每个人内心深处的骚动和诱惑，客观地描绘了生存的艰难以及这"艰难"所具有的生存意义。作品在写法上以大量的个性化对白来表现人物的性格风貌，在冷静、客观的气氛中体现出"多义性"的特征，给读者以驰骋想象的艺术空间。小说中还特别描写了在那神宅的地下每晚夜半传出的神奇古乐，更使作品笼罩上一层神秘阴森的色彩，而作家对民族文化更深邃的思考恰就隐含其中。

1992年，雄心勃勃的邹志安突然陷入沉寂，这一年他被诊断出了癌症，不得不中断了自己心爱痴迷的创作。1993年1月16日，在路遥去世仅仅相隔一个月后，四十三岁的邹志安溘然长逝，他在病中说得最多的话是还有好多小说要写！

苦难深重的陕西作家，除了路遥、陈忠实等，邹志安也是一位吐血般笔耕的探索者。他留下的作品，不仅是陕西文坛的绝唱，也是那个时代中国文坛的奇异硕果。尤其是关于中国乡土文学的情感内涵和外延，邹志安做出了他不可磨灭的贡献。

二、原与野火：邹志安小说的"爱情意象"

在百万言的"爱情心理探索"系列作品中，从少男少女眼角眉梢的恨，到迷人少妇的无尽哀怨；从女人不安的骚动，到男人痴迷的多情；从精神觉醒终被毁灭的"南鱼儿"，再到个性坚强、执着追求的知识女性吴冲；从乡村到城市，从恋爱到婚姻，邹志安真是极尽了笔墨，多方位地构筑了一个纷纭复杂的人类情感世界，成为我们观照当代生活的一面镜子。

解析邹志安构筑的"爱情世界"，发现他首先是把爱情的心理放在了社会、时代的现实背景之下，将人性的缕缕折光作为透视人物的焦点，由此来表现历史的转折年代人的困境以及对人的生存状态的悲剧性思考。这些作品涉及政治、经济、法律、文化、道德等社会生活的各个领域，不仅需要作家具有人类学、心理学、性文化学的丰富知识，还需要有追求真实的探险精神。可以说，邹志安在他的"爱情世界"里，不仅描绘了中国乡镇生活的巨幅画卷，更在一定意义上对整个民族的心态作了一个审美概括。

爱情，从来就是文学的宠儿，它一直在推动着人类寻找"自己"，社会的每一次发展和变革，似乎都会在人的爱情生活中显示出特别的征兆。20 世纪 80 年代的"新时期文学"，爱情主题在历次的思想解放运动中最为耀眼夺目。正像鲁迅所说的，从"爱情"里人们听到了"醒过来的人的真声音"①。所以，描写"爱情"，揭示"人的觉醒"，揭示人所具有的全部社会关系以及一个民族所独具的文化心态，正是邹志安创作爱情小说的出发点。

很显然，邹志安是从人生哲学的高度来崇尚"爱情"的，他始终把"爱"当作生命中最耀眼的光彩，看作是世界"美"的源泉，这在他《多情最数男人》中所塑造的刘八老汉身上有着明彻直观的体现。然而，邹志安又对真正爱情的实现抱着十分悲叹的态度，几十年对人生风雨的体察，使得他坚信真正爱情的实现仍然是社会精神与物质的全面解放。因此，他的目光更多地停留在种种"异化了"的爱情上，一方面活画出一幕幕长歌当哭的爱情悲喜剧，一方面将笔触伸向了时代的潜流和历史因袭的角落，客观地展现出当今社会在诸多的外在力量束缚下人的感情挣扎，呼喊出了对社会进步的深切渴望。

为了深入探索人的"爱情心理"，邹志安将笔伸到了"人性"的深层，尤其是"性心理"的领域，他要在人的"本质力量"里来透视"人性"向正反两个方向发展的心理可能：一个是朝着单纯动物性的破坏本能发展，从而使人性堕落为动物的原始欲望，成为阻碍历史文明进化的惰力；另一个可能则是朝着马克思"人是人的最高本质"的目标发展，即将人的生物内驱力转化为文化内驱力，从而使人在沐浴爱欲幸福的同时成为推动社会前进的动力。值得注意的是，由于邹志安在"爱情观"上强烈的悲剧意识，使得他在文本的"探索"中更多地表现了前一种发展的可能，即在"阴阳"相交的搏斗中，演化出无数"破坏本能"恶性膨胀的人间悲剧，从而展开了他对"人性"阴暗面的鞭笞，以及对现实文化土壤的审视和批判。他笔下的男男女女，仿佛是从祖辈那古老的血液里点燃起的丛丛野火，恣意扭曲地在一片文化的荒原上燃烧。有的在痛苦的"自焚"中化为灰烬，留下了人的丑恶和悲凉；有的则在燃烧中腾跃升华，灼热着这块凝重苦涩的土地。这丛丛的人性野火，既是雄奇苍茫的关中平原万物生长、绿荫覆地的"光源"，也是关中人祖祖辈辈挣扎不出的苦难之窟。它就像一面凹凸不平的镜子，折射出我们这个民族之所以步履艰难的文化阴影和积淀深厚的心理根基，也照出了这忧郁辛酸的土地对新时代文明的倾心渴望。

中篇小说《宽宽的短袖衫》可以看作邹志安笔下"荒原意象"的一个总体象征：那

---

① 鲁迅：《随感录·四十》，《鲁迅全集》（第二卷），同心出版社 2014 年版，第 19 页。

蒙昧、混沌的土地，横流着"钱"和"性"的欲求，但是这"荒原"已开始萌醒，开始懂得"爱情"。粗糙的关中汉子二琼爱上了一个神秘的女人——卢可苏，这女人不属于这块土地，她来自另一种文化，这"文化"对二琼是陌生的，但却诱惑得他不能自己。作者把荒原表现得躁热而混乱，充满渴望，其中的人物也富有浓郁的象征色彩。这部作品无论就其思想光彩还是它那通篇充溢的不可扼制的气韵之美，都可谓是邹志安小说中的佳品。

近距离观照邹志安所创造的爱情世界，那些生生死死的人物令人有些眼花缭乱，他们或在政治势力的较量中翻滚挣扎，如刘八老汉、姚真姑娘；或在物质金钱的诱惑下引火烧身，如刘小虹；或在社会道德的熏教下牺牲奉献、陷入迷惘困惑，如杨莲莲；或在"原始本能"的呼唤下沉入炼狱，如杨大兰。痛苦如《心帆，为什么飘摇》中的王为，矛盾如《女性的骚动》中的高乃云，忠诚如《多情最数男人》中的刘忠，坚贞如《女性的骚动》中的紫爱，愚昧如《女性的骚动》中的欢欢，丑恶如《女性的骚动》中的解林宇，卑鄙如《多情最数男人》中的刘超……人祖给了这些人物"伊甸园"的诱惑，然而古老苍凉的荒原却为他们铺开了精神厮杀的战场。在这战场上，有灵与肉的觉醒，也有人性的沉沦，情与理，人与兽，荒原与野火，在较量，在拼杀，在爱河恨海中浮沉挣扎，邹志安为我们活生生地呈现了这泥沙俱下的社会图景，录下了这芸芸众生歌哭悲欢的面影。

在邹志安笔下的"芸芸众生"里，有刚入校门、情窦初开的大学生，有在泥土中休养生息的农家女，有勃勃朝气的迷人少妇，也有"雄才大略"的英俊汉子，上至专员、县委书记，下至卖冰棍的少女、工人、农民、军人、医生、教师、演员、推销员、电影导演……各行人物，尽在其中。这些人物大多是"荒原"的主人，从精神本质上看，他们始终生活在传统文化的氛围里，完全按照传统的方式生活着。虽然面目复杂，但都"还没有从心理、思想、态度和行为方式上经历一个向现代化的转变"。与这种"传统人"不同的是另一类异化、扭曲的人物，他们在现代文化潮流的冲击下，在两种价值观撞击的旋涡中，片面地接受了某些新文化中的糟粕，使人性向畸形发展，从而不仅给自己，更给别人酿成了人生悲剧。他们的行为方式不仅偏离了现实原则的轨道，同时也破坏、玷污了时代文明的本质精神。

毋庸讳言，邹志安在他的人物世界中并没有着力塑造真正理想的性格，即使是在个别的真诚地寻找人类幸福的男人和女人身上，他所表现的也只是一种清醒后无路可走的痛苦和无力挣脱命运束缚的悲剧情感。这正反映出邹志安在"文化反思"历程中所经历的精神挣扎：他敢于正视自己的"土地"，却找不到精神依托的"乐土"，但他成功地将这斑驳陆离、色彩缤纷的大千世界生动地展示出来。他仿佛是一个老练的厨师，将人生的"菜"一盘盘端在读者面前，色、香、味虽不俱全，却辛辣扑鼻、耐人咀嚼。换句话说，他不想将作品写成哲人的寓言，而只想用自己的激情写出生活的热气和血腥。

探索邹志安的创作心理，农民出身的邹志安最早接受的"文化"是"衣食为本"的民间道家理想，这使得他始终站在朴素、唯物的立场上观照人生，特别是关注人生中的"饮食男女"；而中原民间文化的乳汁又培育了他源于历史豪迈的浪漫情感，这使得他的创作烙下了浓郁的秦汉文化的精神气韵。儒家氛围中长大成人，又决定了他不可能踏入超越人伦五行的幻想天地。在传统现实主义的轨道上，再加上多年来对人生世相的努力研析，更使得他的人生哲学中灌注了一种"佛学"的灵明和"悟道"的智慧。如果从精神现象学的角度考察，邹志安的创作动力一方面来自他对人生苦难的征服欲，另一方面正是来自他内心深处无以排遣的压抑感和寂寞感。任何一个有成就的作家，灵魂里都有巨大而沉重的痛苦，邹志安的"大痛苦"一方面来自他个人的坎坷人生，包括他的情感缺欠，另一方面是来自他对理想人格的苦苦追求。他需要宣泄自己的精神苦闷，需要释放自己的情感焦虑。正是在这个意义上，创作，不仅成为他实现"自我"的重要手段，同时也是他完成生命体验的艺术补偿。《爱情心理探索》的系列作品应该说正是他内心"大痛苦"的直接产物。

在邹志安的审美理想中，除了对"善"的尊崇之外，还有他对土地的深深眷恋。"土地"已成为邹志安人格的依托，以及他人牛自信的精神支点。离开了"土地"，他便失去了自己内心深处最隐秘、最温暖的那个情感圣地。所以，很难想象他如果抛弃了"土地"所赐予的"平民文化"，他将面临怎样的文化挑战，或许就面临世界观的转换，这转换无异于"脱胎换骨"，它需要战胜旧有的"自我"，需要重新寻找精神人格依托的感情土壤。三十岁以后的邹志安，并不想做一个地道的"乡土作家"，在他深重的忧患意识里，他渴望销蚀掉"土地"为自己打下的精神烙印。但是，血脉中与"土地"千丝万缕的联系使得他如同"戴着脚镣"举步维艰。

进入不惑之年的邹志安，已经看到了八百里秦川——这块华夏文化中最沉重的土地对人的封闭和阻滞，也看到了自己故乡的亲人在这片"荒原"上所经历的人世沧桑，他开始用新的时代眼光重新审视自己所依属的乡土文化，但他好像就是那悬在半空中的登山者，看清了自己脚下的沟沟壑壑，却还无法看到悬崖上明丽开阔的风光。正是这种艰难蜕变的创作心态，使得邹志安在"爱情心理"小说的探索中常常提出尖锐而严峻的人生课题，但在人物形象的价值取向上和生活伦理的审度上表现出难以把握的困惑，尤其是在"文明与道德"的二律背反的关系中，常常陷入自相矛盾的焦虑心态。他一直在寻找"爱"的平衡，表现"爱"的艰难，但却未能进一步挖掘出完善"爱欲"的正面力量。

在邹志安的笔下，一直弥漫着这样的困惑：何为人的真正权利？何为爱的自由？很显然，"善"并不是爱情的本质含义，"快乐原则"也不是。如何在"快乐原则"与"现实原则"之间找到文明发展的途径？这已经不仅仅是邹志安的困惑，应该说也是我们整个民族甚至是人类的困惑。"文明发展的唯一途径就是破坏性快乐原则与现实原则之间的前历史的统一"①，只有站在这个高度上，爱情心理的探索才会有真正突破性的进展。

然而，邹志安小说的意义，在于他真实地写出了人类在现阶段异化的爱情和婚姻中所面临的全部复杂性和深层困惑，他所描绘的一卷卷生活图景，正反映了我们的社会还不能提供充足的、完全合理的满足人的精神道德的一切必要条件，所以，他笔下人物的悲剧命运在一定意义上又是历史必然性的产物。所谓的邹志安的"困惑"，并不意味着作家理性精神的委顿，在无比复杂的世界面前，这种"困惑"正包含着邹志安咀嚼现实痛苦的无畏勇气和强健深邃的思考实力，同时也流溢着他对人生理想的执着追求。世界越是无法理解，就越是唤起人的一种悲剧性努力。邹志安看到了人类永远趋向完美又不得完美，他悲观；而看到人类不得完美又永远趋向完美，他又乐观起来。为此，他在小说中一直积聚着"心灵反抗"的力量。

三、河床下的激流：邹志安小说的"心理分析"

歌德说过：艺术的形式"对大多数人来说都是一个秘密"②。邹志安的小说显然不是思辨的产物，而是由活生生的感性意象构成的一个雅俗共赏的艺术空间，在激越的文字河流中，流淌着生活本身散发出的灼人魅力。

探讨邹志安的叙事个性，首先是他对"戏剧情节"的热衷和关注。他不像路遥，善于沉缓平和地描述着平凡而又不平凡的生活流程，将一切的忧郁激愤浸透在生活的背后。邹志安喜欢浓墨重彩地表现生活中的大波大澜，喜欢将人物推向矛盾的高潮，甚至让他们面临生死的选择。他的这一审美心态使得他的作品总是充满了夺人心魄，甚至有些残酷的情节，如《漂亮的鼻子》中的丁练练最后被咬掉了鼻子，《不怕重复的故事》中的刘梦生医生最后不惜割断了晁蕊儿的输卵管，《女性的骚动》中那个农夫竟然狠心剁伤了妻子的手指，《眼角眉梢都是恨》中刘小虹的母亲歇斯底里地大闹考场，《女斗》中的惠惠当众被扒掉了裤子受辱，还有身怀六甲却被情人残暴伤害的格荣，新婚之夜被野蛮蹂躏

① ［美］赫伯特·马尔库塞：《爱欲与文明》，黄勇、薛文译，上海译文出版社1987年版，第106页。
② 《歌德谈话录》，转引自黄子平《关于〈沉思的老树的精灵〉》，《文学评论》1987年第4期。

的姚真，以及变态入狱的杨大兰等，读来都是惊心动魄。这些情节的设置并非游离于作品的主题表达，恰恰相反，跌宕起伏的情节正造就了人物无可摆脱的悲剧命运。邹志安的这些作品，总是让人想起秦腔剧中的紧锣密鼓，想起千百年来关中土地上的汉子提斧野唱的壮怀激烈。邹志安喜欢讲"故事"，但他的故事里很少有越剧的缠绵，也不是京剧的傲岸，而是一种充满了苦难意识的嘶哑悲唱。沉郁的土地造就了关中人独有的情感宣泄方式，而这正成为邹志安艺术气质的血脉之源。特别是他的语言风格，透视出他的审美意识与关中戏曲的天然联系。这种渗透在邹志安骨子里的"关中人的情怀"，使得他与陕西文坛上其他的作家区别了开来，如贾平凹的山地灵秀、路遥的黄土沉厚，如果说陈忠实和邹志安都是关中大地孕育的"文学正果"，那么陈忠实的作品主要是来自纵向的历史性坐标，邹志安的作品则是指向了横贯的现实坐标。

此外，邹志安创作的《爱情心理探索》系列小说，其艺术魅力很大程度上归功于人物心理分析的精彩。他笔下的心理分析，与西方小说绝然不同，并非孤立的人物内心的意识流动，而是与人物当时所处的环境紧密相融，特别是从人物鲜明的个性特征出发，来展示其内心的复杂情绪。尤其是作者毫不讳避人物的许多潜在的，甚至是阴暗的心理活动，这使得邹志安笔下的心理分析具有强烈的现实真实感。

1986、1987 年曾被当代评论界称作"性探索年"，此间邹志安在小说中所表现的大量"性意识"，既不受弗氏理论的影响，也迥异于自然主义的直观表现，而是在一种"审丑意识"的支配下致力于生活原色的描绘。他一方面肯定人物的"饮食男女，人之大欲"，一方面正视人物灵魂深处的恶与丑。他认为爱情心理永远不可能游离于"性心理"，"性火"不仅是情爱的生理基础，同时也构成了"人"最神秘、最有力的一种存在。人类的性爱活动有三个重要因素，一是爱情，二是性欲，三是道德，这三者互相关联，互相作用，共同构成了一个稳定的三角形。而缺少其中任何一个环节，性爱就不可能完满健全。邹志安笔下的种种爱情悲剧正是这"不完满健全"的逐一体现。他的作品中更多地是表现没有"爱情"的"性欲"和没有"道德"的"性欲"，因此，"性与暴力"就成为一个重要的表现内容。这是一个古老而永恒的文学母体，"性"既通向人类的幸福，也根连着人类的苦难，在"性与暴力"中，既隐含着人类悲剧命运的生命密码，也为我们揭开了"人性"深处的苦涩枷锁。

需要指出的是，在邹志安小说的"性心理"描写中，他主要是表现"情"与"欲"的分离，特别是人在"欲"中的堕落和毁灭，但如果与当代文坛的"涉性小说"横向比较，就会发现邹志安很少将"性"的力量作为一种生命力爆发的正面体现，如莫言的《红高粱》、洪锋的《生命之流》等。如果再做纵向的比较，五四时代的性爱小说所表现的主题已经是精神的自由与行动的不自由、理想的高扬与现实的制约，觉醒的人与不成熟的历史条件之间矛盾和痛苦,是"爱情"的反叛以及与"卫道者"的斗争。郁达夫当时就强调过人的种种情欲中间,最强而有力、直接摇动我们的内部生命的,是爱欲之情。在五四时代的性爱小说中,作为人性的基本元素和人的重要本能的"性欲",不但获得了存在的权利,而且具有了"美"和"善"的理想品格,人们所关心已不是"结婚的,还是私通的",而是"相互的爱"。但是,邹志安笔下的"性心理",还主要是"欲望"的期待觉醒,而不是"觉醒了的欲望"。在表现"性掠夺"的残酷与深刻上,台湾女作家李昂的《杀夫》堪称空谷足音,孤女林市不堪性虐待的奋起反叛,其批判锋芒直指传统的人身依附式婚姻。可是邹志安笔下的欢欢,却还是逆来顺受,只敢在梦里想象一点自己的快乐。然而,尽管存在着这样的主题错位,邹志安的独特贡献依然在于他大胆地揭开了当代中国"文化荒原"上"性"的魔瓶,让人们观照到了"丑"的生活原色,那真正属于成熟男女惊心动魄的情感欲望还是一个迟迟不到的彼岸。

尤其难能可贵的是,邹志安一直在寻求"变化多端"的表现形式,他调动了各种写作的手法,在内部世界与外部世界的糅合参照中强化了环境对人物心灵的铸造和制约,他时而让人物独立苍穹,长歌当哭;时而组建起多声部的复调轮唱;时而内心独白、自由抒情;时而意象迷乱,虚实变幻。在艺术的殿堂里,他可谓上下求索,痛快随心地狂舞。

结　语

面对邹志安这样一位似流星闪过、绝无仅有的陕西一级作家,评论界几乎从未展开过深入细致的研究和剖析。邹志安虽然早逝,但他的创作努力,尤其是他作品中所蕴含的有关当代乡土中国在政治、经济、文化、法律以及道德心理层面的种种探索,不仅在陕西独树一帜,就是在整个华语文坛也是少有的。尤其是他对"爱情心理"的全面开拓,以及他对传统审美方式的再创造,都使得他在陕西作家群中成为一个难能可贵的存在。

丁帆先生在评金春平《边地文化与中国西部小说研究》时曾引用了这样的话:"西部小说的苦难体验主题,由于西部边地与中东部地区在经济、政治、文化领域发展的差序性而显得异常沉重和普遍,苦难从日常生活、历史记忆和文化生存等方面构成了西部民众的外迫性力量,而超脱苦难境遇的生存姿态以及在消解中所形成的集体民族性格,也构成西部小说拯救苦难的文化理念模式。随着全球化和现代化进程的加快,西部边地进入了前现代、现代和后现代文明同时演绎的历史境遇,面对这一时代性难题,西部作家集体性陷入了对现代性认知的悖论当中,这种焦虑不仅体现为作家对自我身份认同的分化，表现在对乡村、都市以及乡村都市化和都市返乡化的不同价值判断上，还包括民族作家对现代性与民族性冲突的生存体验差异，造成西部小说本土化叙事的集体困境。"①所以说，这种困境不仅仅是西部小说的困境，也是中国当代乡土文学的困境。如何去突破？路遥、陈忠实、邹志安都已逝去，后来者正在路上。

　　　　　　　　　　　　　　　（作者单位：陕西师范大学人文社会科学高等研究院）

---

①　丁帆：《"边地文化"与"文明等级"》，《文艺报》2018年12月28日。

陕西当代文学崛起原因探析

——陕西七十余年来的文学考察

梁　颖

内容提要：陕西文学在当代文坛的两次崛起均有着复杂的原因，天时、地利、人和缺一不可。三因素纠缠交融，又处于动态的互相转化中。本文认为以"笔耕文学研究组"为代表的评论家与陕西作家之间极具张力的"冲突"关系是一种非常特殊的"人和"表现，且逐渐由外因转化为内因，极大地促进了陕西文学的健康发展，极具示范意义。最终这些因素形成合力，有效地推动了陕西文学的发展，使陕西成为拥有众多著名作家的当代文学重镇。

关键词：陕西当代文学；崛起；原因

陕西当代文学有过两次辉煌。第一次是新中国成立后到 1962 年，陕西文坛涌现出柳青、杜鹏程、王汶石、魏钢焰、李若冰等著名作家群体；第二次是"新时期"初到 20 世纪 90 年代初，路遥、陈忠实、贾平凹等作家各自以不俗的创作实绩在当代文坛占有着举足轻重的地位。陕西文学在当代文坛的这两次崛起均有着复杂的原因。笔者以为，作家们各具个性的艺术创造是最重要的原因。限于篇幅，此处不赘。此外，天时、地利、人和缺一不可，它们一起促成了陕西文学的崛起。在这三者中，最重要的是"人和"。在"人和"中最具价值且可遇而不可求的是以胡采和"笔耕文学研究组"为代表的评论家及其评论，这些评论本就是陕西文学不可分割的组成部分，且在评论家与陕西作家之间极具张力的"共生""冲突"关系中逐渐由外因转化为内因，极大地促进了陕西文学的健康发展。下面拟详述之。

一

　　法国 19 世纪杰出的文学批评家泰纳认为，文学艺术的发展是由"种族、环境、时代"三因素决定的，这是很有见地的。别的不说，陕西当代文学的两次崛起就跟时代的因素密不可分。陕西文学的第一次崛起是在新中国成立后到 1962 年间。尽管建国初期政治运动频仍，但在 1962 年前，"文革"尚未来临的这段时间，陕西作家们并没有受到大的冲击，总体上能在一种比较平静的环境下生活，这为他们的写作提供了必不可少的前提条件。这一时期陕西最著名的作家柳青、杜鹏程、王汶石，评论家胡采由延安而来。众所周知，"十七年"文学在很大程度上沿袭了 1942 年后延安文学的整体特点与创作风貌，而来自延安的柳青、杜鹏程、王汶石的文学创作，胡采的文学评论，因为天然地保留着与 1942 年后延安文学的血肉联系，更易引起"十七年"时期主流文坛的注意与肯定，这无需多说。

　　这一时期，陕西作家引起全国瞩目，很重要的一点是他们的创作与时代生活保持着同步共振。柳青的《创业史》反映的是农业合作化运动给农民生活和心理带来的变化；杜鹏程的《保卫延安》虽然写的是革命战争生活，但也符合新中国建立之初人们回味刚刚过去的胜利的心理需求。此外，杜鹏程的《在和平的日子里》、王汶石的《风雪之夜》都对生活中出现的新考验、新变化做出了迅速的反应。

　　"新时期"以来，陕西第二代作家的创作也很贴近时代。路遥的《人生》敏锐地呈现城乡差异巨大的时代给农村优秀青年带来的人生道路选择上的艰难；《平凡的世界》写的是"新时期"之初陕北人民生活状况和精神面貌发生的变化；贾平凹的《浮躁》准确地传达出"新时期"初"浮躁"的社会心理和时代情绪。20 世纪 90 年代后贾平凹的《废都》《高兴》《秦腔》《带灯》《极花》等无不是社会生活或一侧面的烛照。陈忠实 20 世纪 80 年代中期以前的创作也无不打着时代生活的烙印。其次，时代因素对于陕西第二代作家的意义在于，只有在"新时期"思想解放的宽松氛围中，在对西方文学的广泛借鉴中，贾平凹的《废都》、陈忠实的《白鹿原》这些有较多性描写的作品才有可能发表。也只有在这样的氛围中，作家才有可能反省以前的创作，更新思想，与以前的创作理念实行"剥离"，路遥、陈忠实、贾平凹们正是借此实现了创作上的突破，从而再次提振了陕西文学的声望。

　　从地利上说，延安就在陕西境内，战争时期大批优秀的文学家曾会聚于此，新中国成立后因为地缘上的便利，他们中不少人又来到西安。因此，陕西作协中来自延安的文学家就比别的省份更多，这是其他省份所不具备的。西安距离陕北不远，生活环境、文化、语言差别不大，这使这些作家来到西安后仍能在相对熟悉的环境中写作，不存在生活的隔膜问题，在描写生活时能更加裕如。西安是十三朝古都，传统文化积淀深厚，同时又是陕西的省会城市，高校林立，学者众多，文化氛围浓厚，为作家创作提供了优越的外围环境。同时，更细致地分，陕西从自然地理上分为陕北高原、关中平原、陕南山区三个板块，而陕西"新时期"最著名的三个作家路遥、陈忠实、贾平凹恰好分别来自这三个不同的地理板块。这三个地理板块各自有别的地域文化，从精神气质上又深刻地滋养了这三个作家，最终必然给他们的作品打上鲜明的地域文化烙印。

人们常将天时、地利、人和三因素并称。但其实在陕西当代文学的发展过程中，三因素并非并列关系，它们错综复杂，纠缠交融，如前述"天时"和"地利"本身就难以分解，且处于动态的互相转化中。这些来自延安的作家、评论家不仅带来了延安文学的诸多气质，也带来了工作上的延安作风，这样天时、地利又很自然地转化为"人和"，为陕西当代文学的辉煌奠定了基础。三因素中，"人和"最为重要。

笔者以为，"人和"，在陕西文坛首先表现为陕西作家协会对文学活动所起的很好的组织、管理作用。陕西作家协会的前身是中国作家协会西安分会，其成立大会于1954年11月8日召开。大会选举马健翎为分会主席，柳青、郑伯奇、胡采为副主席。在主席团成员中，除郑伯奇外，其余全是从延安来到西安的作家、评论家。由于中国作家协会陕西分会领导多来自延安，其对文学和对文学的功利目的格外重视，对文艺的组织、管理方式也沿袭了延安时期中共的理念。

通过开讨论会、座谈会，请著名作家、学者讲课来交流信息、切磋思想、激活文学细胞是中国作家协会西安分会从创办之初就形成的一种独特工作方式，很有延安之风。此后，开会逐渐成为一种常态和惯例。这种传统和制度一直延续到了"新时期"。在各种会中，有一次特殊的会对陕西文学起到了很大的促进作用，有必要重点剖析。"新时期"以来，全国文学创作呈现一派繁荣景象，而陕西作家虽然中短篇小说迭出，且已有七篇短篇小说和两部中篇小说获得全国短篇小说奖和中篇小说奖，却直到1985年尚未有一部长篇小说出版，以至于连续两届"茅盾文学奖"评奖，陕西拿不出作品参评。陕西长篇小说的创作严重滞后。面对这一现状，1985年8月20—30日，中国作协陕西分会于延安、榆林召开了长篇小说促进会。路遥、陈忠实、贾平凹等作家悉数参加。"会议讨论了国内长篇小说的发展状况，深入分析了陕西长篇小说创作落后的原因，制订出三五年内陕西长篇小说创作的规划。会上，有几位作家当场表态要写长篇小说。会后，路遥就留在了延安，开始写《平凡的世界》第一部。"[①]

---

① 邢小利:《陈忠实传》，陕西新华出版传媒集团、陕西人民出版社2015年版，第154页。

　　显然，这次会议分析并致力于解决制约陕西长篇小说创作的种种不利因素，使陕西作家普遍产生了创作长篇小说的紧迫感和使命感，创作规划的制订也赋予作家们开辟新的小说创作领域的勇气与自信，使他们自觉地投入到长篇小说的创作中去，直接催生了陕西文学"新时期"以来的第一个长篇小说创作高潮，填补了长篇小说领域的创作空白。1986 年 12 月路遥的《平凡的世界》第一部单行本由中国文联出版公司出版，1987 年贾平凹的《浮躁》发表于《收获》第 1 期，9 月贾平凹长篇小说《商州》由北京十月文艺出版社出版，随后就出现了一批长篇小说，"据不完全统计，1987 年有十三位作家发表和出版了十六部长篇小说"。[①]单从作品数量就足以说明，这次促进会起到了"促进"创作的作用，值得肯定。更何况，陕西作家长篇小说创作虽然起步晚，但起点很高。路遥的《平凡的世界》后来获第三届"茅盾文学奖"；贾平凹的《浮躁》也引起了广泛反响，1988 年获美国美孚石油公司"飞马奖"。此后，陕西作家长篇小说创作一发而不可收，出现了晓雷、李天芳的《月亮的环形山》，王蓬的《水葬》，莫伸的《山路弯弯》等长篇小说，陕西作家长篇小说创作进入活跃期。对此，陈忠实说："这主要是作家创作的自然发展，不能完全归于一次'促进会'的功能，但有一点是可以肯定的，即当时作家协会负责人对陕西文学创作态势的把握和对这一茬中青年作家创造能力的判断是准确的。'促进会'恰当其时起到了促进的作用，促进了陕西长篇小说创作局面的打开。"[②]陈忠实的评价是公允的，符合历史事实。

　　调创作成绩突出者入作协，是陕西作协培养青年作家的又一有力举措。路遥、陈忠实、邹志安、京夫、冯积岐等在创作上崭露头角后，都先后成为陕西作协驻会专业作家。其中，路遥、冯积岐在调入作协的过程中，虽多波折，大费周章，但在陕西作协相关领导的努力与周旋下，终于如愿以偿。成为驻会作家后，作家协会不仅使这些青年作家有了强烈的归属感，而且为他们提供了各种创作的便利条件，使得他们能够排除杂务，沉潜下来阅读思考，投注全部精力于创作中，为他们的创作提供了时间保障。这些生活问题的解决，为作家们心无旁骛地向文学高地攀升，提供了无法忽视的前提条件，其重要性同样不可小觑。

　　其次，"人和"表现为《延河》编辑们对青年作家的发现与扶持上。中国作家协会西安分会成立后，便着手筹办文学刊物，以给作家们提供一个展示作品的平台。1956 年 1月 26 日经中共陕西省委批准，刊物定名为《延河》。《延河》创刊后，编委会由胡采、杜鹏程、戈壁舟等十三人组成，由于《延河》是中国作家协会西安分会的会刊，《延河》编委同时也是作协领导，因此《延河》事实上就成了中国作家协会西安分会的转化形态，

---

　　① 王愚:《王愚文集》(第四卷)，西安出版社 2013 年版，第 293 页。
　　② 陈忠实:《关于陕西长篇小说创作的回顾与展望》，《小说评论》1995 年第 4 期。

前所述及的中国作家协会西安分会对文学活动的"组织"和"管理"方式自然集中体现在《延河》的编辑工作中。

自 1956 年 4 月 10 日《延河》创刊号出版至 1962 年,《延河》发表了无数在当代文坛产生过很大影响的作品,陕西作家柳青的《创业史》、杜鹏程的小说《在和平的日子里》《夜走灵官峡》,王汶石的小说《沙滩上》《黑凤》,李若冰的散文《柴达木手记》等都是在《延河》上刊载后引起很大反响的。

除了对陕西上述著名作家作品的隆重推介,《延河》编辑们还发现和扶持了一大批青年作者:1973 年《延河》复刊,更名为《陕西文艺》,创刊号上刊载了路遥的短篇小说处女作《优胜红旗》和陈忠实的散文《水库情深》[1];1974 年第 11 期《陕西文艺》发表了贾平凹的短篇小说《两个木匠》,之后,《陕西文艺》连续两年编发贾平凹的小说。[2]众所周知,路遥、陈忠实、贾平凹日后成为陕西文坛最著名的三位作家,这与《延河》编辑早年对他们的挖掘和扶助不无关系。此外,邹志安、京夫、王蓬、谷溪等都是在《延河》上进行了最初的文学操练,从而崭露头角的。

在"发现"之后,紧接着借调,是《延河》编辑部培养那些创作上具有潜质的青年作家的一个行之有效的后续措施。早在 1974 年冬,时在延安大学读书的路遥就被《陕西文艺》借调到编辑部,在小说组协助做小说编辑。《延河》以这样的方式,先后借调的青年作家有:白描、叶延滨、叶咏梅、牛垦、徐岳、王晓新等。[3]在做编辑期间,这些青年作家接触到大量的稿件,开阔了视野,对文坛的各种动态了然于胸。同时,阅读也是一种学习。这对这些青年作家在文学上的提高起到了深远的影响。

通过开会的方式交流文学信息,切磋思想,提升作家素养是中国作家协会西安分会的优良传统,由于《延河》是作协的会刊,当然就继承了这一传统。在《延河》编辑部召开的众多会议中,有一次会议至为关键,无法绕过。1980 年夏,《延河》编辑部在陕西太白县召开农村题材短篇小说创作座谈会。在会上,评论家和作家们以诚相见,畅所欲言,共同感到获益匪浅。亲历者陈忠实说:"我从事创作、发表作品以来,还从来没有这么多同行和评论家给自己的作品挑毛病。"[4]作家王蓬回忆:"那次会议开得过硬,每人带上自己已经发表的代表作品,互相传阅,然后一个作者一个作者地讨论,先自己谈,

---

① 陕西省作家协会编:《陕西省作家协会大事记(1954—2014)》,陕西新华出版传媒集团、太白文艺出版社 2014 年版,第 36 页。

② 陕西省作家协会编:《作家与作家协会》,陕西新华出版传媒集团、太白文艺出版社 2014 年版,第 212 页。

③ 陕西省作家协会编:《陕西省作家协会大事记(1954—2014)》,陕西新华出版传媒集团、太白文艺出版社 2014 年版,第 37—38 页。

④ 同上,第 55 页。

完了大家评论，议论不足，分析失误，相当扎实。"①这种专挑毛病，面对面带有诊治效果的会议在全国都是比较罕见的。

会议进行到最后，决定发一期"陕西青年作家小说专号"，向全国推出陕西青年作家。于是，1981年元月，评论家胡采为之作序的"陕西青年作家小说专号"问世了，路遥、陈忠实、贾平凹、邹志安等九位青年作家的作品以"集束炸弹"的方式向文坛推出。这是陕西作家首次以群体的阵容在当代文坛亮相，影响很大。1981年，中国作协选定湖南和陕西，作为新时期南北两个形成作家群体的省份交流经验，个中意义，可见一斑。可以说，《延河》在陕西文学发展历程中，起着难以忽视的作用，扮演着无可替代的重要角色。

复次，"人和"还体现在陕西文坛的代际更迭过程中，前辈作家对年轻作家的熏陶与指导。在陕西当代文学的两次崛起之间，虽然经历了"文革"十年的阻隔，但精神流脉却并未断绝。特别是"新时期"初期，陕西作家所受的来自柳青、杜鹏程、王汶石等的影响痕迹还很浓重。这跟第二代作家与第一代作家的密切交往有着莫大的关系。第二代作家中的领军人物路遥对此并不讳言，甚至在一篇文章中称柳青为自己的文学"教父"。柳青反映时代生活、关注农民心理细微变化的现实主义创作给路遥以潜移默化的影响。而后来由于工作关系和柳青的多次接触，使路遥有机会亲聆柳青的教诲，并通过对柳青言传身教的回味和揣摩提升自己作为作家的综合素质。杜鹏程是另一位对路遥产生深刻影响的老作家。杜鹏程的人民性、自我折磨式的伟大劳动精神，都曾强烈地影响了路遥。②路遥不仅在叙事风格方面继承了杜鹏程的气势磅礴，也在诚实的、献身式的劳动态度方面与杜鹏程如出一辙。

陈忠实在文学创作生涯中也深深受惠于前辈作家的悉心指导。对陈忠实影响最大的陕西作家，首推柳青。陈忠实对柳青《创业史》的研读时间长达十余年。如此，要说《创业史》没有在无形中滋养和培育陈忠实，恐怕很难令人信服。别的且不说，陈忠实早年创作中关注时代变化、贴近生活、贴近底层民众、富有乡土气息等特质，就很有柳青之风。难怪早年在陕西文坛，陈忠实便有"小柳青"之名。

前辈作家对陈忠实创作的关注和无私奖掖也是促成他在文学道路上走得更远的一个重要因素。1979年6月，陈忠实在《陕西日报》发表了短篇小说《信任》，受到了老作家杜鹏程的赞扬，令他感动，也增加了他的创作自信③；另一老作家王汶石也对这篇小

---

① 陕西省作家协会编：《作家与作家协会》，陕西新华出版传媒集团、太白文艺出版社2014年版，第132页。
② 路遥：《杜鹏程：燃烧的烈火》，《路遥精品典藏纪念版 路遥散文随笔集》，北京出版集团公司、北京十月文艺出版社2014年版，第221页。
③ 陈忠实：《生命对我足够深情》，时代文艺出版社2016年版，第38—39页。

说称许有加。在王汶石的极力推荐下，《人民文学》1979 年 7 月对《信任》进行了转载。后来，王汶石又数次以写信的方式对陈忠实的新作予以及时评点和论述。[①]杜鹏程、王汶石们对陈忠实创作上的点拨和奖掖，使陈忠实不仅在艺术上取得了长足的进步，而且也感受到了大作家身上所具有的人格魅力和精神境界。

最后，"人和"还体现在陕西同辈作家之间的良性竞争上。如果说，前辈作家常常以其人其文陶冶着后辈作家，那么，同辈作家之间却往往带给彼此压力。杜鹏程的《保卫延安》发表后，轰动一时，好评如潮。柳青在一次会上，"从生活和创作的关系上，发表了独到的见解。……《保卫延安》的成功，对他可说已经造成无形的压力"[②]。杰出的作家总能将这种压力化为创作内驱力，以一种积极的心理能量激励自己，努力超越对手和自己。后来柳青《创业史》的成功便足以说明问题。

陈忠实也借此实现了创作上的突破和跃升。1982 年路遥中篇小说《人生》发表后，引起文坛沸议，为路遥带来巨大声誉。对此，"陈忠实很受震撼，他当时创作激情正高涨着，读罢《人生》之后，却是一种几近彻底的摧毁"[③]。这种摧毁来自陈忠实所感受到的自己与路遥的差距。从 5 月到 9 月，陈忠实在痛苦的反思中进行了彻底的自我否定，清理、涤荡了以前的小说观，更新了思想，形成了小说应以写真实人物为主的新的创作理念，从而创作出中篇小说《康家小院》。[④]《康家小院》标志着陈忠实告别了以往小说过于靠拢现实政治的单一思路，在结构小说的思维方式上有了新的拓展。

多年以后，当谈及《白鹿原》的成功时，陈忠实说："《白鹿原》离不开当时陕西文坛氛围的促进。……那时候我们那一茬作家，几十个，志趣相投，关系纯洁，互相激励，激发智慧，不甘落后，进行着积极意义上的竞争。可以说每一个人哪怕一步的成功，都离不开互相的激励。"[⑤]可以看出，某种程度上，陕西作家的成功与同辈作家带来的"激励"有着微妙的关系。陕西作家总是能将同辈之间的竞争、压力化为催人奋斗的力量，从而实现自己创作上的突破与进步。

二

"人和"，在陕西文坛还有一种非常特殊的表现。在陕西文学的崛起过程中，文学评论起到了很大的推动作用，功不可没。"文革"前，陕西的文学评论着力于对文学规律

① 陈忠实:《生命对我足够深情》，时代文艺出版社 2016 年版，第 39—41 页。
② 陕西省作家协会编:《作家与作家协会》，陕西新华出版传媒集团、太白文艺出版社 2014 年版，第 6 页。
③ 邢小利:《陈忠实传》，陕西新华出版传媒集团、陕西人民出版社 2015 年版，第 150 页。
④ 同上，第 150—151 页。
⑤ 陈忠实:《吟诵关中》，重庆出版集团、重庆出版社 2008 年版，第 299 页。

的理论阐发和对作家创作个性和风格的即时总结，"新时期"以来到 20 世纪 80 年代初中期，陕西评论家更注重对作家创作全程的跟踪关注和深度介入，对作家创作中存在问题的即时诊治。换言之，在陕西文坛，文学评论家与作家之间的关系，在两个不同的文学时期，呈现为反差很大、极具张力的"共生"与冲突关系。而这种冲突关系，其实也是一种"人和"表现。这或许带有浓重的陕西特色。但正是这种特色，不仅切实地促成了陕西文学创作的繁荣，也使陕西评论家得到了全国的瞩目。在全国范围内，很少有省份如陕西般拥有如此众多的评论家。在陕西评论家群体中，胡采和"笔耕文学研究组"最具影响力。

胡采是"十七年"时期陕西具有全国影响的大评论家。称之为一流的评论家也不为过。1942 年胡采参加了"延安文艺座谈会"，亲耳聆听了毛泽东的《在延安文艺座谈会上的讲话》。这对他日后的评论工作产生了深远的影响。新中国成立后胡采历任《西北文艺》主编、中国作家协会西安分会副主席、《延河》主编，出版专著《从生活到艺术》《新时期文艺论集》《胡采文学评论选》等八部。其中，《从生活到艺术》一书不断再版，发行数十万册，在文学界影响深远。[1]

《从生活到艺术》一书中最重要的篇章是同题论文，仅就标题而言，就不难看出胡采所受《讲话》精神的影响。或者说，此文就脱胎于毛泽东《在延安文艺座谈会上的讲话》中所提出的核心观点：文学艺术源于生活，又高于生活。胡采认为，从生活到艺术是有规律的。生活是富有的。作家、艺术家的生活宝库中，不应该是贫之的。[2]这篇文章为陕西文学奠定了现实主义的优良传统。这篇文章为胡采赢得巨大的声誉，很大程度上还因为在胡采质朴的文字、温和的语调中，有对文学艺术独特规律的尊重与发现。在批评过于意识形态化的时代氛围中，这就不仅需要批评家富有才华，更需要批评家的胆识和勇气。而且，即使放在当下，胡采很多精彩的观点也毫不过时。比如，针对很多作家从生活中感受不到什么触动自己心灵的东西这一现象，胡采给出的答案是："作家、艺术家的生活宝库中，必须有自己的特殊财富。他的这些特殊财富，是依靠他在生活中的特殊本领和特殊才能，通过他认识生活的特殊方法所获得的。……这种特殊的本领和特殊的才能，不是别的，它就是作家、艺术家所不能缺少的对生活的艺术感受能力，形象地认识生活的能力，善于运用形象思维的能力。"[3]可以看出，胡采一方面非常重视生活对于作家、对于艺术的重要性，另一方面又强调作家艺术家才能的特殊性，非常强调艺

---

① 陕西省作家协会编：《陕西省作家协会大事记（1954—2014）》，陕西新华出版传媒集团、太白文艺出版社 2014 年版，第 113 页。

② 胡采：《从生活到艺术》，陕西人民出版社 1979 年版，第 47 页。

③ 同上，第 50 页。

术规律的特殊性。这使得他的观点不仅是唯物的，也是辩证的。的确，作家从事创作，不同于哲学家以概念、逻辑、判断、推理为工具，需要运用直感、想象等特殊的思维方式，最后通过直觉造型也即形象呈现出来。胡采的论述是符合文学创作的基本规律的。当然，"形象思维"这一概念是别林斯基首先提出的，于此也可见出胡采所受别林斯基的影响。

再如，从生活到艺术中间触及很多复杂幽微的问题，因此胡采并没有简单地直线化地处理问题，而是认为，"艺术来自生活，但艺术应该比生活高。达到高的方法，主要是依靠艺术上的集中概括和想象。从生活到艺术，是一个'化'的过程。就是说，经过作家、艺术家的特殊劳动，把生活化为艺术"①。一个"化"字，极具理论穿透力，一语道破天机，可谓深得文学创作之壶奥。毕竟，作家不是直接对生活进行机械复制的摄影师，而正是通过想象、虚构，作家才能超越生活的表象，辩证地处理生活的必然性与偶然性的问题。对这个貌似简单的命题，胡采进行了科学的阐述。他的阐述一点也不简单，且毫无空洞之感。可以说，在探究作家如何才能完成从生活到艺术的转化这个极具创造性的理论方面，胡采是一个勇敢的开拓者，且卓有建树。

通观胡采的文学评论活动，笔者以为，有以下几个特点：

首先，强调文学的人民性问题。胡采一再呼吁作家同人民密切结合，深入生活，做人民的忠实的代言人，文学要为工农兵服务。胡采的态度深受毛泽东《在延安文艺座谈会上的讲话》的影响自不待说。关于文学的人民性，别林斯基说："文学是人民的意识，它像镜子一般反映出人民的精神和生活；在文学中，像在事实中一样，可以看到人民的使命。"②显然，胡采也汲取了别林斯基的营养。时过境迁，胡采的有些提法虽然显示了认识的局限性，但文学的人民性问题、文学对人民命运和精神的关切问题仍然对当下的文学创作有着积极的借鉴意义，这是我们不能不察的。

其次，是对作家独特创作个性的准确概括。众所周知，作家在作品中通过一定的技巧、修辞来呈现自己在生活中的独特感受，乃至于形成自己独特的艺术个性和风格，是一个作家艺术上成熟的表现。胡采对此非常重视，因此，他很注重从作品中对作家独特个性、独创性和艺术风格进行提炼和概括，而且因他具有很高的艺术感知力，这种概括总是极其精准的。比如，在《读短篇小说集〈风雪之夜〉》一文中，胡采指出："汶石不但是一个善于讲故事、善于做精细描述的小说家，而且是一位对我们的时代生活充满了内在激情的诗人。……内在的激情和精细的艺术描写相结合，就产生了汶石作品中那种

---

① 胡采：《从生活到艺术》，陕西人民出版社 1979 年版，第 63 页。
② 别林斯基：《1840 年的俄国文学》，《别林斯基论文学》，新文艺出版社 1958 年版，第 74 页。

深刻动人的力量。"①胡采的观点非常精辟，完全符合王汶石的创作个性。又如，通过对杜鹏程的《保卫延安》和《在和平的日子里》的细致阅读，胡采认为，杜鹏程是一位具有独特艺术风格的作家，而他艺术风格中最主要的特征是："自始至终洋溢着一种夺人的诗情力量"，"他经常在阐发某种重要的人生课题，……把人生哲理和热烈诗情相结合，从而，使他的作品产生一种激动人心的力量，这是杜鹏程全部艺术特点的一个核心。"②这也是非常准确的。由于胡采在陕西评论界的权威地位，也由于他的评论文章所产生的广泛影响，这就使得他对具体作家作品的批评产生了一种示范效应，切实地起到了对后起作家的指导作用。

再次，是紧密结合作家创作实际，理论与批评融为一体的评论品格。胡采是理论水平很高的评论家。他的文章涉及很多重大的理论问题，比如现实主义创作原则、典型人物塑造等问题，有着丰富、深刻的理论思想，但在行文中总是将理论阐发与对作品的具体分析相结合。胡采非常关注陕西作家的创作，对当时陕西作家柳青的《创业史》、杜鹏程的《保卫延安》《在和平的日子里》、王汶石的《风雪之夜》均作出了迅即的评论。但胡采的评论从不故弄玄虚，他的观点总是建立在对文本的细读基础之上，充满真知灼见；又能点面结合，从具体文本中升华出带有规律性的问题，如从《创业史》中的人物塑造谈及文学作品中如何描写中间人物问题，从《保卫延安》中引发出对革命浪漫主义、革命现实主义和革命浪漫主义相结合的手法的论述，从《风雪之夜》中引出对小说的时代特色的论述等。这样的评论品格也为别林斯基所有，诚如一位别林斯基研究者所言："别林斯基文学思想的一个重要组成部分就是创作论，如关于形象思维、典型论、'情致'说，……与为理论而理论不同，别林斯基没有围绕这些概念、命题进行学究式的抽象论证和空洞的体系设置，而是紧密结合作家创作实践，深入到作品中加以发挥、丰富、完善，这从他对果戈理、莱蒙托夫、普希金等伟大作家的评论中就可见出。"③在这点上，胡采可谓深得别林斯基之神髓。他的批评从不空发一言，没有时下很多文学批评所有的堆砌概念、玩弄术语、"大而无当"的流弊。

关于胡采对陕西文坛乃至中国文坛的贡献，陈忠实说："读了胡采的《从生活到艺术》，才确凿相信创作是无捷径更无窍门的，作家创造活动的神秘过程，就是一个如何完成从生活到艺术升华的过程。……不仅使我这样刚刚开始习作的人得到启示且把目光专注于此道，而且使许多颇有声名仍然苦于不能实现更大突破的作家同样得到教益，这是

① 胡采：《从生活到艺术》，陕西人民出版社 1979 年版，第 157—158 页。
② 胡采：《从生活到艺术》，陕西人民出版社 1979 年版，第 182 页。
③ 黄书泉：《不朽的"时文"——重读别林斯基》，《文艺争鸣》2000 年第 2 期。

我那时候从这本书出版后发生的强烈反应得到的印象。"①此言不虚，颇为允当。而且，胡采的批评生命力是持久的，从"十七年"一直延续到了"新时期"。对"新时期"以来的陕西作家群，胡采也予以热情关注和评论，从而以他杰出的文学批评连接了陕西重要的两个文学时期。对此，肖云儒说："胡采以五六十年代陕西作家群的作品为自己评论的重点，后来又以七八十年代陕西作家群的作品为自己评论的重点，通过对这两个群体作品切实而深入的分析，从理论上总结、阐发了这两个群体的美学风貌、创作特色和艺术价值，为当年和当代陕西作家群在全国文艺格局中的定位，作了不可磨灭的贡献。"②的确，胡采在思想禁锢时期，能够结合创作实际总结陕西作家柳青、杜鹏程、王汶石等的艺术经验，同时又引领和启发着"新时期"路遥、陈忠实、贾平凹们的创作。从某种程度上说，路遥深入陕北煤矿、陈忠实蛰居乡下祖屋十年、贾平凹重返商州进行田野作业式的调查走访从而写出"商州"系列作品，以至于他们对现实主义创作原则的坚持，都与胡采《从生活到艺术》一书的启发不无关系。总体而言，肖云儒的评价，符合胡采在陕西文学界的崇高地位，是恰切的。

诚然，胡采是有局限的。胡采过于强调作家对生活真实的"反映"，虽然也论及从生活到艺术这一"化"的过程，但整体上对作家对生活的内化、对生命体验的"表现"是重视不够的；胡采和他同时代的评论家一样，习于用阶级斗争的观点来分析文学作品。又如，在反"右"斗争中，在声讨文学界所谓的"丁玲、陈企霞反党集团"的西安文学界集会上，胡采作了发言③；1961年11月13日，胡采还主持了批判"写中间人物"座谈会等等。④众所周知，那是政治形势和时代氛围所致，加之胡采一直是中国作家协会西安分会的领导，人在其位身不由己，也是可以理解的。如果我们对那个时代稍有了解，便不难产生对胡采理解基础上之同情了。胡采的局限，是历史的局限，也是那代知识分子都难以逃脱的局限。

在"十七年"时期，以胡采为代表的评论家与陕西文学家们的关系，是一种"共生"关系。所谓"共生"，"本是一个生物术语，指两种或多种不同有机体之间的紧密联合，后指不同人或组织之间的互惠关系"⑤。的确，胡采与陕西作家之间是一种互惠关系。胡采的评论集《从生活到艺术》1961年初在《延河》开始连载，结集出版于1962

---

① 陈忠实：《生命对我足够深情》，时代文艺出版社2016年版，第59页。

② 肖云儒：《学习胡采》，《小说评论》1993年第6期。

③ 陕西省作家协会编：《陕西省作家协会大事记（1954—2014）》，陕西新华出版传媒集团、太白文艺出版社2014年版，第12页。

④ 同上，第22页。

⑤ 宋艳芳：《寄生、共生还是对抗？——文学创作与批评的关系转变及当代英国"学院小说"》，《当代外国文学》2006年第2期。

年。从生活到艺术这个命题，虽与毛泽东《在延安文艺座谈会上的讲话》的影响有关，但陕西作家从 1955 年就开始的深入生活的群体性自觉，如王汶石去渭南，后在三原落户，杜鹏程赴宝成铁路工地，李若冰去柴达木石油勘探队，乃至柳青率全家落户长安县皇甫村，参与建立农业合作社，和当地农民一起下地劳动长达数十年，凡此种种，未必没有引发胡采的写作灵感。同时，柳青、杜鹏程、王汶石们取得的骄人实绩也催促着胡采的及时总结和理论升华，而作家们在创作中遇到的难题、存在的不足又引发着胡采的思考。

如果说胡采与陕西作家之间的关系是一种"共生"关系，那么，"笔耕文学研究组"和陕西作家们更主要的是一种"冲突"关系。

"笔耕文学研究组"是全国第一个纯民间性质的文学评论团体，在胡采的提议下于 1980 年 12 月成立于西安。是由于时代原因无法摆脱历史美学和社会学批评模式，却不忽略甚至非常重视文学的艺术性的评论家集体。"笔耕组"在活跃的批评实践中形成严肃、中肯、敢言、重文本分析的批评传统。成立之初共十三人，后扩充至十六人。中国作家协会西安分会主席胡采、《延河》主编王丕祥、《陕西日报》文艺部主任杨田农被聘为顾问。胡采也因此成为"笔耕组"的领导者和灵魂人物。"笔耕组"因尊崇现实主义创作精神、文学的人民性原则、评论中敢于说真话的直言风格，被媒体称为"集体性的别林斯基"。1988 年 3 月 30 日，中国小说学会由天津迁址西安，挂靠中国作家协会陕西分会，并确定学会在陕西的工作班子由王愚、刘建军、陈孝英、李星、肖云儒、蒙万夫五位在陕西的理事组成。[①] 此五人均为"笔耕组"成员，不难看出，"笔耕组"在当时的影响力之大、之广。

为了更真切地了解这个在全国都独一无二的评论家团体，我们有必要对这个集体中的主要成员稍作介绍：

王愚、李星、李国平：作协系统评论家。王愚，20 世纪 50 年代中期就开始发表评论文章，最初在《延河》编辑部任理论组编辑，经他之手发表过吴强的长篇小说《红日》。后创办文学评论期刊《小说评论》，并任主编。是陕西文学评论界旗帜性的人物。是陕西参加全国文学批评活动的第一人，在全国富有影响。"笔耕组"的发起者，被推为组长。20 世纪 80 年代初，参与创建中国小说学会并任副会长。"新时期"初期陕西文坛涌现的十余位青年作家作品，全部进入王愚的批评视镜，写有大量评论文章，既有精细的文本批评，也善于驾驭宏大的理论命题，如对当代文学中现实主义、文学的现代化和现代派文学的阐述。能够从宏阔的中国当代文学的整体视角出发评判陕西作家作品。敏锐热

---

① 陕西省作家协会编:《陕西省作家协会大事记（1954—2014）》，陕西新华出版传媒集团、太白文艺出版社 2014 年版，第 82 页。

情、富于个性，被陈忠实称为新时期文学的推波助澜者，也是陈忠实"新时期"创作初露变化端倪时最早的发现者。1986年《王愚文学评论选》获首届中国当代文学研究表彰奖。其中肯、严谨的批评精神对于当下文学批评界，仍有着现实借鉴意义；李星："笔耕组"副组长兼秘书长。曾任《小说评论》主编。最早提出"农裔城籍"这个概念。既长于从整体上对陕西作家群体进行评论，又有对路遥、陈忠实、贾平凹单独进行深入研究的作家专论，且数量可观。关于贾平凹，最具价值的篇章是《东方和世界：寻找自己的位置——关于贾平凹艺术思维方式的札记》。文中指出，贾平凹最基本的艺术思维方式，是感应式的思维方式。这一判断符合实际。与李国平合著的《路遥评传》深入探讨路遥独特的个性与意识，从而使对路遥的研究进入到作家人格、精神、意识的深层次。[1]李国平，早年任《延河》编辑部理论编辑，1982年被"笔耕组"扩大吸收，且任"笔耕组"秘书。1985年参与创办评论期刊《小说评论》，现任《小说评论》主编。与李星合著的《路遥评传》获得学界好评。

肖云儒："笔耕组"副组长，初任《陕西日报》文艺部记者，后任陕西省文联党组成员、副主席。1961年二十一岁时即提出散文"形散神不散"的观点，在全国产生广泛影响。思维活跃，视野宽广，凡文学、书法、文化等都有涉猎，体系庞大，著述颇丰。文字概括力强，善于从宏观角度对一些重要的文学现象进行准确的评述和概括，也长于对陕西作家群体进行扫描式评点。专著《中国西部文学论》获中国第四届图书奖，1992年中国当代文学研究优秀成果奖。

蒙万夫、刘建军、费秉勋：西北大学中文系教授、著名学者。蒙万夫，"笔耕组"副组长。刘建军曾任陕西省作家协会常务理事，中国小说学会副会长。蒙、刘"文革"前即已成名，曾任"文四野"评论组成员。共同致力于柳青、陈忠实研究，尊崇现实主义创作原则。在两人合写的系列论文中，他们站在马列主义历史美学的立场，赞许柳青深入生活的道路，为柳青写"理想人物"而辩护。两人还与张长仓合作著有《论柳青的艺术观》一书，系统地论述了柳青的艺术观。胡采为此书作序。此书获首届中国当代文学研究表彰奖。是陕西声望颇高的学院派评论家。费秉勋，1980年开始致力于研究贾平凹。专著《贾平凹论》出版于1990年，是对贾平凹同步追踪式的研究，是国内首部研究贾平凹的比较权威的专著。对贾平凹的性格心理、创作历程等进行了允当的综论。最为人所称道的是费秉勋对贾平凹1990年前创作风貌的准确概括：贾平凹接续了历史性断线的中国表现性体系小说的创作，并把对西方现代派艺术的吸收，与之冶为一炉。[2]这本书获

① 李星：《李星文集》（第一卷），太白文艺出版社2009年版，第206—208页。
② 费秉勋：《贾平凹论》，西北大学出版社1990年版，第168页。

第三届中国当代文学研究奖，为他赢得口碑和赞誉。

畅广元：陕西师范大学中文系教授、著名学者。主编有《神秘黑箱的窥视——路遥、贾平凹、陈忠实、邹志安、李天芳创作心理研究》。从创作心理学角度对陕西几位青年作家作品进行了评论。专著《文学文化学视野下的陈忠实》以文学文化学为一种新的批评模式，对陈忠实进行了深入研究，开拓了文学研究的视域。与韦建国、李继凯合著的《陕西当代作家与世界文学》立足于陕西文坛，对贾平凹、陈忠实、路遥、高建群等六位陕西作家作品中的"世界性因素"进行了深入的剖析，同时又将研究对象置于民族文化谱系中进行纵向比较研究，是一本以创作主体为研究对象，从文本出发，在个案研究基础上又有理论升华的专著，具有一定的探索性。

"笔耕文学研究组"的特点，笔者以为可以总结为：

1. "笔耕组"内部充满生机和活力，呈学科互补优势。

"笔耕组"人员众多，构成复杂，既有蒙万夫、刘建军、费秉勋、畅广元这样的高校学者，也有肖云儒这样的在"文革"前就已成名，初任报社记者后在文联任职的评论家，还有王愚、李星这样出自《延河》编辑部评论组的编辑。这样，来自不同方面的具有一定典型性的评论家汇聚于"笔耕组"内。继续细分，则肖云儒是新闻系统评论家，王愚、李星是作协系统评论家，高校学者中，蒙万夫研究中国现当代文学，费秉勋研究中国古典文学，刘建军、畅广元是文学理论方面的学者。这样的人员构成使"笔耕组"内部充满生机和活力，呈学科互补优势。

2. 对陕西作家进行跟踪研究，全程深度介入，针对性强。"笔耕组"成立之初，就宣称研究组的宗旨之一是"提倡密切联系创作实际，特别是本省范围内的创作实际"①。因此，"笔耕组"特别关注陕西作家尤其是第二代时值成长期的青年作家如路遥、陈忠实、贾平凹等的创作现状，特别关注他们的长篇小说创作的进展，对他们进行持久的跟踪研究。评论家一般均在作家创作出作品之后才会发表意见，而"笔耕组"的评论家们在陕西作家创作前（如前述长篇小说创作促进会）、创作中（如前述1980年太白会议）、创作后（陕西作家常常在将稿子交给编辑之前先请评论家过目，这样作家在作品发表之前就有了完善、提高的机会，避免了作品发表后无法修改所带来的遗憾）都会介入创作活动，加之"笔耕组"中肖云儒、李星都是文章快手，因此，"笔耕组"对陕西作家作品的研究是全程跟踪、深度介入、快捷即时式的研究。"笔耕组"还经常召开座谈会，和作家们进行一对一、面对面的交流，研究的针对性很强。

---

① 陕西省作家协会编：《陕西省作家协会大事记（1954—2014）》，陕西新华出版传媒集团、太白文艺出版社2014年版，第59页。

3. 敢于说真话，注重挑毛病。"笔耕组"对陕西青年作家的优长能够及时予以褒扬，但更注重指出作家创作中的缺点。这是因为创作上的进步要通过对困难、不足的克服来实现，这样作家在创作上才能不断有新的攀升。仅举两次典型案例：1979年陈忠实小说《信任》获全国短篇小说奖。在这篇小说获得评论界一致称赞时，肖云儒却当面对陈忠实进行了猛烈的否定性批评[①]；1981年贾平凹发表了《二月杏》《厦屋婆悼文》等小说，据李星回忆，1982年初，"西安的'笔耕'文学研究小组在作家在场的情况下，进行了措辞比较激烈的评论，包括笔者在内的一些人，都为作家严重的失误而激愤"[②]。虽然对贾平凹的批评显示了"笔耕组"批评活动的时代局限性，但确实显示了"笔耕组"敢于挑毛病的勇气。敢于说真话，特别是敢于当着作家的面单刀直入地说真话是非常需要勇气的，这种勇气正是"笔耕组"被称作"集体性的别林斯基"的重要原因之一，诚如某位学者所说，别林斯基的文学批评的特色突出地体现在"价值立场明确，褒贬态度明朗，具有强烈的批判锋芒。这一特色鲜明地体现在别林斯基对俄国文坛的批判和一些作家作品的评价上"[③]。强烈的批判锋芒也是"笔耕组"最主要的特点。比之于现在极为普遍的评论家只说好话，不说、少说缺点的批评风气，"笔耕组"的批评风格仍然具有现实借鉴意义。

4. 批评活动具有对话性。"笔耕组"活动频繁，经常举办研讨会对作家作品进行分析。当评论家们针对某一现象、问题发言时，常常观点并不相同，他们对此并无忌讳，而是坦诚争鸣，相互激辩。真理总是在争辩中除旧布新免于停滞的，"笔耕组"的评论家们正是在这颇具对话性质的争辩中砥砺思想、更新自我、不断提高批评信誉的。

5. 不争名夺利。"笔耕工作组"中的很多评论家当然也会以个人名义发表署名文章，特别是在后期，以个人名义发表的文章日益增多，但确有很多文章就以"笔耕组"作为署名。评论家们并不介意排名的先后等这些非文学质素。像这样集体性的评论方式，在全国都极为罕见。

"笔耕组"成立于1981年，终结于2011年年底，活动时间达三十年之久。不难推想，当如此众多的出色的评论家组合在一起，互相碰撞、激发时，会产生多么令人震撼的效果。的确，"笔耕组"集结了众人的智慧产生了集体协作战斗力和"拳头"效应。

胡采和"笔耕组"虽属不同时代，但他们的批评活动却有一个共同点：批评都是建立在对文学作品的具体分析之上，不尚空谈。借用一位学者的话，即他们的批评都是"及

---

① 陈忠实：《白墙无字》，西安出版社2013年版，第206页。
② 李星：《李星文集》（第二卷），太白文艺出版社2009年版，第115—116页。
③ 黄书泉：《不朽的"时文"——重读别林斯基》，《文艺争鸣》2000年第2期。

物的"。这位学者在诊断 20 世纪 90 年代以来的批评症候时说:"文学批评是一种对象化的文学评判活动,离开了'对象',批评是无法发生的。但是,在当下的中国批评界,对批评对象的'虚化'、轻视甚至忽略已经发展到令人吃惊的程度。"①没有比较就没有深刻的认识。面对当下愈演愈烈的文学批评的"不及物"现象,胡采和"笔耕组"的批评特点仍有着积极的借鉴意义。

　　正是在胡采和"笔耕组"的辛勤笔耕下,当然,包括后起的李继凯、李震、邢小利、仵埂等众多评论家,陕西评论家群体才得到了当代文坛的瞩目。以往人们谈起陕西当代文学,常常只注意到柳青、王汶石、杜鹏程、路遥、陈忠实、贾平凹等作家,这是远远不够的。须知,评论陕军成就也很突出。可以肯定地说,若没有评论家们的刺激、点拨,陕西文学创作是不可能取得这样辉煌的成就的。

　　比之于前述那些原因,胡采和"笔耕组"的批评活动更值得我们推重。因为这些批评文字本就是陕西文学的构成部分。更何况,"笔耕组"总是毫不留情地当面指出作家创作中的弊病,使很多作家如坐针毡、尴尬难堪,为此一度和陕西作家们形成了紧张的"冲突"关系。这并不难理解,因为"批评是一种揭示真相和发现真理的工作。……真正意义上的批评意味着尖锐的话语冲突,意味着激烈的思想交锋。这就决定了批评是一种必须承受敌意甚至伤害的沉重而艰难的事业"②。既然真正的批评是和作家激烈的思想交锋,自然会于无形之中促使作家进行创作上的反省,认识自己的不足,接受、吸收评论家的意见,从而陶铸新的创作理念,提升自己的素养和创作水准。如此,外在于作家的批评的声音便转化成作家思想蜕变的内在原因,而外在原因总是通过内在原因才能发挥作用的,这是需要我们格外重视的。

　　令人欣慰的是,评论家们发展陕西文学的良好初衷得到了作家们的理解,这种"冲突"关系最终转化为"共生"关系。这种评论家与作家的极具张力的微妙关系,在全国都是独一无二的,也是可遇而不可求的,彰显了在一群人的集体努力下,批评所达到的至高境界,已成为一种范例。如此,评论陕军和文学陕军相互促进,紧密互动,精诚合作,如同车之两轮,鸟之双翼,共同彰显了文学陕军不俗的实绩。这种独特的现象在其他省份也极其罕见,值得研究。

　　文学常被人认为是个性化的劳动,这当然也没错,但在陕西文学的崛起过程中,"天时""地利""人和"缺一不可,且"天时""地利"最终皆转化为"人和"。特别是"人和"因素中,作协领导、文学编辑、前辈作家、评论家,都心甘情愿不计名利

---

①　吴义勤:《批评何为?——当前文学批评的两种症候》,《文艺研究》2005 年第 9 期。
②　李建军:《批评家的精神气质与责任伦理》,《文艺研究》2005 年第 9 期。

竭尽全力扶助作家。所有这些宏观、微观方面的因素同时并存起到化合作用，构建成良性健康的文学生态，最终形成一股合力，有效地推动和促进了陕西文学的繁荣发展。这样的现象在全国范围内都极其罕见，因此值得研究，且对当下文坛具有一定的借鉴意义。

（作者单位：陕西师范大学文学院）

贾平凹的山水、物事与人间

——《山本》阅读札记

谢尚发

内容提要：贾平凹的《山本》"一仍其旧"，关注的是商州一个小镇的兴亡，通过井宗秀跌宕起伏的一生串联起历史的影像、地方的物事。在小说中，贾平凹以"晚期风格"的呈现，达成了生命与万物的和解，从而进入一种澄明宁静的境界，实现了庄子哲学的"齐物论"效果，标志着贾平凹创作的另一重精神世界塑造的成功。

关键词：贾平凹;《山本》;晚期风格;齐物论

在中国当代作家中，若论创作的勤奋和作品的数量，贾平凹可谓是首屈一指的代表。在《极花》出版两年后，便推出了长达五十万字的小说《山本》，且不见任何仓促生产的瑕疵，反而越发显得遒劲、练达与洞明世事的从容淡泊，不禁令人感叹岁月的痕迹不曾降临于贾平凹的文学生命，反倒老而弥坚，更愈显示出勃勃生机中一种老夫聊发少年狂的精气神。但细读《山本》便会发现，扑面而来的喧嚣热闹故事背后所隐现着的沉着冷静、淡定从容，以及由此而彰显出的一种"天地人一体"的境界，与年少勃发的热火劲儿相去甚远，到底还是把岁月所沉淀的气质毫无保留地播撒于文本的缝隙中，涌现为别样的审美风格和思想意涵。借由《山本》及其所营造的意境，以窥探贾平凹的心理惦念与内在追求，在阐释作品的过程中尝试着理解贾平凹本人的思想，或许意味着一条充满危险的文本解读路径，但本文愿意冒险而行，尽管这部小说还存在着历史、民间、小说与重复等阐释的路径。

一、人即物，或地方志的写法

在《山本》的《后记》和《题记》中，贾平凹一再强调："山本的故事，正是我的一本秦岭之志。"他说："这本书是写秦岭的，原定名就是《秦岭》，后因嫌与曾经的《秦腔》混淆，变成《秦岭志》，再后来又改了，……于是就有了《山本》。"在原本的计划中，他打算"整理出一本秦岭的草木记、一本秦岭的动物记"，为了实现写"秦岭志"的宏愿，"在数年里，陆续去过起脉的昆仑山……去过秦岭始崛的鸟鼠同穴山……去过太白山；去过华山；去过从太白山到华山之间的七十二道峪；自然也多次去过商洛境内的天竺山和商山"。但仍然觉得只是"秦岭的九牛一毛……没料在这期间收集到秦岭二三十年代的许许多多传奇"①。这些"二三十年代的许许多多传奇"成了充实《山本》的主要内容，让阅读者看到一个混乱、杀伐屠戮与权力之争的故事。然而正如贾平凹所说，"《山本》里虽然到处是枪声和死人，但它并不是写战争的书，只是我关注一个木头一块石头，我就进入这木头和石头中去了"。依然是写地方志的调子和追求，只不过境界要求更高，朝着"人即物"的方向而去。

我们都知道，"方志是一定地区范围的综合记述，内容宏富。举凡一地的疆域、沿革、山川、地质、地貌、土壤、气候、建置、城镇、乡里、物产、资源、财赋、户口、军事、民情、风俗、人物、艺文、名胜、古迹、逸闻、琐事，无不备载，无所不包，也即于一地古今主要人事物都记载"②。在地方志的书写中，"必载人物，几成定例。……方志记载人物，传、录、表三者之中，历来是传为主体，备受重视，刻意经营，一般几占总篇幅的大半"③。不仅如此，除了这些地理、历史、文化等地方性知识的介绍之外，章学诚还提出方志书写的地位应等同于"国史"，"为树立良好的社会风气做出贡献"，他论述说："史志之书，有裨风教者，原因传述忠孝节义，凛凛烈烈，有声有色，使百世而

---

① 贾平凹:《后记》,《山本》,作家出版社2018年版,第522—523页。贾平凹习惯性地给每一本新书都写上一个《后记》,交代写作的缘起、构思的情况、意欲表达的东西等。在这个不长的《后记》中,贾平凹多次提到了《山海经》,是中国最早的地方志,更是山水志的开宗之作。在《老生》中,贾平凹不惜在文本内大量移植《山海经》,似乎还嫌不够,因此说《山本》是他仿制《山海经》的一次尝试之作,也未为不可。

② 黄苇等:《方志学》,复旦大学出版社1993年版,第267页。该书广泛论述了方志的概况、历史源流、内容特性、体例流派、功用价值、各种方志理论、继承与创新、新方志编撰的探讨等,提出了不少新颖的观点。尤其是关于方志理论的探讨,指出方志的地方性、连续性、普遍性、广泛性、资料性、可靠性、思想性、时代性、实用性和系统性,基本上把方志的性质特点囊括殆尽。

③ 黄苇等:《方志学》,复旦大学出版社1993年版,第658—660页。关于入方志的人物标准,则几乎都是"大人物""对国家、社会、民族作出了重大贡献"的人。但为追求全面,一个地方的"大奸大恶"之人也都悉数列入其中。小功、小劳以及小恶、小劣之人,一般忽略,但方志规模较大,则仍然选择列入方志的"人物传记"之内。

下，怯者勇生，贪者廉立。"①这尤其体现在地方志中关于人物传记的书写上，从人物的
选择、事件的记载，乃至于强调教化功用的议论等，都是常用的手法。但《山本》毕竟
首先是一部长篇小说，而非中规中矩的地方志著作，这就要求在具体的书写中，弃置关
于地方性风物知识的无所不包的详细介绍，而择取地方人物的传奇经历，敷衍勾连出一
部可读性更强的作品。既要符合小说的审美要求，又要兼顾地方志书写的野心，贾平凹
便把秦岭一地的风俗习惯、巫神气息等融入其中，在人物传奇的描摹里透露着地方志书
写的韵味，穿插于故事情节中的地方风物的介绍文字时时显露出别具一格的小说趣味。②
从整个作品的叙事线条来看，"人即物"的观念贯穿始终，让《山本》不再是流于表面的
传奇书写，而是深深扎根于秦岭的地理历史之书，以人为物，记录地方，堪称一本厚重
的宏大"地方志"。

　　《山本》的故事主人公分别是井宗秀兄弟和陆菊人，整个小说围绕着井宗秀给涡镇
带来的变化、井宗丞参加秦岭游击队和陆菊人辅佐井宗秀以及二人之间实存却并不道破
的爱情来组织笔墨，把秦岭在20世纪二三十年代的复杂世事勾勒了出来，国民军、游击
队、逛山、刀客乃至于本地的保安团、预备团等，各种势力你争我夺，攻伐不断，以致
尸横遍野，酿成人间惨剧。兄弟为敌、朋友反目、挟天子以令诸侯、打土豪分田地等桥
段一幕幕上演，秦岭如同一个大舞台，各种势力便在这个舞台上亮相、演武，唱了一出
爱恨悲欢、生离死别的大戏。人与人之间相互的杀伐夺利，犹如动物间的猎食竞逐，越
是惨烈越把人的动物性给展示了出来。如果说《山本》是一本"秦岭动物记"，那么活跃
于秦岭这个舞台上的各色人等便是名副其实的"动物"，他们披着人皮却上演着动物般的
故事，千百年来须臾不曾停止，历史便一次次地重复上演。为了把"人即物"的这种思
想贯彻下去，贾平凹在书中不断地强化人和动物之间的关系——麻县长用说出三种动物
的形容词的方式来考察一个人："第一个动物的形容词是表示你自己对自己的评价，第二
个动物的形容词是表示外人如何看待你，自我评价和外人的看法常常是不准的，第三个
动物的形容词才表示你的根本。"③井宗秀生肖属虎，便处处彰显出老虎的气势，他的行
踪、做事等都依靠着老虎这一属性来进行安排，以至于不能离开虎山等，显得迷信而迂

　　① 章学诚：《答甄秀才论修志第一书》，转引自仓修良：《方志学通论》，齐鲁书社1990年版，第436页。
　　② 在小说中，以麻县长整理秦岭风物的由头，贾平凹有大篇幅的"草木记"文字。小说的第298页至299
页分别从较为专业的角度，介绍了荠菜、大叶碎米荠、诸葛菜、甘露子、白三七、六道木、接骨木、胡颓子。如
果加上小说中散落四处的贝母、延龄、开口箭、天南星、手参、长果升麻、红皮藤、紫骨丹、岩白菜、莲子蔗、
赤瓟、赤地利、蝙蝠葛、凤尾草、枇杷草、贝母、半夏、祖师麻、三叶耳樋、淫羊藿、桔梗、党参、天麻……可谓
是"多识于鸟兽虫鱼"。详细文字参见贾平凹《山本》，作家出版社，2018年版，第298—299页。"动物记"则广
泛涉及白鹭、黑鹳、斑鸠、𫛛鹏、酒红朱雀、金雕、红脚隼、练鹊、百舌、伏翼、鹌鹑、鹭鸶、鹇鸥等。参见贾
平凹《山本》，作家出版社2018年版，第270、195、178页。
　　③ 贾平凹：《山本》，作家出版社2018年版，第271页。下引只注明页数，不再一一列出。

腐可笑，却处处彰显出一种神奇的魔力；陆菊人被认为是金蟾，能带来财富，在任命她为茶行总领的时候，一而再再而三地碰到了蟾蜍，令她惊叹："我是蟾变的？还真是金蟾变的？突然一声响动，如风倏忽刮起，是尺八之音。"（292页）而在此后的行文发展中，陆菊人愈发地成为一只金蟾，行为做事果敢干练，茶行一再盈利，成为涡镇的一景。因此镇上的老中医陈先生才说："人是十二属相么，都是从动物中来的。"（496页）属相或者说赋予人以动物的意义，如果还只是一种谶纬之术的表达，那么在长相上把人与物联系起来，则更显明了作为动物的人和"人即物"的思想实则是并不能分的一体两面。在井宗秀和陆菊人之外，贾平凹单独把麻县长拎出来，从他的行为和语言中都把"人即物"的思想给点出来，三个动物的形容词是其一，在对秦岭的草木、动物感兴趣之余，竟动手写了两本贾平凹念兹在兹的《秦岭志》——《秦岭志草木部》和《秦岭志禽兽部》。如果把《山本》也作为一种地方志的书写，那大概应该称之为《秦岭志人物部》了。但这"人物"也并非纯粹地属于超立于自然的人间，大半上已被当作秦岭的"动物"，作为"人物的称呼"而出现的"秦岭动物志"，这或许就是"人即物"这一观念的要义。麻县长几乎成了贾平凹在书中的代言人，他说："我可能也就是秦岭的一棵树或一棵草吧。"（329页）还把自己的书斋取名为"秦岭草木斋"，使得"人即物"的观念还带有"草木"的意味。更有甚者，在他目之所及的地方，"人即物"成了秦岭的最大景观："我在街巷里走，看好多男人相貌是动物，有的是驴脸，有的是羊脸，三角眼、一撮胡子，有的是猪嘴，笑起来发出哼哼的声，有的是猩猩的鼻子，塌陷着，鼻孔朝天，有的是狐的耳朵，有的是鹰眼，颜色发黄。"（332页）在目睹了一茬又一茬的杀戮和死亡，麻县长自然又想到了"人如草木"，一茬茬被收割："这年月人活得不如草木"，便见出人世间的大悲哀。按照人的性格，麻县长又说："这人不是动物变的就是植物变的，有些人胡搅蛮缠是菟丝子，有些人贪得就是猪笼草，有些人是菱角还是蒺藜呀，浑身都带刺！"（481页）"人即物"的思想便从形貌、性格，由外至内全能看出动物和植物的本质来，《山本》中活跃着的人，便构成了地方志中关于物产、动植物的内容，看上去是人间的传奇，而实则是秦岭的草木记、动物记，是一部别样的"秦岭地方志"。由此，才有陆菊人用狗与兔的道理来给花生灌输男女恋爱的"知识"："你见过狗撵兔吗？兔子越跑，狗越去撵，但兔子不能跑得太快，太快了就要卧下来等等，等到狗觉得能撵上了它会更撵，兔子跑得没踪影，那狗也就不撵了。"[1]表面上来看，《山本》处处写的都是人物传记，但又处处都是"草木记""动物记"，贾平凹只是转换了方式，把人作为动物、植物来去描摹罢了。

---

① 贾平凹：《山本》，作家出版社2018年版，第327页。同样的文字，还被第二次重复地使用："狗撵兔，兔就要跑，跑得太快了还得停下来往后看看狗，兔跑得一溜烟没了踪影，那狗还会撵吗？"见贾平凹：《山本》，作家出版社，2018年版，第386页。

不唯此，作为地方志的写法，地理、文化内容之外的历史意义也在小说的故事中被烘托了出来。布罗代尔作为"长时段"历史研究的代表，在《地中海与菲利普二世时代的地中海世界》中，"第一部分论述一种几乎静止的历史——人同他周围环境的关系史。这是一种缓慢流逝、缓慢演变、经常出现反复和不断重新开始的周期性历史。……在这种静止的历史之上，显现出一种有别于它的、节奏缓慢的历史。人们或许会乐意称之为社会史，亦即群体和集团史，……第三部分，即传统历史的部分，换言之，它不是人类规模的历史，而是个人规模的历史，……这是表面的骚动，是潮汐在其强有力的运动中激起的波涛，是一种短促迅速和动荡的历史。这种历史本质上是极端敏感的，最轻微的脚步也会使它所有的测量仪警觉起来。这是所有历史中最动人心弦、最富有人情味、也最危险的历史"。在这本书中，他宣称："终于能够在历史的时间中区别出地理时间、社会时间和个人时间。"① 用小说的形式为一个地方写志，山川河流、疆域沿革、地貌气候、建置物产等都无法逐一开列，亦即布罗代尔所谓的"静止的历史"难以占用大篇幅来进行描述，但"节奏缓慢的历史"和"个人规模的历史"则构成了《山本》的核心内容。其中，"个人规模的历史"又恰好成了"人即物"思想在《山本》故事内容中占据"核心的核心"地位的重要表现对象。贾平凹愈是把井宗秀、井宗丞和秦岭里的各色人物的生命不止、折腾不息给描摹得淋漓尽致，越是展现了秦岭这个地方在历史变革中所保持着的静默不变的历史本色，把人物归属于秦岭这个"提携了黄河长江，统领着北方南方"的"地方"，只是择取了"地方志"中最为激荡、短促也"最富有人情味、也最危险的历史"的一部分。秦岭作为地理的要素，则不动如斯，千百年如此，观看着人世间上演的一幕幕悲喜剧——正是它的"静止的历史"，见证、参与并塑造着属于秦岭的"社会史""个人规模的历史"以及在"地理时间"之外的"社会时间和个人时间"。"最动人心弦、最富有人情味，也最危险的历史"与其说是《山本》的精彩故事，不如说是秦岭最丰富鲜明又最富有戏剧化的历史的注脚，"人即物"的思想正好是这一注脚的最佳角色扮演，且正因为这种历史存在，秦岭的地方志才显得更为饱满、丰腴、充盈。

二、晚期风格，或晚郁时期，或从容之境

如果把秦岭取为观看人世的一尊佛像之目光，那么整个《山本》所讲述的故事中的

---

① ［法］费尔南·布罗代尔:《地中海与菲利普二世时代的地中海世界》(第一卷)，唐家龙、曾培耿等译，商务印书馆 2013 年版，第 8—10 页。在这部大部头的著作中，布罗代尔先交代了地中海的地理世界，接着分析社会史、经济史和战争史，最后才把菲利普二世时期的各国纷争写出来。其中，地理世界占用了 500 页的规模，社会史等占有 600 页规模，最多的则是第三部分，也就是"表面的骚动"部分，如果把战争史的部分加进来，几乎占了了将近 700 页的内容。

诸多折腾便只是尘埃的一部分罢了。贾平凹在《山本》中不断地叠加出一种从人世到山水的文学间隔效果①，颇有突兀之嫌，但只要用心领会人世繁忙的表象背后那静谧、安稳又泰然处之的山水自然，不难理解这种书写方式的奥妙之所在。整个小说中，这种写法的最具个性且最明显地彰显出作者把人间、物事置于山水之境的观看的意图的，是小说结尾处的那一笔诗意的点染："陈先生说：一堆尘土也就是秦岭上的一堆尘土么。陆菊人看着陈先生，陈先生的身后，屋院之后，城墙之后，远处的山峰峦叠嶂，以尽着黛青。"（520页）其时，在井宗秀一系列的操持之下，已成县政府所在地的涡镇，正遭受阮天保带领的红15军团炮火的洗礼，城墙坍塌、尸横遍地、房屋尽毁，在一堆瓦砾废墟中陆菊人挂念儿子剩剩和镇上老中医陈先生，慌忙来到安仁堂，看到的只是远处秦岭的山峰，默然无语，"以尽着黛青"。相比于秦岭的千年历史，涡镇在短时间的传奇经历，只不过是沧海一粟，刹那间，贾平凹截取了这一段往事所要道出的，则是秦岭的那种"泰然处之"的波澜不惊与从容淡定。实际上，与其说这是秦岭的"泰然处之""从容之境"，不如说真正"泰然处之"的是作者本人，他在《山本》的喧嚣故事里达成了他写作的"从容之境"。

　　整个小说中，贾平凹着墨不多却颇有禅意的人物便是安仁堂的大夫瞎子陈先生。他总是未卜先知，看淡人生的一切，唯独珍重人的性命。当凤凰镇流行病暴发的时候，他不避山水艰险和丧命危险，执意前行，为救黎民百姓而奔波忙碌。他怀有对天下苍生的热心，却对于涡镇的兴衰成败看得很淡；他治身病也治心病，看病却总对病人说："你是给你活哩还是给别人活哩，啊？别想得那么多，你记住，许多想法最后都成了疾病。"（253页）他还劝陆菊人："喜欢一个人，其实是喜欢自己。你把自己想多了，你就有了压力，把自己放下，你就会知道怎样对待你的日子，对待你要做的事和做事中的所有人。"（292页）在陆菊人碰到人生难题的时候，陈先生便多次为她出谋划策，处处透露出一种散淡之气，仿若在人间之外，却又生活在人间之内。在一次去陈先生家说事的时候，"陈先生抬起头来，一片树叶正好从外边落在窗台上，说：是一片树叶？陆菊人说：是一片叶子。陈先生说：每片树叶往下落，什么时候落，怎么个落法，落到哪儿，这在树叶还没长出前上天就定了的，人这一生也一样么。"（435页）这已经超出日常的对话，而处处透露出禅宗顿悟的机锋，而正是得益于这种对人生大起大落、兴衰成败、荣辱得失的顿悟，才会有整个人的气定神闲、泰然处之，从而有一种"从容之境"的气度氤氲于《山本》中。

---

①　这主要是指贾平凹在《山本》的叙述中，常常会在故事最热闹、情节最紧张、人物心理活动最频繁等的关节点，忽然插入一两句或者一段两段的自然景观描写，有时候是一朵花开，有时候则是一只蝴蝶，有时候是天气的某种变化，有时候又是一只猫的跑过。这种叙述的效果具有"文学间隔"或"文学距离"的作用，读起来有突兀之嫌。但这正是本文所要强调的。

　　为了达成这种淡定镇静的"从容之境"，贾平凹在书中时时处处善用动物或植物来把紧张的故事氛围导引向一种静谧安详的境界。在埋葬唐景之时，本是悲哀的人群抬头一看，"树上就飞来两只鸟，一样的红嘴，尾巴却一个黑一个白，大家谁都认不得这是什么鸟，鸟就嘎嘎叫，扑棱着翅膀啄"（207 页）。经营了一天涡镇的事务，井宗秀骑马前行，"一边走一边仰头看天，月高云淡，繁星点点，无数的蝙蝠飞过，虽然悄然无声，但他却想到那空中肯定就有了痕迹的"（221 页）。陆菊人在纸坊沟看井宗秀离开他父亲的坟，伤心哭泣，"睁开眼了，就在坟堆上，突然站着一只朱鹮。……回过头来，沟道里，那玄女庙，那村子，就已经被白云覆盖了"（409 页）。在假装着和红 15 军团打了一场遭遇战之后，井宗秀却抬头看天空，"天空中已没有了一丝硝烟，有着一只鹰，鹰好像在站着"（454 页）。涡镇钟楼建成，陆菊人和花生在楼上说笑，井宗秀和杜鲁成来了，笔墨一转却写道："两人笑声朗朗，一群扑鸽正从楼顶飞过，那金顶的光就破碎了，像是撒了一片鱼鳞。"（475 页）王喜儒去河边挑水，"一仄头，又看到了一片花开，红艳鲜亮，而倏忽里哗哗地响"（493 页）。此类笔墨在书中俯首即是，把紧张、刺激又惊险的人间万事，给带入到一种静谧、安详的气氛中，那些喧嚣的红尘吵闹，也就立刻静止了下来，带给读者的是一种"泰然处之"的从容淡定，人间硝烟中的战火瞬间熄灭而归于一种超脱。为了把这种境界给点破，贾平凹还用动物的气定神闲来反衬人世间的喧嚣热闹——"燕子是最亲近人的，但它又不肯像麻雀落在门槛上、台阶上，它的巢筑在门顶上和前檐下，超然独处。"（381 页）以至于涡镇即将大难临头之时，"陆菊人哼哼地笑了一下，其实并没有笑出哼哼声。这时候，太阳从东边的山峦上冒出来了，先是西栏杆红，再红到东栏杆，一切都是那么寂静，陆菊人却瞬间不安起来，觉得所有的东西正与自己远去，越来越远"（503 页）。这不得不令人想起司空图的《二十四诗品》中恰有"落花无言，人淡如菊"的话语，而陆菊人的名字和她所看到的寂静，以及她与井宗秀之间深爱却从不说破的爱情，恰恰也是一种"人淡如菊"的"典雅"。只是在这"典雅"中，装载着太多贾平凹的期许，是那种经历了热闹红尘后的静谧与安然，也是冷眼看了世事喧嚣的淡定与从容。

　　从 1973 年发表作品以来，贾平凹的写作生涯已经绵延了四十五年的岁月。假如按照埃斯卡皮在《文学社会学》中所描绘的作家"创作生命力"曲线图来看，作家创作的高峰期"平均临界年龄在 40 岁左右"[①]。即便落实在中国当代文学的作家分析中，适当放宽限制，可以"把一代作家的年龄时段切分在六十岁"[②]，那么如今已届六十六岁年

---

　　① ［法］埃斯卡皮：《文学社会学》，于沛编译，浙江人民出版社 1987 年版，第 17—18 页。

　　② 程光炜：《从田野调查到开掘——对 80 年代文学史料问题的一点认识》，《中国现代文学研究丛刊》2017年第 2 期。

龄的贾平凹，也已经处于创作的"晚期"了。因此将《山本》归入贾平凹的"晚期作品"
应该是合适的。按照爱德华·萨义德的论述，"生命中最后的时期或晚期，身体的衰退，
不健康的状况或其他因素的肇始，甚至在年轻人那里它们也会导致过早夭折的可能性"，
进而导致作家们的"作品和思想"将会"获得一种新的风格"，他称之为"晚期风格"。
他继续论述道："在某些晚期作品里会遇到某种被公认的年龄概念和智慧，那些晚期作品
反映了一种特殊的成熟性，反映了一种经常按照对日常现实的奇迹般的转换而表达出来
的新的和解精神与安宁。"与此同时，还存在晚期风格的第二个类型，"它包含了一种不
和谐的、不安宁的张力，最重要的是，它包含了一种蓄意的、非创造性的、反对性的创
造性"①。他还广泛涉及了晚期风格中"大胆的和令人吃惊的新颖性"、在主题方面自觉
地返回到起始点、用"一种非凡的独创性和简洁优雅的平静风格，来表现出晚期、身体
上的危机和放逐的各种极端"②。在论述 21 世纪中国文学之时，陈晓明把 50 年代出生
的作家在 20 世纪末和 21 世纪初形成的"稳定和踏实的文学总结积累期"，称之为"晚郁
时期"③，并先后论述了刘震云、铁凝、阎连科、张炜、贾平凹、莫言等人。在总结"晚
郁时期"的美学特征之时，陈晓明指出"回到本土""更加沉静的写作""自由放纵的态
度""内敛的主体态度""汉语言的炉火纯青"是五个重要的维度④。在这些论述中，"和
解""安宁""沉静""内敛"等是常用的界定词，而这些恰恰也都体现在《山本》的文本
态度中。且不说陆菊人的名字中"人淡如菊"的意指，也不用说陈先生对人生的领悟与
超脱的态度，甚至不用说贾平凹时刻用突兀出现的动物、植物、气象等来把喧嚣的场面
导进静谧安逸的氛围之中，单就字里行间所体现出来的"泰然处之"的镇静、淡定与从
容，或者说取了"山水之心"来看待人间的攻伐征战、杀戮奸巧、狗苟蝇营，贾平凹作
品所一再揭露的"从容之境界"，便不难体会出来。所谓"秦岭志"者，既是指秦岭的草
木与动物、山水与地理，也同样是一种"以秦岭为心态"的思想境界——横亘在中华大
地之上，提携着黄河长江，统领着南方北方，不管人间如何厮杀争斗、波云诡谲，历史
如何一次次地重复着兴衰治乱的模式，而秦岭自岿然不动、屹然独立，身在红尘之中，
心在人间之外，那一份超脱与从容，便完全把贾平凹写作的"晚期风格"给彰显了出来，
既是自由放纵、反创造性的创造性，也是集大成的、风格的自我完成。用贾平凹的话来

①　［美］爱德华·萨义德：《论晚期风格：反本质的音乐与文学》，阎嘉译，生活·读书·新知三联书店 2009
年版，第 4—5 页。在书中，萨义德着重论述的便是这第二种类型的晚期风格。
②　在对贝多芬、欧里庇得斯、阿多诺、施特劳斯等人进行分析之后，萨义德在《晚期风格概览》中列举了
许多音乐家和作家们的晚期风格。参见［美］爱德华·萨义德：《论晚期风格：反本质的音乐与文学》，阎嘉译，生
活·读书·新知三联书店 2009 年版，第 133—161 页。
③　陈晓明：《中国当代文学主潮》，北京大学出版社 2013 年版，第 574 页。
④　详细论述可参见陈晓明：《新世纪汉语文学的"晚郁时期"》，《文艺争鸣》2012 年第 2 期。

说，"这该是古人讲的入得金木水火土五行之内，出得金木水火土五行之外，也该是古人还讲的看山是山看水是水，看山不是山看水不是水，看山还是山看水还是水吧"①。"秦岭之心"的获得与描摹，成了《山本》背后所浸染着的全新的思想境界，是自由的、"从心所欲不逾矩"的，也是淡泊的、从容的，更是禅宗顿悟的、超脱的，是老庄哲学合于天道的、齐物逍遥的、天人合一的。

三、齐物论，或逍遥游：天人合一与"大化流行，生生不息"

不管是"人即物"的写作方式和理念传达，还是"从容之境"的点染与浸润，贾平凹显然在《山本》中沉思着"生命存在的意义"，追问"人世间的红尘生活命运如何"，其所沉思、追问的结果则都在他所选择的写作方式中表达了出来，如果用庄子的说法，便是"齐物论的大境界"，更是"逍遥游的真从容"。也是在《后记》中，贾平凹说："说实情话，几十年了，我是常翻老子和庄子的书，是疑惑过老、庄本是一脉的，怎么《道德经》和《逍遥游》是那样的不同"，在秦岭流连行走的过程使他顿悟到："老子是天人合一的，天人合一是哲学，庄子是天我合一的，天我合一是文学。"②以文为生的贾平凹，懂得了《逍遥游》的庄子是"天我合一"的，是属于文学的，自然便在《山本》中将之付诸实践，把这一文本作为"天我合一"的写作来尝试。而所谓的"天我合一"，实际上正是庄子"齐物论"的思想，追求一种"天地与我并生，而万物与我为一"的境界，更是"庄生梦蝶"的物化之境。③由此返回头来再去观看贾平凹"人即物"的写作方式，便能明白那不仅仅是地方志的写作方式，还寓意着贾平凹所要追求的以秦岭为自然、"齐万物而并生死"的思想境界的追求。万物尽其性，即是返归自然，任性而活便是尽着自我的天性而存在④，庄子恰是要用"齐物论"的方式来达成"逍遥游"的境界，那么贾平凹便是用"秦岭志"的书写来刻摹天人合一境界的哲学理念。因此，看上去老子的天人合一与庄子的天我合一是哲学与文学的区别，但实际上二者在《山本》中早已经是一

① 贾平凹在这些话语之前还说："不是我在生活中寻找题材，而似乎是题材在寻找我，我不再是我的贾平凹，好像成了这个社会的、时代的，是一个集体的意识。"恰是这个"集体的意识"，凝结为"秦岭之心"。参见贾平凹：《后记》，《山本》，作家出版社 2018 年版，第 524 页。

② "天人合一"与"天我合一"的提出，足以明证贾平凹在哲学与文学之间所做的选择，及其构筑《山本》的野心。参见贾平凹：《后记》，《山本》，作家出版社 2018 年版，第 525 页。

③ 陈鼓应：《庄子今注今译》（上），中华书局 2009 年版，第 80、101—102 页。在《齐物论》最后所提出的"物化"也在海德格尔的论述中存在，尤其是他的《艺术作品的本源》一文。当然，海德格尔更强调艺术品本身，与贾平凹在《山本》中所表达的"人即物"的"齐物论"境界有所差异。参见海德格尔：《依于本源而居——海德格尔艺术现象学文选》，孙周兴译，中国美术学院出版社 2010 年版。

④ 庄子在《列御寇》中说："巧者劳而知者忧，无能者无所求，饱食而遨游，泛若不系之舟，虚而遨游者也。"也可谓是一种"逍遥游"的境界。参见陈鼓应：《庄子今注今译》（上），中华书局 2009 年版，第 882 页。

而二、二而一的一体两面的存在了。

正是出于这种"齐物论"的思想，在小说中，当陆菊人坐在井宗秀为她而设立的高台上观察茶行前后院的时候，"凝视着镇子里的房子、树、街巷、店铺，以及茶行院子墙根那些兰草、月季、丁香、赤芍。它们都是有生命的吧，但它们不知道也不关心她在过去的某个时候路过，现在她又在看着它们，而它们从不回应她的凝视"（501—502页）。这里万物的灵性与人的灵性处于一种胶合又分裂的状态，尽管是陆菊人一厢情愿的沉思，却带着花草与万物的节奏而入于人的心理。在刹那间的领悟中，贾平凹把"齐物论"的念想赋予了陆菊人和涡镇的物事，而深沉的领悟与深邃的思想穿透力，却不曾以繁复的论证腔调来传谕世人，而是以"大道至简"的方式隐现于文本中间，往往在一两句极其简单的话语中，在鸟的偶尔的飞翔、蓝天白云的一瞥以及蔷薇的瞬间开放中，泗染着力透纸背的力量。若再加上陈先生独特的治病方式，人与物之间的"共通"则增加了许多神秘的力量。"他肚里有个大瘤子，吃药化不了，我让他回去看树上的疙瘩，树上如果有疙瘩，那还有救，人和树是感应的，树身上慢慢长了疙瘩，人身上的瘤子就会慢慢消失的。"①虽是乡风民俗，却把人与树之间的"感应"给烘托了出来，更不要说涡镇的老皂角树被认为是"涡镇之魂"，井宗秀死后他的坐骑黑马流泪不食，既是将物的灵性展演得淋漓尽致，也把人与物的沟通与感应给提点了出来。以至于贾平凹还要借助花生的嘴来抱怨："人是离不得太阳月亮的，可太阳月亮日夜照着，人并没有把谢忧挂在嘴上么。"（490页）颇有为物事而不值得的愤慨，更有一种感恩自然的心怀，来于自然而归于自然的情念，这恰是贾平凹"人即物"思想的另一面。同时，在人物的活动、言语之后，点出的一笔笔自然物事，除却将喧嚣导引入静谧的氛围之中的作用外，还彰显着人作为自然万物之一的本性。刘老拐说过话之后，"这时候，一只鸟从空中扑啦啦飞过，是水老鸹，羽翎银灰色，亮得像一团箔纸"（100页）。"陆菊人还站在那里，突然间，她觉得那马的眼神有些熟悉，想了想，像她娘的眼神，连那喷嚏也带着她娘的声音。"（101页）前者用老鸹的另类美，来回应刘老拐关于人吃饭是乞丐还是财东的议论，后者用马比喻女人来指认陆菊人作为女人该为井宗秀而服务的坐骑本色。在这两者中间，贾平凹又插入了井宗秀关于陆菊人的议论，他说："刚才我看着你身上有一圈光晕，像庙里地藏菩萨的背光。"但紧接着，笔头一转，"正说着，一股风从街面上嗖嗖地扫过来，腾起灰尘"（100页），打断了井宗秀继续的评论。突然吹来的风带来了情节的改变，但也喻指着地藏菩萨不真的评论，因为陆菊人想方设法维护的井宗秀，最后被发小好友阮天保给暗杀

---

① 贾平凹：《山本》，作家出版社 2018 年版，第 496 页。当然，这样的细节在贾平凹的小说中多次出现。《古堡》中阴阳师就直接说出了类似的话："这本是要病人肚里生了个瘤子的，禳治后，这瘤子才转移到了这棵树上。"参见贾平凹：《古堡》，《天狗》，译林出版社 2015 年版，第 395 页。

了，整个涡镇也陷入了万劫不复的境界之中。这种表面看上去突兀而断裂的话语，正如第一部分的分析所指出的，初读起来会让人感觉很不适，但细细品味那文字背后所蕴含的思想，一则是泰然处之的淡定从容，二则便是"齐物论"境界所追求的效果。如果用《山本》中的话语来把齐物论的境界，或逍遥游的境界给描绘出来，莫过于井宗秀选的一副对联，即："心将流水同清净，身与浮云无是非。"这句出自岑参《太白胡僧歌》中的话语，正是描摹秦岭太白山的物事与僧人的，也恰好符合了贾平凹"秦岭志"的追求与思想境界的达成。

如果仅仅只是把齐物论的调子贯穿于整个小说中，那么贾平凹的《山本》势必显得枯燥而凌乱，"天我合一"，甚或"天人合一"的境界追求，便不会真正地把秦岭的人间给含纳其中，因为千古横亘的秦岭及其所养育的草木、动物拥有了其性灵的形象，但人物却被忽略了。从"天人合一"的境界返身观照人间的所在，红尘爱恨、痴男怨女等，走马观花般匆匆而过，恰恰是"大化流行，生生不息"的象征，只有将这生生不息的人间真正地放置入"天人合一"的境界中，齐物论或逍遥游的寄托才是扎实的、稳固的，毕竟贾平凹还仍旧生活在人间，小说中的人物与阅读者同样首先生活在人间，通由人间而领悟的天人合一境界，才是真正的顿悟与解脱。于是，贾平凹乐此不疲地以井宗秀为中心，把涡镇一步步走向兴盛又坠入灭亡深渊的过程，以及秦岭中活动着的国民军、游击队、逛山、刀客、保安团、预备旅等，一一详细交代，构成了小说的主体。但逛山、刀客如五雷、梁广者与涡镇和红军的复杂纠葛；阮天保在预备团、保安团和游击队中的四处投奔；游击队和国民军、逛山、刀客的复杂关系；红军内部的种种矛盾与屠杀……这些人间的"最动人心弦、最富有人情味、也最危险的历史"越是热闹，越能把"大化流行，生生不息"的命题给呈露出来。他们终将作为秦岭的一草一木，领取各自的命运如斯，归入秦岭的尘埃之中，像文本中处处可见的突兀地插入其中的关于动物、草木、天象等的偶然一笔——"院子东边的墙里有了一朵花，花在行走着，噢，那不是花，是蝴蝶。"（25页）花、蝴蝶与人，便是同领着自然的性命，存在于秦岭的一隅，既是"天我合一"的，也是"天人合一"的，都归入了"大化流行，生生不息"的天道之中。

四、商州的脉络，或灵魂的重回

如果要给《山本》一个定位的话，那么我们认为它仍然属于贾平凹的"商州系列"，尽管它被宣称为一本"秦岭志"。这倒不是因为"秦岭"被缩小为"商州"，《山本》的故事被范围在"商州"之内，而是必须首先区分"地理意义上的商州"与"文学意义上的商州"。在贾平凹的笔端，他所重新建构的"商州"显然已经超出了地理意义上商洛市的一区六县，而是扩展为包含了现今的商洛市、安康市、汉中市的全部与西安市南部秦岭山区，以及渭南市、宝鸡市地属秦岭的那一部分。因此存在着文学上的"大商州"这一概念，《山本》便属于这个"大商州"的系列。其实，不管是自然山水的景观、人文地理的构成，以至于贾平凹虚构的三合县、方塌县、桑木县、麦溪县、涡镇等，和现实地理中的山阳县、留仙坪、凤镇、棣花镇、银花镇等，都携带着浓重的"商州气息"。它们要么本身就属于地理意义上的商洛地区，要么即便不归属于这一地区，也在植被、风习、历史、生活等上展示出了"商州性格"。这样，在整个"商州系列"中来观察《山本》，或许能给它一个更为清晰的说明。

自 1983 年"重返商州"后，贾平凹的写作除偶尔溢出"商州"外，如《废都》《高兴》《极花》等，大部分作品基本上都尽心尽力地重塑文学意义上的商州。而实际上，甚至可以说从文学创作生涯一开始，贾平凹就没有离开过商州，只是 1983 年之后更为自觉。从最早时期的《小月前本》《鸡窝洼人家》和《腊月·正月》开始，贾平凹在 1983—1985 年间写作的几组"商州系列"作品[①]中，乃至于后来的《浮躁》，始终存在着一个"乡村与城市"的对比维度，这尤其体现在《九叶树》与《西北口》中。即便没有明显的"城乡对比"，但时代之变、人性重塑等也都存在着城市和乡村的对比身影。在这些作品中，贾平凹意欲在城市的对比中来描摹商州的独特性，去重塑商州人物与生活的品性与德行，于是就有了石根和小四那样的地方的性格及其所成就的乡村的前途；也有面临选择之时小月、烟峰、麦绒与韩玄子们的犹疑、徘徊甚至抵抗；才会让香香、师娘、白香、黑氏、小水等女性及其所自带的菩萨光环更显得光芒万丈。无疑，《山本》中的陆菊人也属于香香等人的"商州女人系列"，她的地藏菩萨的"背光"与师娘的菩萨称谓、安安的菩萨属性等是同属一脉的。杨掌柜的善良忠厚，又和吴三大、井把式李正、木犊等人是相通的。乃至于井宗丞的闯荡世界和井宗秀的品性等，和门门、禾禾、天狗、石根、小四、金狗等是同一人物谱系里的众生。当然，随着写作的持续深入，《秦腔》《古炉》《老生》

---

①　贾平凹曾在一次研讨会上说："1983 年冬天，发表了《商州初录》，之后，有计划地，却是断断续续地写了《商州又录》《商州再录》（单独发表时更名为《商州世事》）。这可以算作一组，这一组笔法大致归于纪实性的，重于从历史的角度上来考察商州这块地方，回归这个地方的民族的一些东西，而再将这些东西重新以现代的观念进行审视，而做一点力所能及的挖掘、开拓。""完成商州三录的后期，我写出了《小月前本》《鸡窝洼人家》《腊月·正月》这一组。它的写法与三录不同，题材着眼于现实生活。当然，这一组，我的目的并不在要解释农村经济改革是正确还是失败，政策是好是坏，艺术作品不是作为解释的，它是一种创造。所以，这一组小说的内容全不在具体生产上用力，尽在家庭、道德、观念上纠缠，以统一在三录的竖的和横的体系里。""写完这一组，再写出的就是一个小小的长篇《商州》，旨在从古到今完整地做一次试验。""但重新到生活中去，进一步作深入的研究思考，立即感到以前所写的还远远不够，有好多问题需要在人的身上深挖方能得到明确的答案，于是就写出了今天大家在这儿讨论的这一组小中篇：《天狗》《冰炭》《远山野情》。""在这一组之后，还写了另外一组，名字为《黑氏》《人极》《西北口》《古堡》，也是大小不等的中篇，年底和明春即可刊出，到时也盼大家教正。"参见贾平凹：《我的追求——在中篇近作讨论会上的说明》，《关于小说》，生活·读书·新知三联书店 2015 年版，第24—25 页。

等已经改换了容颜，只是《秦腔》中乡村的衰落里仍旧潜藏着"城市的幽灵"，《古炉》与《老生》处理的历史维度则使其跳脱了这个模式，和《山本》倒是有着异曲同工之妙。

　　《山本》尽管属于"商州系列"，但比照着之前的"商州书写"，它已经获得了大大不同的性格。在《山本》这部小说中，真正体现出一种"让地方回归到地方""让地方成其为地方本身"的野心。它去除了作为对比参照的"城市的魅影"，而是真正地把目光落实在地方，从而让地方的命运、启示显得更为本真，符合了地方和人的天性及其天命，商州作为一个形象更为完善地体现在作品中。商州的山水、物事与人间，全部依托于独特的"商州心性"而存在，体现为山地的品性、本地化的气质，让人一眼就能把井宗秀、陆菊人、陈先生等置入商州大地。当然，更为重要的是，如果说之前的"商州系列"作品，还停留于吉光片羽式地描摹商州、重塑商州的个性，形成"系列解读"的套路，那么《山本》的写作则具有了商州"百科全书"的特性与"集大成"的风格，大有一气呵成的气势。"商州三录"与《商州》，集中对商州的景观、风习和当地生活进行展示；《小月前本》《鸡窝洼人家》《腊月·正月》和《浮躁》则聚焦于时代变革及其在商州所引发的社会、生活与心理变化；《九叶树》《西北口》《远山野情》等还强调对比中所带来的前后转变，体现着主人公对于自我本性的坚守；《冰炭》《天狗》《黑氏》《人极》等又多对商州本地人物性格进行集中摹写，把淳朴、善良，甚至略显憨厚的商州人物，变成文学中独一无二的存在。所有这些，景观、心理、性格，乃至于历史、生活、风习等，在《山本》中都一一被涉猎，虽有所侧重，但若论全面则略胜一筹。

　　另外，在写作心态上贾平凹的转变也颇值得关注。如果说之前的写作还带有一种负气的年轻气盛，要争一个谁高谁低的结果，带着许多血气方刚、绝不认输、好胜要强的心态，要"为商州树碑立传、树人立心"的话，那么《山本》则尽褪这种争强要横、好勇斗狠的心态，时时处处都体现出一种自得自适的境界来，不强求、不恣肆，也不自负于一人之力托举商州全境。说白了，人生只不过是过自己的生活，绝不是要在别人的眼中看到自己的形象，正如陈先生给人看病时所言述的心病，幸福还是不幸福，崇高还是不崇高，鞋合不合适，只有脚最清楚。如此说来，《山本》便是一种真正的"回归之作"，既是题材、风格、故事等的回归，更是心灵上对商州的皈依。只是这种皈依不是重返地理、文化意义上的商州，那个商州或许已经不存在，存在的只是一己之心、一己之魂。山之本来，说到底就是命之本来，就是自我之为自我、生命之为生命的那个更为根本的东西。如果非要给它以名称，那便是自然，或者道家所谓的"道"，人道、天道、大道。《山本》就是对人道的回归，也是对天道的回归，更是对大道的回归。大道至简，默然不语，人只能以合于自然的方式来合乎大道的运行，这大道即体现在秦岭的岿然不动、泰然处之，也体现在秦岭中一草一木、万事万物的存在中，真正地是属于"一花一世界，一叶一菩提"的佛教境界。因此上，那"从容之境"的构筑，就不是贾平凹强力而为之的人生顿悟，而是自然大道本身如此，《山本》只是一次纯净而无杂念的向之回归罢了。这样，在"商州系列"中，《山本》自然显示出了它的独特地位，完全可以置于一个更高的境地之上。

2018.4.21 人图圆桌·问馀斋
2021.8.6 改定于上大·知汎斋

（作者单位：上海大学文学院）

城市疾病、日常叙事与"独立女性"悖论

——评贾平凹《暂坐》

赵 勇

内容提要:《暂坐》作为贾平凹为数不多的几部城市题材小说之一,与三十年前的小说《废都》呈现出"互文性"关系。小说以超写实的日常叙事呈现了当代城市的疾病空间,以"散点透视"的方式讲述了一群当代城市女性的日常生活和情感焦虑,反思了"独立女性"在当下社会中构成的时代悖论。

关键词:《暂坐》;疾病空间;日常生活;"独立女性"

一、城市的疾病空间

贾平凹写城市的小说在其作品总量中占比不大,1993 年创作了《废都》之后,又陆续创作了《白夜》《土门》《高兴》等几部。《暂坐》是其最新的长篇小说,也是城市题材,它与三十多年前的《废都》在文本意义上形成"互文性"关系。《废都》的故事主角是男性,通过对市场经济开展初期带有旧文人气质的知识分子的"焦点透视式"书写,呈现了知识分子在新的时代环境中的精神困境与挣扎迷失。《暂坐》则写了一群女性,对当下消费主义社会的中产阶级"独立女性"进行了"散点透视式"的书写,展现了当下女性中产阶层的日常生活和情感焦虑。两部小说都是立足"当下",虽然相隔三十多年,但写的都是同一个城市,同一个大的生活空间,并且都围绕"琐碎泼烦"的日常生活展开叙述。

《废都》之后的近三十年间,贾平凹作品等身,但是在他的长篇小说中,大多是以乡土题材为主,严格意义上的城市题材作品很少。用他自己的话说,就是自己虽然在一

直居住城市，但灵魂深处长期以来仍然是一个农村人。对于城市，尤其是当代的大城市，长期无法在心理上达到完全融入其中的状态，以至于对城市的理解不够。这有作家本人自谦的因素，但也是一个带有普遍意义的问题，中国当代的其他作家，甚至其他专门做城市学术研究的学者，又有谁能说自己对当代的城市这个庞然大物有着清晰而准确的理解和认识？

相对于农村而言，城市，尤其是当代的大城市，实在太过巨大而复杂，无法用自古至今几千年以来认识农村的历史经验来套用在它上面。如果说从前的乡土社会、农村空间是单一、线性和平面化的结构，那当代的城市社会和空间则是复杂、多层次、立体式的结构。不论在文化空间、经济空间、社会空间还是物理空间结构层面，城市的复杂程度相比农村几乎就是一个几百上千人的交响乐队和一个人弹一把琴之间的区别。但是，尽管贾平凹对城市的理解可能没有对农村的理解那么深，也并不见得他对城市的理解就不深刻。他不但对城市仍然有着自己独特的理解和认识，而且在当代文学的城市写作中，形成了辨识度极高的贾氏城市书写风格。

和对农村的书写类似的是，贾平凹对城市的书写也是从"日常生活"的细枝末节入手。所不同的是，对于城市，作者由于自己无法在心理上完全融入城市，反过来让他获得了一部分"局外人"的疏离感，因此同样是对日常生活"琐碎泼烦"的书写，这种疏离感让贾平凹在进行城市书写时明显比农村书写显得更加轻松，尤其是《废都》和《暂坐》这两部"百分之一百"的城市题材小说（《土门》写的是城乡接合部，《高兴》的叙事对象是来自农村的农民工，并不是真正意义上的城市题材）。城市书写明显是讲"别人的"故事，而农村书写就是在讲"自己的"故事。以《暂坐》和《废都》的开头为例，《暂坐》的开头一段中这样写道："……2016这一年，一个叫伊娃的俄罗斯女子，总感觉着她又一次到了西京，好像已经初春，雾霾却还是笼罩着整个城市。"①《废都》的开头是这样："一千九百八十年间，西京城里出了桩异事，两个关系是死死的朋友，一日活得泼烦，去了唐贵妃杨玉环的墓地凭吊……"②这两个开头采用了同一种模式，即中国古典文学最传统的开篇方法，即：某个年代，某个地方，某个人去做某件事，从而引出故事的全篇。贾平凹的这两部书写城市的小说都是这样的开篇方式，在开篇方式上古典文学意味甚为浓厚，像是要准备平静地讲述一个遥远的故事。

而与此相对的，贾平凹在书写农村题材小说时的开篇大都有着非常强烈的自我主体代入感，而且在小说叙事上充满着"现代主义"特征，且看这几部农村题材小说的开头：

---

① 贾平凹：《暂坐》，《当代》2020年第3期。
② 贾平凹：《废都》，作家出版社2009年版，第1页。

“狗尿苔怎么也不明白，他只是爬上柜盖要去墙上闻气味，木橛子上的油瓶竟然就掉了。”——《古炉》[①]

“要我说，我最喜欢的女人还是白雪。”——《秦腔》[②]

“那个傍晚，在窑壁上刻下第一百七十八条道儿，乌鸦叽里咵嚓往下拉屎，顺子爹死了，我就认识了老老爷。”——《极花》[③]

“镇长戴着草帽，背包里揣了一条纸烟和三瓶矿泉水，一个人单独在全镇检查维稳和抗旱工作。”——《带灯》[④]

“子路决定了回高老庄，高老庄北五里地的稷甲岭发生了崖崩。”——《高老庄》[⑤]

很显然，贾平凹在《废都》之后写的农村题材小说的开篇基本都是直接进入故事的内核，这源于贾平凹对于农村题材的个人情感和主体代入感更为强烈，也基于他对于农村的认识和理解更为深刻。虽然他在城市生活的时间远远大于在农村的时间，但是对于书写城市为主体的小说，贾平凹采用的却是那种古典式的具有“间离感”的开篇方式，这种开篇方式让叙述主体中的作者从叙事中可以“抽离”出来，就如作者在在《暂坐》中“后记”中所说“自己变成了一只房梁上的燕子，不离人又不在人中，筑巢屋梁，万象在下”。在这个意义上，可以将《暂坐》和《废都》放置在同一个维度上进行考察。

《废都》和《暂坐》的故事都是在西京城，同一个城市，也就是贾平凹生活了四十多年的那座历史悠久的古都。《废都》中的西京城和《暂坐》中的西京城，中间隔着三十年时间。在现实层面上，这近三十年间国家取得了巨大的经济和社会发展成就，对于中国的任何一座省会级别的城市，在这三十年间，发展变化都是天翻地覆的。但在这两部小说中，“西京城”的城市空间形象除了多了巨大的雾霾笼罩之外，其他的方面似乎差别不大，如乱七八糟的街道、乌泱泱的人群、城中村、筒子楼、棚户区、鬼市、五花八门的地方小吃店、老城墙以及城墙上吹埙的人等，不可否认这些不像城市的城市空间景象在当下的“西京城”仍然存在，也并非“西京城”三十多年没有任何发展与进步，只是在作者眼里，这些不太唯美的城市景观才代表着这座古老城市最真实和最接地气的一面。或者可以说，这些景观是作者四十多年前初到西京城时的第一印象，也同时形成了作者在四十多年里对这座城市的“刻板印象”。

虽然《废都》和《暂坐》两部小说的开头都是先表明故事发生的公元纪年，小说中各种“历史性”的事件都显示着小说的现实感和“当下性”，但就两部小说本身对于城市

① 贾平凹:《古炉》，人民文学出版社 2011 年版，第 1 页。
② 贾平凹:《秦腔》，作家出版社 2005 年版，第 1 页。
③ 贾平凹:《极花》，人民文学出版社 2016 年版，第 1 页。
④ 贾平凹:《带灯》，人民文学出版社 2013 年版，第 1 页。
⑤ 贾平凹:《高老庄》，人民文学出版社 2008 年版，第 1 页。

的书写而言，既没有太多城市空间的外在变化，也没有现代都市精神的内在进步式的革新，在中国发展最为迅速的三十年间，贾平凹笔下的西京城，似乎有与世隔绝之感。然而，在《废都》和《暂坐》中，虽然现代都市精神缺乏，"市场经济和民主政治支配"及"市场准入和民主参与"①都鲜有表现，但作为现代城市飞速发展的"城市病"则一样不缺，而且在贾平凹细网打捞式的书写下，城市病中所有的症状都像海底潜伏的垃圾一样全部被网出水面。城市有疾病，人也有疾病，《暂坐》的故事也是以夏自花这个白血病人生病住院直到离世为线索贯穿起来的，小说中夏自花的病在身体上，其他人的病则在精神上，城市的疾病则从外到内到处都是。

在中国现当代文学中，从鲁迅算起，有着太多的疾病叙事。如果说鲁迅的疾病叙事是对那个时代落后愚昧的社会的批判，贾平凹的疾病叙事同样也是对当下时代社会的隐喻。人的疾病隐喻城市的疾病，隐喻时代的疾病，人的血液出了问题，城市的血液也同样出了问题，《暂坐》中的疾病叙事正是一种"疾病的隐喻"，城乡区隔、阶层区隔，雾霾污染、空间虚浮肿胀、精神萎靡颓败，上层精英的空虚、中产阶层的焦虑、底层民众的麻木，这些"疾病"共同侵蚀着城市空间。在鲁迅的《药》中，华小栓吃了人血馒头的"药"也没能痊愈，《明天》中的宝儿吃了"婴儿保命丸"很快就死了。《暂坐》中夏自花虽然可以享受现代医院的科学治疗和朋友们的精心照顾，还很幸运地匹配到了高文来的血小板，但终究仍然没能挽回性命。鲁迅借小说批判社会的黑暗，不存任何幻想，在小说《药》中，最后墓地树枝上的乌鸦终究没有飞到坟头上来，《明天》中的单四嫂子也没能做到见儿子的梦。《废都》中庄之蝶无法忍受抑郁，最后选择了悲剧式的出走，而《暂坐》中夏自花的病没能治好，冯迎意外地死去，活佛也没能等到，但小说中陆以可死去的父亲两次出现，冯迎的幽灵回来捎话，在绝望的尽头通过"反魅"叙事构建出了一个给人些许"安慰"和"幻想"的反技术理性的空间。

不论是《废都》中的城市空间，还是《暂坐》中的城市空间，都与主流媒体宣传的现代城市形象截然不同，这是文学意义上的"西京城"，更是主旋律话语之外可能更加真实的"西京城"。在这里，公共秩序的混乱，边缘空间颓败，阶层圈子区隔，资本权力傲慢，这些城市空间疾病随着小说中故事的展开一一呈现在我们面前。

在现代城市里，时间的计量精准，意义明确，但在生命意义上往往却沦为一个空洞的能指，没有附着自然和生命的鲜活意义。现代城市里的时间只是一个和价值利益对应的数字符号，它在无情地度量着生命的金钱价值的同时将生命切割成一条条一缕缕的碎片。正如《废都》和《暂坐》两部小说开头就立即标明的年份只是交代出一个宏大而虚

---

① 吴琳：《从现代城市兴起探寻现代都市精神》，《湖北社会科学》2004 年第 5 期。

空的时代背景而已，不论是《废都》中"公元一千九百八十年的西京城"，还是在《暂坐》中"2016年的西京城"里，全然没有诗意的栖居，不论是在庄之蝶的"求缺屋"还是弈光的"拾云堂"，以及海若的"暂坐"茶庄里，他们都没能摆脱"无历史""无主体""伪实践"①的"泼烦"生活。这种生活是从城市的一个空间到另一个空间再到下一个空间，是从茶楼到大街上，从西涝里到拾云堂，从西明医院到火锅店，从建业街到丰登巷，从香格里拉饭店到筒子楼，从泡沫馆到能量舱馆，从咖啡吧到麻将馆，从城中村到停车场……生活就是在这许多的空间中来回切换。

传统的农村生活是跟着"节气"走的，寒来暑往秋收冬藏，日出而做日落而息，虽然近几十年以来随着城市的剧烈扩张导致农村日渐凋敝，但时间在农村仍然没有完全丧失生命意义。而在现代化的城市里，时间已经完全同生命割裂开来，各种事件密密麻麻目不暇接热闹非凡，但过后一切都像从未发生过，像一场梦境，有种令人迷幻的不真实感，就像《废都》开头天空中出现了四个太阳，《暂坐》开头描绘的铺天盖地的雾霾，都营造出了这种迷幻而不真实的感觉。城市空间的迷幻，日常生活的芜杂、泼烦，让身在其中的个体焦虑不安，为了寻找意义，《废都》中的主人公庄之蝶去古墓凭吊，到城墙上吹埙，经常在家里一个人播放哀乐，沉迷于和不同女人的性爱，然而最终仍然没有寻找到真正的意义；《暂坐》中的茶庄女老板海若一直在等待活佛，试图通过"皈依"获得心灵的寄托，同时全力以赴地积攒"功德"，为自己的闺蜜们解决一件又一件的琐事，最终仍然是活佛没等到，闺蜜们却"死、走、伤、离、散"。

社会极速发展的结果是不同阶层的财富差异越来越大，而且是富者愈富，贫者愈贫，彼此之间失去了沟通的渠道，逐渐成为不同世界的人。就像在郝景芳的科幻小说《北京折叠》中描述的一样，不同阶层处在不同的折叠层，互相排斥，拒绝流通。西京城也不能例外，在现实层面上，上层社会的西京城，和底层社会的西京城也不在一个空间维度里，而《暂坐》恰好要书写一群上流社会的人，为了避免"不接地气"，作者在小说中有意让"十玉"们时常步行着从一个城市空间到另一个城市空间，各种底层化的景象就在我们眼前依次展开。海若去找陆以可，电梯坏了，麻木的工人们白眼瞪人，讨债的农民工每天在饭馆里只点米饭不点菜，医院门口饭馆里农村妇女直接往桌子下面的垃圾桶里吐痰，停车场大爷经常怒斥摆摊的穷人。底层仍然是穷苦不堪，素质低下，而且相互倾轧。作者在此通过小说作出反思，社会经济有了那么巨大的发展，为何这些底层的人仍然是"穷极了的"。小说在这里着眼上层社会的书写时同时呈现出底层的生存状态，阶层固化、信仰共同体消失，上层社会的虚伪和底层社会的麻木，阶层间的区隔，这难

---

① 李宝文：《如何展开日常生活批判：科西克关于日常生活批判的四重维度》，《国外马克思主义研究》2014年第6期。

道就是三十年社会快速发展的结果？在这个意义上，这部小说的叙事有了"政治性"的意味。

二、"超写实"的日常生活叙事

在《暂坐》中，作者把叙事交给了芜杂的日常生活本身，让小说的叙事在日常生活的这些琐碎里自己流动，虽然这种流动会让叙事显得迟缓、凝涩、滞重，但恰是在这种迟缓、凝涩、滞重中刻画出了日常生活的原生态和本真状态，这种状态让人有强烈的代入感，甚至比真实的现实更加"真实"。这种本真状态不是纯粹的文学想象，也不是单纯的剪辑和拼接，而是对真实日常生活近乎百分之百的还原，是对日常生活景观纤毫毕见的"超级写实性"的书写，这种超写实的书写深刻地揭示了日常现实的结构和肌理。

在《暂坐》第一章中，对暂坐茶庄尤其是二楼佛堂的描写细到毫发，对佛堂的东西南北四面墙上壁画内容的介绍，更是多达近七百字。第三章里海若和伊娃来到西涝里的棚户区找陆以可，来到巷道北头的楼前时这样写道："楼前是个喷水池，却没有水，池子里落着厚厚的尘土。"此时完全可以直接写海若和伊娃上楼，但在此处却插入了两段楼下的日常生活景象：

"（喷水池）旁边是栽了几种健身器材，两个人双手挂在单杠上，一动不动，像是在吊死。一个人则将脊梁不停地撞篮球架的铁柱子，咚咚，一只鸽子飞来要歇脚，又飞走了。有了二胡响，循声寻去，有人就坐在远处的砖垒子上，低着头，看不清眉眼，把悲风中得来的音调变成了一种哀伤，可能是常在那里拉，也没听众。"[①]

这样的内容在小说中比比皆是，原本习以为常的、无聊乏味的日常生活景象在这种"长镜头"的捕捉下显示出一种怪诞和荒谬之美。而小说中当海若和陆以可才开始准备上陆以可居住的楼，又遇上电梯坏了，两个"浑身油污"的工人蹲在下边正在修理，问了两次没得到任何回答，只收到了工人的一个白眼。在两个工人眼里，眼前两位瞧打扮肯定是中上流人士，和自己压根儿不是同一世界的人，所以懒得理会。就这一个"没回应"和白眼，就写出了城市日常中的阶层区隔，城市的光亮部分和阴影部分互相隔离，毫不相关。

中国几千年的农业社会沉淀在人们心里的文化基因并不是通过城市化的外在革新就能改变，虽然外在的变革能带动人内心观念的改变，但绝不是几十年的经济突飞猛进就可以让所有人彻底"洗心革面"，城市深层次的社会心理和许多行为方式，仍然存留着几

---

① 贾平凹：《暂坐》，《当代》2020 年第 3 期。

千年农业文化的烙印，这也是为什么在贾平凹笔下的城市"不像"城市，其实这才是最真实的城市，至少是最真实的城市面孔之一，而我们在大多数语境中言及的城市则是建立在官宣和想象美化后的城市。现代城市的核心特征一般而言都认为是时尚、发达、快节奏、繁华等，但这些特征其实都仅仅是相对的概念，就如"西京城"相对"陕南山区"自然是时尚、发达、快节奏、繁华的，但如果和更加发达的"北上广"等一线城市比较，它就又变成了土气、落后、慢节奏、偏僻的，所以城市的现代感、时尚感、繁华感、节奏感等并不能被某个日常景象准确地证明，这种先验式的定义方式不仅不可靠，而且会在人内心产生出一种迷幻和虚无之感，《暂坐》中对于许多老城区和街道的原生态式的描写就让人觉得真实可信，而先验式地定义一种或几种城市的普遍特征或者用一些常见的技术和文化符号表现城市则很难让人产生真正的共鸣。

　　城市的现代感、时尚感、繁华感等在贾平凹书写城市的两部小说中很少见到，反而脏乱差、秩序混乱、人像没头的苍蝇等倒是贾平凹书写城市小说中最多的景象，这样的城市看起来很不像现代化的大城市，倒像落后的城乡接合部。其实，我们印象中的城市往往是对不好看的那些场景实施了有意或无意地"清场"，留下的只是经过过滤后可以"上得了台面"的景观，而这些景观只是城市的表象，或者说一部分景观，而那些不好看的"上不了台面"景象仍然真实地存在，只是不再为人所关注和书写，被人选择性地无视，被宣传者选择性地排除，被书写者选择性地过滤，不但在许多记录这个时代的文本中不出现，甚至在人们的记忆中也被永久地删除。

　　贾平凹极为擅长书写市井烟火气息浓厚的日常景象，从日常生活琐碎细节着手，一针一线看似随意实则绵密，织起来一幅当代城市社会的真实图景。还原出生活的真实来，不但还原出来，而且还要通过"超写实"的描写狠狠地强调这种真实，这是一种文学书写技术的回归，回归到文学最开始的状态，这也是一种反讽，对遮蔽、粉饰、美化、自大、虚伪的反讽，让生活在日常琐碎中显出原形。在《废都》之后的小说中，这种叙事方式几乎是贾平凹小说的"标配"。《暂坐》沿袭了这种写法，这种超写实主义虽带有机械复制的批判意味，但并非是机械地描绘客体，而是在写实主义的基础上进一步深入，加强了表现对象的客观性，用一种摄影师的视角进行描绘，不脱离底层生活，烟火气息浓厚。

　　如《暂坐》中写司一楠在兴隆街一段中，切肉的人耳朵上偏偏要夹一支烟，外卖骑手倒地后都是先查看饭菜是否溢出，卖干果的红枣时常会被人顺走一颗，买下熟肉的人边买边用手撕下一块嚼，还有陆以可去西涝里时，看见老太太给小孩擤鼻涕，辛起和伊娃住在城中村时夜晚听到的叫床声景象的细致描写等，这种描写生动细腻，这是小说中司一楠或者陆以可看见的真实场景，并非作者的全知视角，这种一如摄像机跟着人物行走式的写法让故事情节的节奏缓慢，只能一帧一帧地徐徐推进。这种超写实的书写貌似如实记录，未经加工，实则不然，只是加工得不着痕迹，像超写实的画，似乎和摄影一样，然而仍然有艺术的各种强调和表现在其中，并不仅仅以还原日常生活的本身为最终目的，而是在这种超写实的还原中拓展着小说中日常生活的叙事空间。

从《废都》到《暂坐》，贾平凹城市题材小说总能以城市"日常生活流"的叙事抓住"当下"的脉搏，去除本质化、理性化、神圣化的先在判断，果断还原生活的原生态，利用自己独特的细腻书写构建出"小"时代的日常观感。贾平凹小说文本中总会有许多密实而鲜活的生活细节，在别人可能会一笔带过的地方，他经常会在一个细节驻笔很久，围绕这个细节进行进一步的强调，随意地在一个点上做"无意义"的生发，在理性意义上没什么可写的地方继续书写，这在某种程度上和写实的极限，不断拓展写实的边界，在不能突破之处继续推进。《暂坐》中写饭馆门前的苍蝇，一定要说明苍蝇是不是绿头的。茶庄的小唐往车上扔废弃的花束，会详细描写扔花时的动作，两条腿分别是什么姿态。这并不是"讲故事"，而是用虚构的文本记录最真实细致的生活状态。

贾平凹小说中的大量"原生态"的场景不但没有"美图"感，也没有"滤镜"感，他甚至会用显微镜扫描到所有的犄角旮旯，把那些上不得台面的东西全都展示出来。这种写法几乎见于贾平凹所有的小说当中，尤其是《废都》之后的小说中，我们会看到许多熟悉的"脏段子"，比如《废都》中设计公共厕所的女设计师上公厕时需要事先拿两块砖头的尴尬，《山本》井宗秀父亲喝醉后掉进臭气熏天的茅坑淹死，《古炉》中每隔几页都会出现的排泄物，各种"砸屎"的场景，《怀念狼》中充斥的各种人物的"兽欲"，《高老庄》中对高子路和西夏性事不厌其烦地书写……即便是《暂坐》这样的书写都市中上层社会"优游尊贵"的女性小说，仍然不时地要把视角引向一些"脏乱差"的地方，比如关于"鼻涕擤一池塘"，城中村夜晚的叫床声等。这种有意识地对小说文本的"污化"和许多熟悉的贾氏"段子"的重复出现虽然在某种程度上会让读者产生阅读厌恶感，但这些场景在生活中其实都司空见惯，只是在许多作家笔下被过滤掉了，而在贾平凹这里，这些书写却实实在在地形成了一种粗俗而有力的解构风格，在超写实中不断地解构，解构了崇高、严肃、高贵和虚伪，解构了历史，解构了社会，解构了文化，甚至解构了马克思社会属性意义的"人"，这才是真正的"后现代"书写，也是具有"政治性"意义的书写。

除了超写实之外，小说故事的偶然性也指向日常生活的本真状态。《暂坐》的故事结构虽然套用了一个梦境的"壳子"，就像"本故事纯属虚构"的开场白一样，明确告诉你这是小说，当不得真，但其实这只是"虚晃一枪"而已，这个"壳子"才是真正的"当不得真"，壳子里面包裹的恰是日常生活的真相。日常生活本身就是由许多偶然性事件组成的，它并没有事先设计好的开端和结局。正如列斐伏尔在《日常生活批判》中所指出的，日常生活具有"多面性、流动性、含糊性、易变性"①。小说《暂坐》正像是这种具有"多面性、流动性、含糊性、易变性"生活琐事的日常记录，叙事流向哪里，似乎不受作者控制，而是任由人物的日常生活本身原生态地流动。

在小说《暂坐》中，偶然性和随机性转折随处可见。比如作为串起整个故事线索人的夏自花，在她的病似乎即将好转时，却突然地死去了。夏自花死后，她的情人"姓曾的"浮出水面，按正常的戏剧化想象，此时应该有一个戏剧化的高潮，围绕夏磊的抚养权展开争夺，结果"姓曾的"以一个陆以可的"再生父亲"形象的出现让这个冲突还没开始就平淡地结束。应丽后雇用讨债公司的章怀去讨债，也是冲突还没激化时就突然停止了。辛起的前男友大闹茶庄，在"闹出人命"前警察及时出现。茶庄爆炸，海若被有关部门带走，整个故事原本可以借此进入一个更有故事性和趣味性的阶段，但作者在此却突然留白收尾，对于"西京十玉"何去何从，也并不做交代。这不符合普通的小说阅读习惯，但却符合日常生活的真实逻辑，并不强调戏剧化，而是适时地遏制戏剧化情节的扩张，刻意不产生过度夸张和戏剧性的情节。诚然，现实的日常生活中肯定有许多可能比这要离奇有趣的情节，但绝大多数人的日常生活都是庸常而琐碎的状态，并没有多少戏剧化，作为小说《暂坐》，对故事情节的发展也总是"点到为止"，绝不刻意扩张。

三、"独立女性"的悖论

《暂坐》中对当代城市的"独立女性"的书写力图展示出了她们美好向上的一面，的确写出了她们的"精英感"。她们大多数身家不菲，气质不凡，精于化妆打扮，注重生活品质，她们是让大部分普通阶层的人艳羡的一个群体，小说对"西京十玉"的叙事整体也呈现出一种音乐性的美感。《暂坐》开篇以一个外国留学生伊娃的视角展开，缓慢而细密，就像一把板胡在拉一首慢板的秦腔牌子曲，到了"西京十玉"齐聚茶庄，则是花音快板鸣奏，也像是几十把琵琶协奏的《霓裳羽衣曲》，到了众人轮流照顾夏自花住医院，则转为了苦音，应丽后和严念初反目，雇用讨债公司去要账，故事的调子又转为箭板，高亢而激越，至于司一楠和徐栖之间暧昧的同性恋关系，则是变成花音慢板，到了最后海若被纪委带走，夏自花去世，冯迎的死讯传来，茶庄爆炸，恰似锣鼓铜器奏出的连续急促的打击乐重击，也像一条在平滩上流淌的河水骤然遇到几个大的沟坎，然后猛然间从万丈悬崖跌下，"四弦一声如裂帛"，一切戛然而止，余音绕梁。

---

① 刘怀玉：《列斐伏尔与20世纪西方的几种日常生活批判倾向》，《求是学刊》2003年第5期。

和《废都》以男性为中心不同，《暂坐》则主要写女性，不是一个，而是一群。也不是以其中的一位为主角重点书写，而是十余个女性平均着墨。《废都》中包括小说主人公庄之蝶在内的西京城"四大名人"都是男性，他们周围的女人，大多是他们的陪衬和玩物。而《暂坐》中的这些女性都属于这个城市和这个时代的上流人物、中产阶层，她们经济优渥、打扮时尚，有着当代城市中产阶层事业型女性的自信和贵态，但在小说中对她们"霓裳羽衣曲"式的华丽书写背后，作者无声无息地揭示了"独立女性"在当下社会的时代悖论。在这些"独立女性"强势的外表下，却大多都情感细腻而脆弱，像玻璃水晶一样一碰即碎，内心深处又各有各的挣扎与迷茫。她们一面坚持精神独立经济独立，却一面仍然不得不依附于男权；她们关心别人的痛苦，却隐瞒自己的脆弱，刚强自负不能容忍居于人后，但又儿女情长感情脆弱。貌似精神独立，实则"风吹风也累，花开花也疼"，脆弱得"一个指头都可以戳倒"。

《暂坐》中的主要男性角色是作家弈光，但是小说中"西京十玉"的女性圈子里，弈光这个男性仍是她们的主角，她们的许多事情仍然需要依赖于这个男性来解决。"独立女性"显然无法完全"独立"。弈光身上有着太多《废都》中庄之蝶的影子。《废都》中庄之蝶最后选择"出走"，而且似乎是死在了车站，这是三十年前旧文人式的知识分子在时代旋涡中，心理挣扎、扭曲最后绝望的悲剧式结局，但是经历了三十年的时代洗礼，这类人逐渐适应了新的时代，他"活过来了"。弈光在《暂坐》中比庄之蝶活得"明白"和"通透"，他清楚自己的定位，也知道自己想要什么。他知道在当今这个时代，像他这样的文化"名人"，论手中权力比不上政府官员，论经济实力比不上大小老板，论名气热度比不上娱乐明星，自己只不过是城市社会中权力和资本夹缝中一个"附生物"，所以在他的内心深处并无知识分子文人面对权力和利益时的佯装清高，也无男女关系问题上的道德纠结，他可以熟练而大方地收受商人的十万元写一幅书法，也可以经常和不同的年轻女孩睡觉，全然没有《废都》中庄之蝶的内心矛盾和挣扎。这是时代的进步抑或退步不易下定论，但可以肯定的是，20 世纪 90 年代，商品市场经济刚刚展开，文人知识分子在利益面前还有些羞涩扭捏，而到了今天，似乎一切都被明明白白地定价，对社会的各种明暗法则"从了"之后的"弈光"们，活得轻松而自在，可以游刃有余地穿梭在政府领导、商人老板以及中产阶层的精英女性圈子里。

《暂坐》由俄罗斯留学生伊娃的视角陆续引出"西京十玉"，第一个出场的是海若，暂坐茶庄老板，"闺蜜团"的召集人，性子急，心肠热，慷慨，重情义，是她们的"大姐"。海若在小说中的出场值得一说，先是伊娃来到茶庄，海若不在，四个店员小唐小苏小甄还有张嫂先行亮相，然后一个声音才从楼下传来："活佛没到，伊娃倒先来了"，《红楼梦》中王熙凤的出场正是这样，"未见其人，先闻其声"。在这里海若的出场方式更像中国传统戏曲中的大人物出场，先是四个小兵、龙套或者丫鬟出来走场、铺垫、亮相、分列两厢，然后后台一声叫板，主角才款款登场亮相，这种主角式的铺垫实则为反衬后面海若的脆弱情感和悲剧命运埋下了伏笔。

海若精干强势而心地善良，却婚姻不幸，于是更看重闺蜜们关系的维护，小说从头到尾，她就从没有清闲过，并不是忙于茶庄的经营，而是忙于处理闺蜜们的各种杂事。夏自花白血病住院，她不但安排闺蜜们轮流值班照顾，还要帮忙联系血小板，找人调换病房，以及照料夏的老母亲和小儿子。夏自花去世，她不但全面主持安排丧葬事宜，而且还要为了处理好夏的老母亲和小儿子善后安置，去和夏的情人"姓曾的"谈判。闺蜜应丽后由严念初介绍放贷被骗钱，她不但要亲自出马去和人周旋讨债，还要从中协调应丽后和严念初的关系，维持"闺蜜团"的稳定。海若对朋友如此尽心尽力，确实可当得起一个义字当头巾帼不让须眉的"大姐"。然而，在自己的婚姻和家庭方面，她又是一个十足的弱者，婚姻不幸，儿子叛逆，自己有好感的弈光，最后也让她大失所望。她曾经在心里自我安慰，想着弈光宁肯和那些年轻的女孩有染，也不和她发生关系，是因为弈光不想打破他们这种和谐的亲密朋友状态，但真正的事实很可能是：在男人眼里，她已经老了，在身体层面上已经对弈光这样的男人失去了魅惑力。闺蜜中最是打着"独立女性"旗帜的"女强人"海若，在精神焦虑的深夜接到弈光电话后，要换上一套性感的黑色内衣去赴约。陆以可为了得到一块机场的广告牌需要精心打扮找柳局长，违心地陪"油腻大叔"范伯生吃饭，陪前男友徐少林吃饭。严念初为了医疗器材生意整天缠着西明医院的王院长，辛起委身香港富商想实现阶层跨越结果最后发现被骗，她们都一样不得不利用自己的性别和身体获得红利，也就是说，她们仍然要通过"诱惑"去把握男人，进而把握世界。即便是她们经常聚会得以暂时获得温暖和安全感的茶楼，也不过是权力的赏赐，是海若找市政府领导的关系低价租来的。而在她们这群光鲜亮丽的女性精英中间，老男人弈光仍然是他们聚会的主角。海若在深夜换上性感内衣到拾云堂赴约时，却发现弈光家里还有其他人，弈光要和她说的是冯迎死去的消息，那一刻对于海若的心灵来说是双重的打击。

对于"闺蜜团"的姐妹们，海若是真诚的，对于男性，对于这个社会的深层法则，不光是海若，闺蜜团的其他人也一样，都仍然缺乏准确的理解和认识。"独立女性"在此变成了一个她们既在坚持又在背弃的东西，这本身就是一个悖论，小说《暂坐》令人信服地揭示了这样一种悖论，因为女性的真正独立不只是经济上的独立，还要有情感上的自我操控，但这并不是要和男性对立或者决裂，而是在情感、婚姻、家庭、事业、生活构建中作为和男性对等的角色出现。但是在当下的社会，即便是取得了经济独立的"西京十玉"们，仍然无法真正实现"独立"，资本和传统男权文化仍然在不谋而合且相互推波助澜，女性仍然在被"物化"。《暂坐》中的这些"独立女性"，虽然经济实力优渥，但大多仍然无法逃脱情感上的悲剧命运。最后当茶庄意外发生煤气爆炸，海若却因低价租用茶庄楼层牵涉相关领导腐败而被纪委带走，她的结局如何小说并未明言，但可以估计大概也是凶多吉少。这并非作者要宣扬好人没有好报的负能量，而是生为女性，时至今日也没有真正走出男权社会密不透风的恢恢巨网，女性要获得经济独立，就要服从社会规则和男权的规训，而一旦服从了这种规则和规训，精神独立就根本无从谈起，这恰是"独立女性"的时代悖论。

（作者单位：西北师范大学传媒学院）

西部的"诗情画意"

——赵兴高诗的审美向度与自然生态观

程国君

内容提要： 西部当代诗人赵兴高的诗个性独特，清新优美。其一，其描述了真实的西部的另一种风光及其诗情画意，扩大了边地诗歌的思想审美内涵；其二，其边地诗呈现出"澄怀味象"的审美境界，为西部文学高地增添了新的光点。赵兴高的独特不在于写西部的壮美，也不在于写西部的乡愁，而在对于西部的另一种诗情画意的描述，另一种悠远深刻的乡恋的书写。赵兴高的这些作为戈壁大漠隐喻和寓言的短诗与散文诗极有文学史意义：它提供给了当代诗坛独特的自然生态观，从而揭示了当代西部人和自然共存的别一种审美关系。

关键词： 赵兴高诗歌；大漠戈壁；边地诗；生态自然观

"我愿小成一粒草籽""在大漠，一座庙和一尊佛，让所有的沙子顿时有了分量""一朵马莲花／把她留给蝴蝶的翅膀"。赵兴高的诗歌多是这类丝路大漠戈壁的隐喻和寓言。其诗集《风起之乡》和散文集《边地》的分辑类编"诗的西域""戈壁望雨""大漠听风""西域怀古""佛光掠影""原乡近土""写意山水""独守戈壁""大漠长风""历史的背影""者来寨遐想""木鱼里的声音""站着的山""醒着的水""挽歌的回声"等，就标示了其诗歌的书写范围和隐喻类型。丝绸之路上的大漠、戈壁、高原、绿洲、西域以及它标示着的人类文明的足迹，一一成为诗人情有独钟的审美对象。如他自己所言，他的诗（散文诗）是"诗的思绪，牵引着散文的步履，走过戈壁、大漠、长城、寺庙，最终又折回自己的心灵深处"①的产物。他"独守戈壁"，刻意经营，为我们提供了当今诗坛上难以见

---

① 赵兴高：《边地·代序》，文汇出版社2013年版，第1页。

到的"边地诗"。翻开其诗集，跟随诗人的思绪足迹，我们仿佛就跋涉在丝绸之路河西走廊的戈壁大漠和绿洲之上，又仿佛蹀进西域，谛听冒顿单于的战马声，或跋涉祁连、巴丹吉林大漠，听风沙里的诵经声。赵兴高专心专意审视西部戈壁大漠，他由此出发书写的"表现作者关于社会人生的背景的小感触，描写客观生活触发下思想感情的波动和片断"（散文诗和短诗），个性独特，禅语天机，清新优美。

　　赵兴高是新世纪以来崛起的西部诗人，至今已经有近千首诗歌在《诗刊》《星星》《飞天》和《散文诗》等专业期刊发表面世。其新近出版的诗集《风起之乡》和散文诗集《边地》的诗歌，主题鲜明，格调独特，以和谐的自然生态观和美学面相显示了现代西部诗歌的独特面相。

一、边地风光与诗情画意

　　就一般的常识而言，西部是地广人稀，地大物薄的。高原苦寒，大漠酷热，也是正常的自然现象，暴雪、寒风和沙尘暴，还常常是天灾人祸的根源。西部神奇空旷，凄迷而茫然。赵兴高的诗也属于这种类型，他的边地诗书写范围也很广阔，大漠戈壁、祁连雪山、青海湖泊、海子绿洲、汉代长城、丝路庙宇，这些在其诗中都被描述；他的诗歌的题材也极为丰富，汉时代的边关征战、匈奴罗马历史、自然与人的关系、佛陀和人类命运、人类灵魂与精神追求、个体幸福和爱情幸福，无不关涉。诗歌史告诉我们，诗歌关涉这类宏大叙事内涵，名作辈出，影响深远，但也有一种情况是，如果写这些物象、题材处理不好，就会像一些蹩脚的政治抒情诗那样成为空洞的喊叫而令人生厌，然而，我们读赵兴高的这类诗作，却觉得情味悠然，大天大地仿佛与人那么亲近，边地也风光无限，一下子诗情画意起来。如《者来寨遐想》《在青海湖仰望星空》《有一座雪山已经足够》《扁都口，醉酒引出的诗行》等，这些诗尽管并不赞美这些书写对象，但却把以它们为代表的西部写得令人如此神往，仿佛能够净化灵魂："（一）夜已深，青海湖入睡了／而青海湖的天醒着／那空中的蓝／仿佛是另一个世界的青海湖／／银河灿烂／酥油灯万盏／天上也有一座塔尔寺吧／／月亮升起来了／月亮是塔尔寺里的第九个白塔／／星星闪烁着光／它们在闭目诵经的瞬间／偶尔睁一下自己的眼睛／／一小朵白云飘过／白色和黑色的鸟儿／走在通往塔尔寺的路上／／（二）天空之上，应该有一片／只有光明没有黑暗的地方／星星漏光，漏一粒人影／在青海湖边遐想／／那里只有佛和人的灵魂居住／寺院被打制成镂空花饰的塔尔寺形状／雪山悬在空中／青海湖被雕成一粒粒蓝紫色的光芒／／佛的脸庞是花朵的脸庞／鹰的飞翔是经卷的飞翔／灵魂在酥油灯里燃烧着／／我看见一颗流星／为佛的事忙碌着／／（三）青海湖的浪花相互拍打着／我把自己想象成一只穿着礼服的鸟儿／

拍打着灵魂的翅膀 // 可我的灵魂到不了高处 / 明天，我将去塔尔寺 / 为酥油灯添油 / 把自己的灵魂点亮 // 当我这么想的时候 / 我看到启明星 / 已摆在了黑夜的祭台上。"这是一首颇有禅意的现代边塞诗，把青海湖、塔尔寺、青海湖之夜、塔尔寺之夜描述得如此富有诗情画意，令人神往。而抒情主人公形象的那份心境也勾起我们无限的遐思，引发我们深刻的心灵共鸣。因为从赵兴高的诗里，我们看到并领悟出在惯常所谓的西部景致中的别一种美：银河，月亮，星星，与青海湖的浪花交相辉映；"我看见一颗流星 / 为佛的事忙碌着"；启明星，在黑夜的祭台上闪耀。西部，在赵兴高的诗里，如此诗情画意，成了一个独特的自然隐喻体，成了人类想象的美丽"天路"，显得极为独特。其诗《四月》，也书写这种美的情致，"四月"，被赋予特别的内涵。"四月"，是西部的花，是蝴蝶满天飞的时刻，是西部的希望。本来，边地，戈壁，大漠，风沙飞扬，缺水少绿，茫茫大漠，高原荒寒，那些上路的羊群，连草根都难寻，但到了春天，马莲花仍旧会盛开，蝴蝶依旧会纷飞。这里的春天也充满生机，也有诗情画意的时候。赵兴高边地的诗歌创作，展现的就是这别样的景致。他仿佛看不到人们体会或从书本上描述的酷寒炎热暴风冰雪的西部，而只写他所感受到的西部。这正是其独特所在。他书写了戈壁大漠等地别一种"美"，一种边地具有的别一种风采。

边地风光，自有诗情画意。赵兴高诗歌展现的是西部的另一种美。就是说，在别人看来苦寒、贫瘠、戈壁、大漠、雪花、黑夜的意象，他却发现了不同于别人眼中的另种美。在大众常去的青海湖、西海固、塔尔寺、扁都口、骊靬古城，他别有感悟，成了他魂牵梦绕、灵魂飞扬的地方，戈壁的一粒小草，一束马莲花，一弯新月，一弯清泉，成了他寄语心思的对象，成了他深深悠远的乡恋，他与它们对话、交流，陶醉其中！唯其如此，他才有"梦中吻过的露珠""佛的脸庞是花朵的脸庞 / 鹰的飞翔是经卷的飞翔""启明星 / 已摆在了黑夜的祭台上""我愿小成一粒草籽""而四月的草 / 还走在草根的半道上 // 五月啊，请收回你的手 / 一朵马莲花 / 把她留给蝴蝶的翅膀"的象征隐喻。在他心目中，人与自然的关系，"天道"和"人道"，自然和生命，原本就以这样和谐的姿态存在。西部，除了人们印象中的那种暴风冰雪外，本来就存在"塞上江南"的景致。牧羊人不知有"塞上江南"，放羊娃却能深深领悟这份来自土地的深深"绿意"。宇宙大自然对这块土地的人也能带来高山流水和鸟语花香。这就是赵兴高诗歌的地理学范围和人文景观，他的"诗和远方"。"玉关飞渡处，杨柳早春风"，赵兴高把边地风光诗意化了，写出了他心目中西部的诗情画意。他以西部人独有的生命体验和生活逻辑，捕捉并描写了这种诗情画意，正因为如此，人们才特别喜爱他的诗。当然，人们喜爱他的诗，另外的原因还在于，现代都市人，整天在水泥森林中的鸽笼里，斤斤计较与"物语"，是不能去体会赵兴高看到的"天语"的，赵兴高诗歌展现了这种"天语"，一种别有的西部"天语",因而他的诗就引人注目。换个说法,他把人从现代世界物欲横流、神经紧张的节奏中唤回来,引向顺应自然的大美境地。这是其诗美,是其诗朗诵会近700人会堂座无虚席、一票难求诗坛盛事出现的真实原因。[①]

"我愿小成一粒草籽""在大漠,一座庙和一尊佛,让所有的沙子顿时有了分量"、"一朵马莲花 / 把她留给蝴蝶的翅膀",这就是赵兴高的比喻和隐喻。艺术科学的原理告诉我们,赵兴高的边地风光和诗情画意皆来自他自身体验基础上创设的隐喻和寓言,想象灵妙,表现恰切,因而很美。这里没有了"朦胧诗"人语言的那种晦涩难懂,却有了白话诗语言固有的那么一种畅朗明丽,自然亲切。这同样是赵兴高诗美的源泉之一。因为没有这些隐喻和寓言,就没有赵兴高诗歌美妙的诗美艺术。这是唯有对西部有真切体验的西部诗人才能够创造出的意象和隐喻,是赵兴高诗美的"客观对应物"。

二、边地的"新美"与"澄怀味象"

赵兴高的边地诗有其独特的审美格调。或许写西域边塞征战一直是传统中国文学的永恒的主题,文学史上的边塞诗和新边塞诗也时或出现,但文学史上从没有一个诗人对边塞如赵兴高一样情有独钟,没有一个诗人像他一样,只去发现西部的鸟语花香,去捕捉西部的"诗情画意"。赵兴高的独特在于,他生活在戈壁边城,并专心专意写戈壁大漠,是名副其实的本土诗人,本贯作家。其《风起之乡》(短篇自由诗125首)、《边地》(散文诗135首)的260首诗都是他写给丝路大漠戈壁的。这些诗以独特的审美格调为人称道。

回顾中国文学史,唐代边塞诗人构筑的"大漠孤烟直,长河落日圆""醉卧沙场君莫笑,古来征战几人回""劝君更尽一杯酒,西出阳关无故人"等等,就开启了边地写作的伟大传统。有清一代,因为对于新疆等西部的开拓,写西部的诗人更多,文学史上见到的大型组诗就有福庆《异域竹枝词》(100首)、纪昀《乌鲁木齐杂诗》(160首)、祁韵士《西陲牧场词》(100首)等。林则徐、国梁、舒采愿等更有大量西部书写。这些西部书写,展现西部整体"天荒地不毛,碎石平如扫。行行沙碛中,千里无寸草。狐兔远遁藏,旅贩行迹少。蓦见鸟雀飞,知已近村堡。何能计里程,暮影验迟早"(铁保《玉门诗抄》)和"检点十年寒苦句,命题唯是雪诗多"的景致。这些诗,要么书写他们建功立业的雄心,要么书写他们远离家国的乡愁。而现代民间新边塞诗,也有大量书写西部边塞苦寒的:"像红柳似白杨, / 谁言大漠不凄凉? / 地窝子,没门窗, / 一日三餐　小米加

---

① 2016年9月24日,由陌上书会主办的赵兴高诗歌朗诵会在丝路小城金昌举行,600多人大厅座无虚席,盛况空前。这是当代诗坛盛事。

高粱。/天没亮，一声号叫天就亮。/寻火种，去烧荒，/最难　夜夜思故乡。/想爹娘，泪汪汪，/遥望天山/默默祝平安。"如果我们旅游新疆，如果我们幸运的话，一定会听到导游会得意地带着河南乡音诵读这首诗词。这是新疆流传很远、很广的一首民谣式现代诗词。该诗书写了远赴新疆的内地居民在新疆生活的悲苦情景。这当然是早期移民赴新疆开荒生活、生产的处境，非现在的现实书写，但它应该是移民初始生活生存的写照却是无疑的。然而，赵兴高的诗歌创作，却与这些传统有了绝大的不同，有了别一种面貌：他写的是常人理解的戈壁大漠的壮美，天山昆仑的神奇，祁连雪域雄伟之外的小草小花的梦，高原月夜的静美，庙宇声外的悠远绝响，风沙雨雪中的顽强坚韧，牧人帐篷和农家小院的小憩，西部小城的静谧。对此，他一往深情，深情专注，深深眷恋。如果说过往西部书写注重西部的壮美与崇高，表达书写者的不绝如缕的乡愁，赵兴高边地诗却书写了西部的优美，表达了他的深深乡恋，对于西部土地的深情。他注重的是边地的另一种"新美"、别一种优雅。如他在散文诗集《边地》的《河西走廊，几个互不相关的意象》《诗的西域》《西域，在更远的地方》和《守望心灵的家园》4首散文诗统领下的131首诗歌，就是他贡献给文学史的全新创新的这种"新美"的诗体。他的这些散文诗，首次集中把现代西部的戈壁、大漠、长城、寺庙景观背景下风沙改变世界、佛陀应对自然、草根绿水的深情和人与万物的另一种微妙关系真实细微地展示给了世界，揭示并发现了当代西部戈壁大漠的另一种面相。换句话说，赵兴高的诗也是一种典型的西部文学，但其独特性在于，他将西部文学精神内涵深入扩大了，并使其具有了鲜明的现代意识。他站在西部"前厅大门"——河西走廊来写边塞诗，发现的是西部的另一种美与优雅，表达的是对生活于斯成长于斯的土地的深深眷恋，一种实实在在的真切乡恋。这比之岑参、高适、王昌龄甚至李白的书写更深切，更有现代意识。他的诗所具有的时空意识、生存意识和浪漫情怀，凸显了一个现代历史学者机智穿越历史时空的敏锐现代生态意识和生活于西部小城的基层干部深切的生活、生命体验，有鲜明的现代性特征和现代主旋律特征，是西部书写中难得的珍品。

目前的西部诗人写西部的诗作当然不少，但能把西部地域及其现代精神把握精透的，且用精妙的隐喻和寓言表现出来的，赵兴高无疑是其中之一。像《河西走廊，几个互不相关的意象》《大漠臆想》这类散文诗，既是他的散文诗宣言，也是现代散文诗的经典。可以说，在散文诗创作上，赵兴高是西部文学中为数不多的把西部边塞诗写得相当动人的诗人之一。就是说，赵兴高边地诗个性独特在于，他的诗，不是惯常西部文学的那种豪放格调类型，也不以勾勒西部空阔意境取胜。他的诗以对戈壁大漠深邃历史现实的把握和对以漠上温润的鲜花小草的坚韧神圣生命力的捕捉，展现出西部文学，尤其是西部诗歌阔而不空、硬而不瘦及其庄严神圣的别一种面相，从而颠覆了过去西部文学的豪迈奔放与悲情情调，改变了传统边塞诗的苦寒格调，而具有了温润鲜活的柔婉而典雅的艺术魅力。像《雪花》《片断》《四月》，就自然机巧，清新可爱："不要怨，雪花 / 一生都在追逐冬天 / 只有借助寒冷的手，她 / 才能把自己放飞 // 巴丹吉林的冬天 / 肩披阳光的雪花，她的纯洁 / 覆盖了大漠 / 白茫茫一片 // 我知道，雪花 / 也爱大漠的春天 / 多少回梦里，为春天 / 泪流满面。""和风在一起，二月的沙子 / 学会飞翔 // 三月的羊群，已经上路 / 而四月的草 / 还走在草根的半道上 // 五月啊，请收回你的手 / 一朵马莲花 / 把她留给蝴蝶的翅膀。"此类诗并非豪放雄奇，然而却以清新明快、优美温婉格调令人深思。

　　进一步说，赵兴高诗歌有独特的审美品格，但这源于其独特的自然生态观，也源于其作为一个戈壁诗人真实的存在感受："在河西，离不开风和沙。有世界风库之称的安西，有我国第二大沙漠之称的腾格里、第三大沙漠之称的巴丹吉林……风吹沙起，站在黄风黑浪里，一个人渺得不值一提。万里长风，有多少人被吹成了一粒一粒的沙啊。在这片历史的开阔地，每当狂风大作，我都不敢听，风中有多少人在厮杀，有多少人在呻吟……龙首山与巴丹吉林沙漠之间，著名的阿拉善戈壁横亘其间。这是一片我神往的土地。儿时，曾固执地认为，天和地是衔接的，接点就在戈壁深处。多少次，我试图走进那里，可那接点仿佛永远在离我不远处昭示着我，而又永远让我不可企及。直到现在，我都不怀疑我的前身，与戈壁有着必然的联系。每当面对戈壁，我总是让自己不停地矮下去，可即使小到一粒草籽，坐在草蔻上，我瞩目的依然是远方的戈壁。我在神往，也在等待吗？我笔下儿时的牧羊女，你长大了吗？来吧，我不再让你放羊，你来放我吧，赶着我，一起走向戈壁深处，走向那天地交汇的地方。"[1]正是有了这种真实体验，感同身受，赵兴高的戈壁大漠书写才避免了惯常书写的大而空、雄而壮的格调，而别具风情。换句话说，他避开通常边地书写的"大美"理路，从他作为一个生于斯长于斯的丝路边地人真实的体验与感受出发，从细致入微的观察与领略所得，发他的感触或"小感触"，书写他面对它们时的感情的"波动和片断"。这种诗美选择与实践，当然也源于他的独特的诗歌美学观："诗的目的，就是物我的实用观点上的彻底隔绝，它将美当作最高的真和善。对于一个诗人来说，为纯粹的美而忘乎所以，就是最高的品格。""'澄怀味象'的提出，不仅对绘画的审美有意义，而且对其他的艺术种类，特别是对诗歌具有独特的意义。对于一个诗人来说，所谓的'澄怀'，就是要以空明净远的心境去面对自然，感悟自然，续写自然。当怀揣这样的态度远眺戈壁，仰视夜空的深邃时，心绪便自然而然地敞开来，一切繁杂的念头荡然无存，唯有一抹淡淡的光在远方昭示着我，那淡淡的光，便是一首诗。"[2]诗歌美学观决定诗的美学面相，也决定其与自然意象独特的审美关系，由

---

①　赵兴高:《边地·代序》，文汇出版社 2013 年版，第 5 页。
②　赵兴高:《风起之乡》，文汇出版社 2013 年版，第 1、3 页。

于其"澄怀味象"的美学观，赵兴高面对自然，面对大漠戈壁意象，就具有了一种欣赏的心境，因此，他便以崭新的颇富现代意味的自然生态观和审美观提升了自古以来边地诗歌的美学境界，为当代诗坛提供了独一无二的优美边地诗。

三、人与自然: 绿色生态观及其内涵

首先，赵兴高诗歌有独特的思想价值与内涵。其作为戈壁大漠隐喻和寓言的短诗和散文诗，给现代汉语诗歌提供了敬畏自然和和谐的生态"绿色"观，也由此拓展了中国西部现代汉语"边地诗歌"的思想内涵与美学。如《站在敦煌的风中》"敦煌，总有风／总有沙子在风中／谁能从一粒沙子上／找到庙门／谁就能成为得道高僧／／我站在风中／听到沙子／诵经的声音"一诗，就极为充分地展示了他的诗歌所具有的思想与美学品格。

该诗极有西部边地地域特色，可看作赵兴高诗的代表作。在其中，我们能够看到诗创作者的主体人格，看到人和自然的新的美妙关系，看到由人和自然构成的文化，听到了作者对于这种文化的态度——虔诚倾听木鱼里的声音，沙子诵经的声音。因为在戈壁和大漠中，风和沙是主宰，人以奇妙的方式与其共存。该诗以相当艺术的方式展现了人在自然面前的两种方式，（1）"从一粒沙子上／找到庙门／谁就能成为得道高僧"，（2）"我站在风中／听到沙子／诵经的声音"。如何从风沙自然的体悟中变成高僧？人如何读懂自然？这种人与自然关系的隐喻和寓言，展现了一种新的人与自然共在的生态观：人顺应自然，也从自然中得到你所需要的东西。人与自然应当如此共存。从生态学意义上来说，这是人和自然最"绿色"的和谐存在关系。没有人类中心主义者的征服自然的狂妄，也没有在自然主宰之下人的无能与脆弱。因为这里，主词"谁"和"我"毕竟是自然背景上人类的积极响应者。人和自然已经构成了一种新的审美关系。

其次，赵兴高这些诗歌，频频把戈壁大漠的风、沙、骆驼、牧羊、山鹰、芨芨草、长城墩子、匈奴、楼兰和罗马人摄入其中，诗人心境的那份开阔，那份面对世界以及历史现实的态度，给现代窝在水泥森林及其钢筋鸽笼中的现代人提供了另一种生存观。这里没有贫穷，没有紧张，没有计较和烦恼，有的是工作之余对于自己生存土地的一往深情，对历史现实的深情回望：在历史的时空穿越，大漠戈壁上也充满诗情画意。这就是赵兴高的诗，在夜的大天大地之下，守着牧羊、骆驼和犬狗，遥望星空，月光中独自遐想，该是怎样的一种境界？赵兴高构筑的这个世界，一线城市的人难以想象，小桥流水的南方客人不懂，但飞天之乡、丝路古道的西北人却懂并心领神会："草起舞，虫奏乐／流萤闪烁／我的羊已睡熟／我斜靠着我的骆驼／／搂紧牧羊犬／看天上的星星，贪吃的小嘴唇／盲目而急切地找寻／乌云大襟褂子里／鼓鼓的月亮／／月亮，月亮／谁吸瘪了你的乳房。"

　　缺水的沙漠，作者期望"梦中吻过的露珠"："喊叫水的西海固 / 秋天，当我站在沙沟沿上 / 风，能不能从我身 / 捏出一滴水来，把我捏成？/ 骨瘦如材的柴 // 当尘土漫过黄昏 / 崎岖的小路 / 我愿小成一粒草籽 / 我的杯状花萼 / 盛满梦，盛满 / 来年的春 / 绿色如茵 // 今夜，当我坐在千里之外的金昌 / 面对着你的方向，写诗 / 西海固，让所有去过那里的人 / 都思念吧，思念瘦成骨头的柴 / 梦中吻过的露珠。"这是怎样美妙的想象啊！绵延山川，茫茫戈壁，作为大自然的一部分，人、人类和西部人与自然融合在一起，人生活在风暴沙尘中，又在水和绿（洲）中渴求，人和自然构成了一种独特的新型关系。赵兴高的诗歌，给我们灌输了这样一种生态观：人类从来没有成为大自然的中心，人定胜天只是人自己的一厢情愿，人只有放弃那种盲目的自大，放弃过往的人类中心主义，顺应自然，方可与自然和谐相处。对于人类来说，敬畏自然，膜拜自然，从自然那里获得的可能更多。这实际上正是赵兴高诗歌蕴含的禅意以及"用道家的玄思去理解它不合逻辑的合理性"的命意所在。

　　　　　　　　　　　　　　　　　（作者单位：陕西师范大学文学院）

探究和追问：历史真相与历史处境中的人

——读刘岸的四卷本长篇小说《子归城》

马明高

内容提要:《子归城》的确是"卷帙浩繁"，是近年来罕见的多卷本长篇小说。从形式到内容，从叙事时间到叙述空间，都给人以强烈的"不安分的"的革命意识与先锋精神。它具有强烈的新历史主义的结构叙事，作家运用多种叙述材料和叙述手段，想象性地建构了一个新的子归城。作家写尽了它的诞生和繁华，写尽了它的衰落与毁灭，都是力求探究和追问"历史的真相"。作家善于把子归城的各种各类人物置于历史大动荡的舞台上进行表演，善于置于各种外在矛盾与内在冲突的热火上去进行烤肉式的叙写，通过人物自身的性格逻辑与命运发展的各种冲突、撞击，来呈现人物的性格特点与思想变化，自然而生动地书写出了"历史处境中的人"。

关键词:先锋精神；新历史主义；历史真相；历史处境中的人

一

《子归城》的确是"卷帙浩繁"，是近年来罕见的多卷本长篇小说。洋洋洒洒，百万长言。卷一为《古城驿》，是写创城；卷二为《根居地》；卷三为《天狼星下》，是写建城，以及城中壮烈的各色人生；卷四为《石刻千秋》，是写城殁。城毁了，诸葛白县长的禁采禁伐令却永远刻在石上，成为回声绝响，令人震撼。作家在历史的长河之中穿越不断，从厦门到北疆，从海上丝路到陆上丝路，从东部到西部，从 2016 到 1911，从 1972 到 1911，从"我"、林子非、莫菲，到钟爷、刘天亮、云朵、林拐子、谢琳娜，从 1972 年的林拐子到驼二爷、黑牡丹、白牡丹、赖黄脸、山西王、二锅头、独眼龙。从三个不同的时间节点，反复穿梭，进行追问，进行探究。通过这座始于中国，连接亚洲、非洲和欧洲古代商业贸易路线的大漠古城的"从无到有""从有到无"，一直在穷究极问"历史的真相"，关怀与追寻着"历史处境中的人"，以及他们的人生命运、道德践行与人性张扬。边读边叹，边读边思，从形式到内容，从叙事时间到叙述空间，都给人以强烈的"不安分的"的革命意识与先锋精神。

　　在先锋文学已经撤退或衰落二十余年的今天，多卷本长篇小说《子归城》的出现，的确给人一种耳目一新的感觉，的确令人惊叹，的确如此，小说的革命必须从小说内部开始，必须由作家从自我突围、自我突破，从而实现自我革命。从国外到国内，从过去到现在，从乔伊斯到伍尔夫，从普鲁斯特到福克纳，从博尔赫斯到卡尔维诺、纳博科夫，从鲁迅、郁达夫等到马原、洪峰、余华、苏童、格非，哪一次、哪一个不是在不断地怀疑与质问、撕裂与颠覆？不断从思想意识和叙事方式上进行突破与革命，完成自己的想象体，建立自己的想象帝国，将自己的写作真正纳入了"花园是一座整体史"。正如米勒在《小说的重复》中所言："文学的特征和它的奇妙之处在于，每部作品所具有的震撼读者心灵的魅力（只要他对此有这心理上的准备），这些都意味着文学能连续不断地打破批评家预备套在它头上的种种程式和理论。文学作品的形式有着潜在的多样性，这一假设具有启发性的意义，它可使读者做好心理准备来正视一部特定小说中的种种奇特古怪之处，正视其中不'得体'的因素。"① 反常、不得体、冒犯、越界，这些正是一次又一次"小说革命"所体现出的先锋艺术表征和先锋艺术精神。

　　对于今天身处常规与常态的不断重复和死气沉沉的文学来说，忍受平庸和重复的压迫，就是身处困境，必须修炼突破庸常与惯性的强大生命能量，以自己的每一次写作，去经历困境，去穿越峡谷，去进行生死穿越，在绝境中向死而生。正如福柯在论述巴塔耶的越界思想时所说："今天，界限与僭越的游戏已经成为衡量一种思想的基石。而尼采从一开始就在他的作品中向我们展示了一种源始思想——这是一种把批判和本体论融为一体的思想，一种追究终极性和存在的思想。"② 当然，文学的越界，不像思想与哲学的越界那样，必须在此前的知识谱系下作出批判或建立起新的逻辑结构，它充满着更多的自由度，但是，也必须得大胆突破前先，而决不能对前人亦步亦趋，通过自己的裂变、腾飞、穿越、无所顾忌和撞击，去进行必要的、极端的反常规行动。尤其在数十年文学常态与写作惯性压迫的今天，小说的写作已经显得如此得紧急与艰险，更是需要像《子归城》这样的鲜明而勇猛的先锋性的挑战。

---

① ［美］J. 希利斯·米勒：《小说与重复——七部英国小说》，王宏图译，天津人民出版社2005年版，第5页。
② ［德］哈贝马斯：《现代性的哲学话语》，曹卫东等译，译林出版社2004年版，第249页。

二

再者，说起《子归城》，还不能不说新历史小说。因为《子归城》本身，就是一部新历史小说。当然，此新历史小说非彼新历史小说。

20世纪80年代中后期，中国文坛曾经有过一股新历史小说的创作热潮，作家们以新的历史观念和文化意识，对历史进行个人化和民间化的重新叙述，以新的叙事结构、叙事视角、叙事形态，颠覆了原有的传统历史题材与革命历史小说的叙事方式，较多地运用一种主观的自我意识和现代哲学思想来重新审视历史，把历史当成叙写作家心灵、抒发人生本性的媒介，通过重说革命历史、家族历史和个人命运史，将被奴役的文学叙事从权威的历史中拉了出来，建构起了新的丰富的历史世界与话语空间，给读者以新的强烈的心理冲击。但是，这一切和先锋文学的命运一样，进入21世纪以来，很快就被强劲的市场经济和科技革命所瓦解和坍塌，将它未完成的使命，纷纷扬扬地撒落在庸俗的文学理念与商业风暴的片瓦碎土中，久久不被人问津。

其实，当时新历史小说在中国的兴起，是深受20世纪七八十年代欧美文化界的新历史主义批评的产物。美国加州大学伯克利分校的教授斯蒂芬·格林布拉特是其始作俑者。当然，新历史主义批评的理论纷繁复杂，其中，他们所倡导的一种新的历史观，对中国作家的创作观念影响很大。他们认为："所有的历史都是主观的，是被人写出来的，写历史的个人偏见影响了对过去的阐释。因此，历史并不能为我们提供某种真理，也从来不会给我们有关于过去事件的完整的精神图景，历史与其他学科一样，是思考与描述世界的一种'话语'。"[1]新历史主义的代表人物海登·怀特更是认为："历史事件不论还可能是什么，它们都是实际上发生过，或者被认为实际上发生过，但都不可能直接观察到。如此一来，为了使它们成为反映的客体，就须对它们进行描述，并且用某种自然或专门的语——言进行描述。"[2]这样，历史与历史事件都不可直接去感知，只能靠后人通过回忆与想象去建构，通过文献的片言只语与一些事件碎片，去重新组织和编织，自然会不由自主地加进写作者的主体想象，"历史想象不是起装饰性的，而是结构性的作用……没有它，我们将无法感知周围的世界，它也同样对历史学不可缺少：正是它——不是像幻想一样任意地运作，而是以一种apriori（先验的）方式在运作——做了历史建构的全部工

---

① 陈太胜：《西方文论研究专题》，北京大学出版社2008年版，第231页。

② 朱刚：《二十世纪西方文论》，北京大学出版社2006年版，第386页。

作"①。这些告诉我们，历史只能依靠语言的叙述而存在，而且，历史其实就是不断讲述和改写过往已发生的事实。法国后结构主义思想家福柯还告诉我们，历史并不是通常理解的那种线性进程，它没有明确的开始、发展和结局，也并非有目的地朝着某种已知的目标前进。而且，海登·怀特创立的"元历史"理论，提出我们需要重新修正历史编纂学的叙述模式，打破客观、真实的历史与想象、虚构的文学之间的界限，甚至认为历史与文学最终合而为一，一切的历史文本都是文学的文本。这些对于作家的历史小说创作启迪极大。

　　当然，以上这些也深深地影响了刘岸和他的《子归城》创作。一是元叙述的立体运用。小说的叙述者"我"，不仅是一位历史文化研究者、文化旅游爱好者，而且是刘天亮的后人，以及十几年坚持创作这部多卷本长篇小说的作家。作为历史文化研究者的"刘壮志"，作为作家、书画家的"刘岸"，以及创作这部长篇小说的全过程也贯穿于全书的始终。作家将2016年在厦门的写作过程，1972年与林拐子（林闽嘉）的相识、相交、相往过程，与一百多年前大漠古城子归城的过往历史，不时地紧紧地拥抱在一起，不时地走进历史中，像"敏感记录器"一样特别直观、感性地，一一拉开了历史的日常生活画卷，不时地站在当代的时空里，叙写当代现实日常生活中的台风、电脑故障、硬盘损坏，以及与林子非、莫菲的交往等等，还有诸如《"一带一路"国家风物志·卷三》《北丝路记考》《云过斋文牍》等"史料""笔记"的不时佐证和穿插，使得小说具有了强烈的逼真感、经历感和真实性，让读者不时地感到这不是小说，而是真实存在但又有疑议的一段历史。二是强烈的新历史主义的结构叙事。作家运用多种叙述材料和叙述手段，想象性地建构了一个新的子归城，活化了子归城里的一切往事风烟，爱恨情仇，外忧内患，攻城激战、城门审判、人怨天怒，创造了一个新的子归城的世界。但是，作家重新构筑的这个世界，不是历史与现实中的那个真实世界的翻版，甚至可能历史与现实中根本没有存在过这个世界。而这个重构的子归城的历史世界，既有历史的客观真实性，同时又具有主体的体验性与认知性，既有更大的、更抽象的历史含量，又具有永恒的人性与生命经验在历史空间中的自由演绎。三是新历史主义的存在主义叙事。子归城里的"辛亥追杀""遭遇哥萨克""名妓奇案""血染洋行""粮料风波""戎官风潮""花朝惨案""攻防战""芒种战事""生死劫"和"蛇年飓风"等等，看似偶然，充满了无意义的荒诞性，却是如此地逼真而生动。这就是新历史主义的存在主义叙事魅力。它一再强调：个体主体才是历史的唯一的记忆载体，除了单个人之外，不存在所谓的共同的历史。它还认为：历史的解释从来就是多元的相对主义，也就是说历史拥有无数解释的可能性。子归城"从

----

① ［英］柯林伍德：《历史的观念》，尹锐、方江、任晓晋译，光明日报出版社2007年版，第188页。

无到有、从有到无"的历史传奇，与新历史主义者眼中的历史十分相似，"历史不时表现为一团乌七八糟的偶然事件，像急转的风流一样。它从一个骚动或是一个灾祸紧接到另外的一个，中间仅间隔短暂的欢乐……一切正如马克斯·韦伯所说的那样，一条被恶魔铺满了毁坏的价值的道路"①。所以，《子归城》里所体现出来的"作为个人经验的历史""记忆的不可靠性"和"个人历史境遇"，使得"历史真相"具有了活生生的逼真感与还原感，使得"历史处境中的人"具有了丰富的可能性与人性的自然展现。四是新历史主义的人类学寓言化叙事。子归城的创城、建城到毁城，都是大起大落，充满了传奇与荒诞，都具有反伦理学的历史主义色彩，具有人类学的方法与视野，具有人类学的思想与历史观及其文化学的诉求。子归城的建立，起源于朝廷两道圣旨的"野合"。金丁县长乱砍滥伐，大兴土木，重修古城。迎儿在岳王庙强遭外敌蹂躏，刘天亮的复仇，古城门上的特别法庭，以至大山崩塌、河井水枯、涅槃河改道和子归城化为乌有，都具有强烈的反讽意味和寓言化的特征，令人震惊，引人反省。五是新历史主义的女性主义意识。《子归城》虽然没有从女性主义的角度切入历史，但是，在书写的潜意识里，充满了对历史场景中女性生命的关照思想，小说中着力塑造了云朵、赵银儿（白牡丹）、赵金儿、驼二婶等女性人物在历史舞台上的精彩人生与生动形象，更重要的是作家注重对女性悲剧命运的书写，柳芭、迎儿、双喜、陈之花以及汪妈等女性形象，在小说中充满了奇异的色彩，令人心生感慨，久久难忘。

三

　　《子归城》用四卷和 120 多万字的气魄与规模，塑造了丝绸之路上的一座历史古城，是丝绸古道上西域城郭在历史长河生中生死死、前生后世的真实缩影。作家写尽了它的诞生和繁华，写尽了它的衰落与毁灭，都是力求探究和追问"历史的真相"。

　　这条西域古道，其实是在先秦之前就已经存在了。它是后来中国古人开创的以洛阳、长安为起点，连接东西方文明的商业贸易和文化交流主要通道，同时也是亚欧大陆经济整合战略的要道。它最初的作用是运输中国古代出产的丝绸、瓷器等商品，是德国地理学家最早在 19 世纪 70 年代将之命名为"丝绸之路"。后来，又从运输方式上，分为陆上丝绸之路和海上丝绸之路。小说中多次提到的《穆天子传》及注本，记载的就是周穆王曾经西巡的故事。他经陇西、兰州、武威、张掖、居延海及巴丹吉林大漠，驱驰于阴山、

---

① ［德］雅斯贝尔斯:《人的历史》，田汝康等编《现代西方史学流派文选》，上海人民出版社 1982 年版，第 37 页。

蒙古高原、塔里木盆地，最远至葱岭、中亚一带。他每到一处，就慷慨馈赠各部落酋长丝绢、黄金、白银、贝带、车子、肉桂、生姜等，而沿途各游牧部落则献给他良马、牛羊、骆驼、玉器和毛皮等物。西汉时期，张骞就从长安出发，联络大月氏人，共同夹击匈奴，开拓丝绸之路，被称为"凿空之旅"。罗马人征服叙利亚的塞琉西帝国和埃及的托勒密王朝后，通过安息帝国、贵霜帝国和阿克苏姆帝国，取得从丝绸之路上传来的中国丝绸。西汉末年，丝绸之路一度遭到断绝。东汉时期，班超从洛阳出发，再次出使西域。他到达西域，他的随从到达罗马。这是东西方文明的第一次对话。也是在东汉，印度僧人沿着丝绸之路到达洛阳，将佛教传入中国，从另一个角度拓展了丝绸之路。唐代，洛阳人玄奘沿着丝绸之路历时十九年到印度求取真经，促进了中华文明与印度文明的交流，写下了《大唐西域记》。但是，两千多年来，西域之地总是金戈铁马，纷争不断，侵略和反侵略，分裂和反分裂，各种斗争和战事一直不断。各民族仁人志士、中华优秀儿女，为了保卫祖国的统一和领土完整，血染沙场，埋骨戈壁。特别是清代以来，境外各种敌对势力相互勾结，觊觎西部，纷争与战事更加激烈。林则徐曾以戴罪之身，踏遍天山南北，兴修水利，发展屯垦，造福当地百姓。左宗棠以年近七旬之躯抬棺进军，收复了被阿古柏人和沙俄人侵占的广大领土，在当地留下了千古流传。民国初期，新疆领导人杨增新，为了保卫祖国领土完整，保护百姓利益，与恶势力斗智斗勇，也做出了重要贡献。

《子归城》就是根据这些历史背景与重大事件，展开艺术的想象，重构了一个近代历史上宏大而壮观的西域古城世界，富有强烈的传奇色彩。子归城，俗称古城子，又名古城驿，位于"一带一路"的核心经济带。曾是由从厦门来的八百户犯禁出海的金妻（即携妻带子的流刑者）和八百名违令的追剿兵，共同在涅槃河畔修建的。八岁的钟则林随从林则徐进了新疆，游历天山北六县、南八城，求学迪化、伊犁，娶了清军将领蒙乾的四格格，与抗敌英雄徐学功多次联手，屡建奇功，获得过"巴图鲁"的称号，人称"钟爷"。他组织大批流亡者和当地民众，编成民团，修筑旧城，扩建新城，以自己的八旬生命见证了这座古城的"从无到有"和"从有到无"。曾经的子归城，是镶嵌在丝绸古道上的一颗名珠，"走进古城子，跌倒拾银子"的繁华，吸引了五湖四海的追梦者来到这里。"天亮闲庭信步，沿着拐子街边走边看，街上店铺林立，肆井喧闹。还有些分不清是哪国还是哪个民族的商人，站在商铺前冲他招手致意。这一切都引得天亮满脑子发财梦，后来天亮看到了林公渠，还看到了渠边一溜的白榆旱柳、青杨萧萧。他发现绿树掩映中有不少院落……"① "在上个世纪初，是个充满魔幻氛围的不夜城。四马拉的大车载着俄

---

① 刘岸：《子归城》，卷一《古城驿》、卷二《根居地》、卷三《天狼星下》、卷四《石刻千秋》，敦煌文艺出版社 2021 年 5 月版，下同，均不注。

人的棉布、火柴，阿富汗的鸦片、巴旦杏仁，印度的珍珠香料，英美的呢绒、香烟，滚滚而来，一峰峰骆驼驮着和田玉、福建茶叶、江浙绸缎、新疆鹿茸贝母、珍禽，源源而去……天南海北，五湖四海，上三教下九流，高鼻子的洋人黄皮肤的华人，都满怀希望毫不犹豫地认定这个丝绸北道最大的码头是实现自己金色之梦的伊甸园。"刘天亮、林拐子、驼二婶、神拳杨、红胡子雅霍甫、铁老鼠巴赫·铁尔森、黑牡丹、赵银儿、山西王、姚麻子、金丁子、马麟、契阔夫、诸葛白、杨都督、独眼龙、二锅头等各类各色人物，纷纷登场，以自己的视角和心态，分别感受着这个古城的一切世事变迁。"云朵奶奶在戈壁、沙漠中绕来绕去，绕了好几天后，结果遇上了大群的秃鹫，还有野狼。孟托驱赶野狼时，发现沙丘的背面，就是古城子。曾经铁刹叮咚、飞檐高翘的城楼已荡然无存，只有一段城垣垛口，若隐若现地裸露在沙土之上"，"之后他们看到或者遇到了什么，一言难尽。谢三娃忽然就坐在城墙上号啕大哭，哭得悄惶眼泪滂沱，不能自已，人都软了"。在微弱的天光中，刘天亮"看到熟悉的街道和房屋都没了，成为一片瓦砾，而整个古城子就像一个大垃圾场，还散发着一股刺鼻的、腐烂的尸臭味儿。他觉得臭气难闻，氧气不足，呼吸有些困难，有窒息感。可他走了不远的一段路后，便发现子归城已经没有一处完整的房子了"。

英国冒险家、植物学家罗伯特·琼斯，在小说《子归城》里始终是一位冷静的观察者。他拥有兼济天下的人类情怀，不满并反对英国用鸦片毒害中国人，但这是英国的国家行为，他无力对抗，也无法说服自己身边的人放弃毒品生意。他只能默默地潜心研究植物，希望以"绝育"的罂粟植物苗来阻止鸦片的泛滥。"他在子归城湮没前就去了武夷山，后来又去了南洋，接着就回了印度。可很快，他又翻越葱岭到了新疆，并从迪化出发，经子归城旧址，林垒驿、哈密、安西、西安，到了泉州港。而且过了没几年，就又出境，经南洋进入印度洋……罗伯特·琼斯的一生就像一个破钟表里的时针，极富意味地沿着丝绸古道和海上丝绸之路走走停停，绕了两圈或者三圈，就把自己的一生走没了"，却用自己的脚画出了"一带一路"人类命运希望的"同心圆"。子归城劫因人怨天怒，"蝴蝶效应"使然，灾难不断。金丁县长大肆砍伐树木，生态严重破坏。何坨子为报私仇，纵火烧县衙，烧煤窑，致使黑沟煤窑坍塌，涅槃河改道，水源断裂。哥萨克军再次攻打古城，军民浴血奋战，死者无数，城池毁坏。最后陆地龙卷风来临，哥萨克人被迫撤离，城中军民弃城逃生，古城化为一座"魔鬼城"，充满"百年孤独"般的魔幻色彩，极其悲壮。子归城就这样从这个世界上消失了，寓言化的叙事，使整个小说文本充满了人类学的意味与历史的深意。

四

《子归城》尽管是一部多卷本的长篇小说，但是十分注重对人物形象的塑造，不愧为百年前西域世界芸芸众生的生活图谱。小说整体建构宏大磅礴，厚重深阔，奔放激越，蔚为壮观。四卷铺张，洋洋百万多字，有各国各族人物一百多人，有名有姓的重点人物也有三十多人，钟则林、刘天亮、林拐子、云朵、迎儿、独眼龙、二锅头、黑牡丹、赵银儿、驼二婶等主要人物，性格鲜明，形象饱满。三任县长于文迪、金丁子、诸葛白，以及军管马麟、都督杨增青，有血有肉，迥然有别。红胡子雅霍甫、铁老鼠巴赫·铁尔森、契阔夫、谢尔盖诺夫、皮斯特尔、谢苗诺夫、瓦西里、索拉西等外国人，更是张扬狂妄，贪婪狠毒，不可一世。城中的各类风云人物山西王、驼二爷、姚麻子、张一德、赖黄脸、郭瞎子，芸芸众生木匠兼更夫郝大头、锁匠刘亮程、葱头、汪妈、陈之花、双喜、柳芭，也都富有个性，栩栩如生。

作家善于把子归城的各种各类人物置于历史大动荡、大变革、大混战的舞台上进行表演，善于置于各种外在矛盾与内在冲突的热火上去进行烤肉式的叙写，善于通过各个大事件、大遭遇、大困境一一展开去刻画。通过人物自身的性格逻辑与命运发展的各种冲突、撞击，来呈现人物的性格特点与思想变化，自然而生动地书写出了"历史处境中的人"。

主要人物刘天亮，本来是一个没有文化的"黑肚子"青年后生，来到子归城本来是想寻找恩人驼二爷，找个活干，做美美的发财梦。谁知一进城就误入合富洋行二老板铁老鼠巴赫·铁尔森谋杀老板红胡子雅霍甫的现场，被他们的狼犬咬伤了腿。铁老鼠巴赫·铁尔森和谋士皮斯特尔做梦也没有想到，这场阴谋被躲在壁炉上的另一个主要人物林拐子看得一清二楚，为后面的故事发展和人物命运变化埋下了伏笔。可铁老鼠为了掩盖现场，达到杀人灭口的目的，只好给黑沟煤窑的老板索拉西写信安排刘天亮到矿井干活。不识字的刘天亮急忙前去。可刘天亮刚走，铁老鼠随即又给索拉西写信要求将其尽快处死，并马上派忠诚的希卡快速送往黑沟煤窑。随后，铁老鼠为了怕刘天亮拆开看信，立刻又召集希卡们兵分三路去满城追杀他。如此周密的安排，"如果不出意外，两袋烟的工夫，天亮应该和希卡们迎面相遇"，"但出意外了。一匹蒙古马惊了！一个厦门人出现了！"这个意外导致"天亮和追杀他的希卡们在空间上发生了南辕北辙。他们一个由西向东而去，一个由南朝北而去"。刘天亮被中毒的狗咬伤，倒在去黑沟煤窑的歧途中，被沙枣梁子钟则林家的家犬大黑发现，钟家把他救回家，在钟则林和两个孙女云朵、迎儿的救治下，治愈了腿伤。告别时，钟家送他黑陶罐，内装有酒曲、中药、粳米，本来是给他充饥治病用的。结果，他路遇哥萨克骑兵绑架，陶罐遗失。谁知隔了几年再找回来时，黑陶罐中的东西，已经变成了浓香四溢、醇厚甘甜的美酒。刘天亮受此启发，在钟爷收藏的《如匠酒经》指导下，和独眼龙、二锅头等人开始酿酒。可是没有资金，独眼龙找赵银儿帮助，赵银儿与姚麻子密谋，写协议贷款给他们。结果第一次酿酒失败，酿成酸醋，山西王与之激烈斗争，故事一拨又一拨，冲突一个接一个，历经被追杀、煤窑做苦力、暴动流亡、做镖师、为迎儿复仇杀死巴索夫、挂在古城门特别审判、坐球形监狱，磨难重重，久经历史的火烤，却愈挫愈勇，最终才成为一代酒王，其淳朴善良、正直坦荡、有胆有识、大勇大智的人物性格，却也通过四卷小说的叙事铺陈，逐步跃然纸上，活灵活现。而且，从其中滋生的云朵与赵银儿的几次智慧较量，也是令人大开眼界，心生惊叹。山西王、姚麻子、神拳杨等一系列人物，也在残酷的商战和天灾人祸中，演绎出了丰富而多彩的人生故事。

　　再譬如主要人物林闽嘉，本是厦门的茶商之子，来到子归城，已经是黑沟煤窑的最大股东，却被贪婪、狠毒的洋商陷害，与前妻黑牡丹赵迎儿分崩离析，家破人亡，成了林拐子。他怀着满腔的爱恨情仇，装疯卖傻，终日流落街头，为人代书，却不失一个知识分子的钢骨风采，时时与本族的腐败分子与外敌列强进行着各种隐蔽式的抗争。作家为了还原历史，真正塑造"历史处境中的人"，不时从历史烟云中拉回视线，穿插 1972 年与老年林拐子的相识、相交和相往的叙写，穿插"我"2016 年创作这部多卷本长篇小说时与其后代林子非的交往，从多角度、多层次、立体式地塑造人物形象，力求书写出"历史处境中的人"的种种复杂性、丰富性与可能性。

　　小说中主要人物刘天亮、林拐子、钟则林等人，与铁老鼠巴赫·铁尔森、皮斯特尔、谢尔盖诺夫等洋人，以及在二者之间的马麟、金丁县长、杨干头等县府官员的人物关系，是晚清以来中外关系的典型反映。小说中人物之间的矛盾冲突，主要发生在铁老鼠巴赫·铁尔森等洋商与神拳杨等华商之间，也是近代以来民族资本家与外国资本家贸易竞争、腐败政府官员与外国商人勾结妥协的真实反映。添仓案发生后，合富洋行的铁老鼠巴赫·铁尔森为了打压带有官方色彩的杨记典当行的生意，于是让皮斯特尔设计由刘天亮把柳芭从典当行约出来，在荒郊野外结果其性命。事成之后，他们却贼喊捉贼，要求典当行赔偿巨款。都督杨增青也手谕金丁县长限期破案，惩办凶手。典当行无可奈何，只好交出伙计张福来背锅。铁老鼠巴赫·铁尔森当然不让，最终不但拿到了神拳杨三千两银子的赔款，还获得了典当行出让的大笔市场占有份额。这主要是由于沙俄领事伊万为铁老鼠巴赫·铁尔森撑腰，让各国领事对新疆当局施压。由此可见"弱国无外交"的屈辱与悲苦。作家通过精心构筑这些人物关系、矛盾冲突，精心编织这些情节故事与人物命运，都是意在真实深刻地反映处在历史动荡与混乱的缝隙之中人的喜怒哀乐与生命悲歌。

第四卷《石刻千秋》中，两次古城保卫战和最后的城殁是全书的最高潮，作家写得荡气回肠，悲壮动人，充满深情地演绎出了子归城军民抗击外敌入侵的凛然钢骨、威武不屈和视死如归。当契阔夫带着马刀兵返回再次攻城时，子归城的民众怒了："他翻脸咱们也翻脸！他妈的，不就是命一条吗？老子今天杀一个够本，杀两个，还赚一个！"当诸葛白县长呐喊着把契阔夫的通牒给抵抗者作了宣告后，正在准备出城远去的焦大、武二等人，反而放下行李，决心与马刀兵拼死一战。盐商严济生、锁匠刘亮程等人也开始毁家纾难，"严济生在自家门上贴出悬赏公告：有愿意与马刀兵马匪骑匪毛子兵拼死一搏者，来鄙舍领取现银一两，有杀敌一人者，赏银十两。刘亮程则公开承诺：谁杀敌身亡，他就给谁送一枚银质的长命百岁锁"。山西王也跑到通海楼的废墟上，拄着拐棍，振臂高呼：有愿意杀敌者，本人发给枪支弹药。有愿意随我杀敌者，本人管吃管住，还发给银子！诸葛白县长则把地牢监狱里的所有轻、重罪犯也都放了出来，纷纷上城门抗击外敌。连涉嫌谋杀于文迪县长的重刑犯都拿着刀枪，四处袭击哥萨克骑兵。连七十四岁的"瘦得像根梭梭柴"的小老太太都振臂高呼："狗日的，连岳王庙都给拆了！裆里带把的儿子娃娃们，快站起来！打啊！"林拐子设计把杀人犯皮斯特尔推进院中，关上门，让那些吃人肉的疯狗，一瞬间就把他吃成一副白骨头架子。刘天亮则拉着热西丁的尸体，深入敌营谈判退兵。云朵面对侵略者的嗜杀，抓住敌军新头目热西丁，直接让人把他按在酒缸里闷死。柳芭也设计逼契阔夫退兵，无果后，将他枪杀。契阔夫万万没想到，全城没有一个投降者，而是每个院落和房舍都成了战斗的堡垒。最让马刀兵们束手无策的是这里的居民寸土必争，神出鬼没，"而这里的老户儿居民呢，打仗又完全不懂套路，没个正形，不走正规路线。刀枪镖子，石头瓦块，甚至弹弓一齐上。他们大多是以逸待劳，守株待兔……"子归城里的每一个人，都拥着挤着，纷纷登上了历史的大舞台，在一场奋力抗战的大混战中，用自己的血肉之躯，书写出了中华民族的英勇血性与作为人的铮铮铁骨。

"天塌了，地陷了，子归城里子不归……"繁华古城，终归成为一堆废墟，被飓风狂沙彻底覆灭，只留下诸葛白县长刻在大青石上的两段文字：一者为："子归城，又名古城驿，俗称古城子。林公渠穿城过，曾存有涝坝三座，水塘八处，可谓家家水井，户户杨柳。城外官道，连绵数百里，道边杨柳榆桑杂陈，绿荫浓密，若长城蜿蜒。某某年，洋人挖煤，掏空黑沟山体。有何坨子，为女复仇，放火烧矿。致使山体垮塌，河流改道。又方县令金丁，嗜木艺，尽伐木，周边树木至此荒芜。沙覆野，云雨枯。某某年，飓风至，连绵不止，城将湮。"一者为禁砍禁伐令："凡我城民，无分主客，植树活一，奖银五两。活二奖十，余类推。伐树者，一株罚牛，二株罚马，三株罚驼，四株入监。十株斩监候。纵火焚林，斩立决。滥开矿山，挖煤掘矿，罚没所有。致山崩河改道者，斩立决。掘坝毁渠者，斩监候。以上禁款，官民谨遵，违者必究，严惩无贷。"

一个清名县令与知识分子的忧患意识与家国情怀，布满了历史固石上的缝缝隙隙，字里行间，让人难以忘怀。虽然是石头上的斑驳文字，历经百余年，却依然振聋发聩，回声久久不能散去。因为城虽殁，但是，古城里所有民众的灵魂并没有死去，还在发出他们作为"历史处境中的人"内心深处的声音，催后人反省，让后人警醒。因为"一切历史都是当代史"，一切当代史也都是许多历史的重复。

五

记得 1970 年出生的当代作家、诗人和艺术家霍香结说过这样一段话："因此小说只有两种：一种是运用线性时间编织由时间、环境、人物、事件构成即故事的织体；一种是运用非线性时间编织由时间、环境、人物、事件即故事的织体。后者是 20 世纪以来对第一种织体的反叛。是一切先锋的源头。思想源头在于我们对世界的认识发生了变化，也就是对时间和存在不再是经典力学时代的世界观了。"[1]多卷本长篇小说《子归城》最大的特点，就是它十分鲜明的非线性的复线式叙事结构，主线描写一百年前陆上丝路古道子归城里发生的故事，副线则是当代时空里作家在海上丝绸之路的港口城市厦门、泉州等地的生活。作家主体意识十分强烈，不时地从 2016 年 "我" 创作这部小说、1911 年的子归城和 1972 年 "我" 与林拐子的交往三个时间节点，穿越在历史与现实的 "大时空"中，大开大阖，气势奔涌，想象卓越，叙事不时地被作家打开、折叠、聚焦、凝视，让读者与作家共同面对不确定的历史面目，"痛而快乐着"，产生了强烈的 "代入感" 和共情、共鸣与共休。这种 "出入白如" 的叙事方式和叙事形态，使得这部一百二十多万字的多卷本长篇小说，充满了强烈的先锋意识和新历史主义色彩，而且充满了强烈的艺术张力，让历史与现实、真实与想象、虚构与非虚构，进行了有机的结合，出现了让我们惊讶甚至震撼的、可以 "共享" 的 "心灵游戏" 或 "形式游戏"。

史诗性的文学野心和先锋性的叙事方式相结合，加之文本空间大量 "链接" 的巧妙合理使用，以及象征性、寓言化的新历史主义叙事追求，都使得这部多卷本长篇小说，

---

① 豆瓣：来自杨那人，2020 年 3 月 11 日。

不仅达到了探究和追问"历史真相"与"历史处境中的人"的理想目的，而且更重要的是，具有了一种不一般的罕见的文学质地与文学品格，有了好多值得读者好好反复咀嚼的艺术空间和思想内涵，有了"多年以后，你会忘记许多东西，但应该不会忘记这本书"（邱华栋语）的美好记忆，有了"至于它是否经典，留待读者和岁月来判断"（舒婷语）的许多可能性。

2021 年 4 月 28 日写于山西省孝义市

（作者单位：山西省孝义市文化局）

生活百味的散文化叙写

——论秦直道小说《味》的思想与艺术

李　雪　钟海波

内容提要： 在《味》中，作者运用日常化叙事手法，一方面诗意地叙写家乡的风俗风景与民情民性，使得小说散发出幽幽的乡土气息；另一方面沉重地叙述家乡的多灾多难及贫瘠闭塞，使得小说带有强烈的地域色彩。复杂情感的交织正体现出作者对于家乡的爱之深与责之切。小说所展示的这片土地上人民白杨般坚韧的品格，是我们民族的精神财富。

关键词： 生活百味；散文化；《味》；乡土

秦直道人生的前三十年是在"父母之邦"陕西度过的，这里的人物风情早已融入他的骨子里，无论日后他去往何地，在生命记忆里留下来的人、事、物都将是他创作的素材与源泉，因此，从这个意义上说，陕西可谓是他的文学原乡。之后，他曾在新疆生活十三年，站在一个"他者"的立场上来回望家乡，更易咀嚼与反思。《味》正是基于秦直道的生命经验与生存体验而创作出来的，是作者献给故乡、亲人的一份礼物。

一、地域色彩：古朴浓郁的地域泥土气息

在古老的三秦大地上，受惠于故乡的作家不少。贾平凹受益于棣花镇，陈忠实受益于白鹿原，柳青受益于皇甫村，路遥受益于清涧乡。秦直道则取材于关中平原生活。他的小说《味》写故乡人、故乡事，对于乡村民俗风情的叙述，散发着浓浓的地域风味和乡土气息。尤其是饮食文化的表现，又时刻提醒着作家个人"根"之所在。

乡土民俗风情是乡土小说作家喜欢表现的内容之一。贾平凹尤其擅长将家乡的民俗

意象纳入其小说书写范畴之内，其创作的"商州"小说，大多体现着当地的民风民俗和民情民性。基于对家乡地域特色和地理特点的熟悉和喜爱，秦直道在《味》中整体上运用现实主义的叙事手法，叙写日常生活，其中人物多系乡党，在现实生活中也有原型可寻，使得这部小说刻上了浓浓的地域风味，人物的行动与言语都相当真实。与此同时，小说也展现了丰富的民俗生活文化和风俗习惯，流（酿）醋、收麦、烤烟等描写，是一帧帧鲜活浓郁的风俗图画，也正是这些民俗活动与生活细节的描写，丰富了小说的情节，增添了小说的韵味，给人以美感享受。秦直道将当地的"民俗生活相"与民情民性呈现在读者眼前，而乡土上民众生活的原貌与生活的方式也被展示出来，为小说增添了一份独特的审美价值。

浓郁的地域色彩是长期生养自己的土地所赋予的，而当人短暂的离开故土，更能够看清楚自己的心之所在。《味》中，楚默然离开频婆街到廍邑中学上高中，顿感孤寂，在日记里写下了一首诗：

> 生活送走了新奇这位客人，
> 慢慢地，
> 孤独却发了芽。
> 一天天，
> 它的枝叶越长越大。
> 直到有一天，
> 它伸出了白昼的墙外，
> 让梦也发现了它。
> 竖起鼻子闻一闻，
> 弥漫着一种叫作乡愁的芬芳，
> 让人泪光闪闪。①

独在异乡，心中乡愁油然而生，这又何尝不是作者借楚默然之杯中酒，浇自己心中之块垒呢？秦直道在《味》跋中写道，陕西是他的"父母之邦"，无数平凡的日子都像水一样流走了，但有一些人、事、物却像河里的石头一样留下来了。②而正因留下来的这一部分，进入了作者写作的视域范围，在文中化为淡淡的乡愁，悠悠地散发着独有的

---

① 秦直道：《味》，太白文艺出版社 2020 年版，第 155 页。
② 同上，第 368 页。

地域之味。而萨义德指出："一个人离开自己的文化家园越远，越容易对其作出判断。"①
鲁迅东京求学，使他对国民劣根性有了更本质的理解；沈从文漂泊京城，使他对湘西的
地域习俗有了更独到的认知；②红柯游走新疆，使他对故乡的地域文化有了更深刻的体
会。远离故乡地域空间与文化家园，使得作者对生于斯长于斯的故土有了更加清晰的认
知。秦直道人生途中曾离开陕西，去往新疆，这种离散经历更能让他回首远望自己的家
乡，站在一个"他者"的位置，审视故土的一人一物、一草一木。之后，楚默然考上大
学，对楚氏家族来说都是件大事，他的父亲大设宴席款待乡亲们，以显家族荣耀。这对
于现今而言，一家之子考上大学似乎并没有引起这么大的响动。这一方面充分显示出当
时频婆街的传统与落后，但另一方面，其中对于场面的描写，人情乡情的叙述，充满着
陕西地域文化、乡土气息的特色，也正因这些民俗描写使得作品富有魅力。此外，小说
中还写到"送娃"与"抱娃"的习俗，千百年来，人们根深蒂固的观念是"早年炕上没
有拉屎的，老了坟上就没有烧纸的"，这种带有宗教信仰意味的观念，一方面显示出在恶
劣的生活与生存条件下，这方土地上的人对于生命的崇拜与敬仰，对于"传后"与"留
根"的执着，展示着独特的地域特色；另一方面也揭示出当地民众的愚昧保守与落后闭
塞。对于这片土地，作者往往是又爱又恨、悲喜交加的，爱之深又责之切，对落后闭塞
析之深，批之猛，对家乡风土爱之切，护之殷。个中复杂滋味，也只有扎根在此的人才
能体味一二。

　　陕西独特的地理位置孕育了独有的文化饮食习惯，南方多米食，北方多面食，而历
来以农业为主的陕西更是孕育了独特的面食文化。在《味》中，饸饹、臊子面、旋子馍、
玉米面斜字、花卷馍等吃食的描写，使得小说带上浓浓的地域色彩。然而"十里不同风，
百里不同俗"，由于地域的差异与地缘空间的区分，形成了不同的风俗习惯。文中楚默然
在雍州师范学校实习的时候，感到了融入当地风俗习惯的艰难，那里和豳邑县不一样，
吃早饭不喝稀饭，只有晚饭时才喝，他一时适应不过来，这对他来说是一项严峻的考验。
也正因此，可以看到，一个人的胃与其生长的地方之间的紧密联系，吃食和乡情相牵连，
恰恰显示出个人文化根系之所在。此外，方言土语及歇后语的运用，表现力极强，将人
们拉进了本土的场域内，显示着民众的智慧与情趣，传达出鲜活的民间气息，以及作者
对于家乡的喜爱之情。

　　作者基于个人的生活体验将"根"扎于西部大地上，浓浓的民俗风情与乡土气息印
证着作者的乡愁情思，也传达着作者对于家乡深深的依恋之情。然而，这方土地，有时
也并不这么包容，它以其自身的广阔旷达向人们显示着威力，让人又爱又"恨"。

---

① 　[美]萨义德：《东方学》，王宇根译，生活·读书·新知三联书店 1999 年版，第 331 页。
② 　高春民：《"肯定性的否定"：红柯文学创作中的文化反思》，《当代作家评论》2018 年第 3 期。

二、苦难叙事：沉重苦涩的生活之味

在西北作家笔下，生活的调子往往是沉重的。人们感念皇天后土赋予的物产与生命，却也时常痛恨它的残酷与无情，冷漠地吞噬年轻的生命，留下无尽的孤戚与悲伤。在《味》中，作者一边诗意地叙写风俗风景，一边沉重地感叹多灾多难。其中，有作者对于沉重的生存的关注，也有对贫瘠的生活的叙述。

多灾多难而又生生不息的黄土地正是秦直道赖以创作的源泉。作者在《味》中对于乡风民俗的描写正是乡土与故地"在场"的最好证明。萧红也曾无比深情地凝望故土与家园，审视故乡人民的生存状态和文化痼疾，《呼兰河传》中对于日军侵华前东北乡土风貌的描写栩栩如生，鲜活生动地描绘出一幅家乡风土人情画；《生死场》更写出了东北土地上人们"对于生的坚强，对于死的挣扎"[1]，对于家乡民众麻木迂腐的叙述力透纸背。所不同的是，萧红对于家乡的叙述延续了鲁迅式的批判，她要写出落后的农村、闭塞的社会、愚昧的民众，在她的笔下，人们更多是对于命运的安排及生存现状逆来顺受，而她正要揭露这种民众"机械性"的生活。如果说萧红的写作是基于其童年回忆与自身经历而来的，诗性语言、散文化的叙述与作品本身的哀伤与凄凉形成一种张力，那么，在《味》中，这种张力被缩小了，但取而代之的是另一种"生的无奈"，而这种无奈正是作者赖以生存的土地所"给予"的。在《味》中，人们更多的是生存艰难，受自然灾害的困扰；生活贫瘠，受命运无常的捉弄。

独特的地理位置与地域风物造就了这里民众沉重的生活与艰难的生存。小说中写到了旱灾问题，干旱一直困扰着这里的人民，豳邑县城出现五十年不遇的大旱，沟道泉水断流，人畜饮水困难，楚默然的教室里没有电扇，更没有空调，赤日炎炎地灼烧着每个人的心。随着太阳的炙烤与土地的干裂，相伴而来的是严重的通货膨胀，而忍是现实条件要求大家对待生活的态度。这种沉重的现象不独在此所见，秦地作家笔下时常出现，柳青在《创业史》开篇即叙述 1929 年大旱灾闹饥荒，梁三在饥民中找到自己的另一半，开始"创业"人生；陈忠实在《白鹿原》中写大旱持续好几年，赤地千里，庄稼绝收，死人数百万；高建群在《雕像》中写旱灾导致饿殍横陈，易子而食。沉重的苦难意识，正是这方土地给予的。而陕西民众在面对生存问题时的狰狞、无奈、悲怆，跃然纸上。

除严酷的自然条件影响着这片土地上民众的生存外，贫困的生活也是人们面临的一大挑战，而这贫困很大一部分原因是山乡偏僻、灾害频发造成的。在此方面，贾平凹对

---

① 鲁迅：《鲁迅全集》（第 6 卷），人民文学出版社 2005 年版，第 422 页。

于贫困的原因多有挖掘,表现在他写的一系列小说之中,《满月儿》《鸡窝洼的人家》《腊月·正月》《小月前本》等小说更被视为志在改变穷困的"创业记"。①在《味》中,楚默然父亲肩扛着一家人的经济来源,他靠自己的力气养活家人,无怨无悔地给人下苦干活儿,打胡基、做瓦、修路、打井等工作换了一个又一个,几次三番死里逃生,从鬼门关爬了回来,最终将生命献给了既养育他又让他无可奈何的土地。小说中,写到最多的是人对于生命脆弱的无奈与感叹,随时随地都有人正在从这片土地上消失,人生的无常刻骨铭心。在这里,我们只看到了"生的无奈"而少了萧红那份"对死的挣扎",人说殁就殁,好似飘落的雪花一样,转瞬即逝,永远不知道下一秒会发生什么。可惜生活没有如果,生活就像哀婉悠长的唢呐声一样,苍凉旷达,永远在它的轨道上向前迈进着。此外,小说中楚默然上学的一个细节描写,也颇能反映出这一主题。楚默然上高中时,妹妹已经五岁,也该上学了,父亲把他的学费重重地摔在了地上,之后,父亲和妹妹去学校看他并给他带来一些物资,他心里突然沉重起来,感到父亲身上的担子更沉重了。从这里,一方面可以看出父亲对他的爱,另一方面也可以看出父亲的无奈,对于生活给予他的挑战,对于生存给予他的威胁,他只能照单全收,并且尽力地去改变它战胜它。

生活就像装粮食的口袋,每受一次打击,就像在地上墩了一下,虽然他的双脚被墩疼了,但他的内心却变得更瓷实了,以后可以承受更多打击,他的精神口袋里可以装更多生活内容。②也正因此,从某种意义上说,苦难也是一种精神财富,是作者基于生命体验和生存经验而铸就的瑰宝,让人坦荡地面对曲曲折折的生活挑战。

三、自叙传:艰难困苦的人性况味

家园的荒芜与故土的赤贫并没有消磨掉生活原本的颜色,沉重的生活反而一次次激起人们向命运抗争的精神,这种精神既带着经由作者生活体验与环境塑造出来的文学精神,也带着那种经受艰苦的炼狱般考验而确立起来的意志和力量。

秦直道在《味》跋中写道:这部小说创作含有"为孩子留下一座精神意义上的房子"这样的苦心和初衷。而这座房子又包含"个人的心灵史、家族的生活史、时代的变奏曲、人生的哀叹调"等结构,是一个综合、多面的映射体,从中可以窥见不同向度下人生的本色与人性的温度。③从这个意义上说,《味》的意义与其反映的生活哲理是熠熠生辉的。小说以楚默然为叙述中心,扩散开去,连缀起一个家族的生活样态,甚至一个时代下陕

---

①　李继凯:《秦地小说与"三秦文化"》,商务印书馆 2013 年版,第 159 页。
②　秦直道:《味》,太白文艺出版社 2020 年版,第 205 页。
③　同上,第 368 页。

西人民的众生相。贫瘠的黄土与严酷的生活并没有带来精神的贫困，生活在这片土地上的人民在面对命运无常、生活艰苦的困难时，总能挺直腰杆，靠自己双手去寻找出路，其散发出的务实精神与"穷则思变"精神着实令人着迷。

在小说伊始，作者通过楚默然的视角（此时，他还是一个未谙世事的孩童），叙述其祖父与外祖父家族的事。祖父当年外出自谋生路，幸得一理发匠收留，二人结拜为兄弟，此后，祖父将这份恩情铭刻于心并提醒后人要"懂得做人、学会感恩"，人性的温暖与善良尽显无遗；而外祖父家，因格心妗子自身的优越感而瞧不上没念过书的人，致使亲兄妹变成仇人。不是亲兄弟胜似亲兄弟，两相对比之下，同样的生活处境却有不同的人生态度。楚默然此时涉世未深，他对于人生的艰辛与人性的深度理解都还未深入，看事物非常表面，生活的无奈与冷酷还未曾撞击他内心，在他的眼里，世界还是一片美好的乐园，缠着祖母跟"收头发"的商贩换玩具和好吃的东西，盛夏日子里，到频婆街看祖母卖凉粉。随着生活的演进，楚默然步入高中，发现贫困并不使每个人都自尊自爱、自立自强，而社会的复杂渐渐让他尝到了一点涩味与苦味，他时常感到心里的孤寂与空荡。慢慢地，他对于生活的理解渐渐由浅入深、由表及里，而生活逼迫着他成长懂事，逼迫着他体味个中痛苦与不幸，逼迫着他学会独自面对，他咀嚼着生活提供给他的更重味道。与此同时，父亲那靠给人下苦挣钱的不屈精神已渐渐浸润到楚默然心中，他尝试着靠自己的力量来帮父母减轻负担，在校园里卖报纸、翻译英文著作等。而小说后半部分对于楚默然工作的叙述，作者透露出一些更现实的问题，刚毕业就失业的楚默然备受打击，在一次回家和母亲的闲聊中，母亲给他讲她眼里的人生，他受到启发，违背本心去给雨车中学的校长"送礼"，换来了新一学期班主任的工作，但不久之后，他的"转正"问题也需要通过同样的方式（"送礼"求人）来解决，这使他既觉委屈又觉失望，毅然辞去工作。对于楚默然来说，在经历过人生起起落落、世事变化无常之后，在见识到社会钩心斗角、权利欲望充斥之后，他已能够一往无前、义无反顾地投入生活之中，明白通过自己的选择和对生活的态度能够改变人生的境况，这种敢于求变的精神实为不易。小说最后写到，他在工作之余考上了美学专业研究生，或许他的生活会像他心中理想的生活那样，或许生活还是像一个线团一样——一团糟，但无论身处何种生活之中，有了自己的精神主心骨，这将会驱散生命中的阴霾，照亮人生的坦途。

秦直道在《味》中叙述个人心灵史的同时，试图勾连起整个时代的面貌，将个人放到时代的大背景下加以把握，直面人生的本质与鸟瞰时代变迁下人们的共同命运。小说中，对于楚默然叔叔（献力叔叔）的叙述，颇能体现这一想法。献力叔叔是频婆街第一位企业家，创办了圊邑县第一家卫生纸厂，初始生意火爆，但随着市场变化，周边市场的渗入，纸厂生意受到挤压渐趋衰微，后听取他人建议改为澡堂，成立频婆街太阳雨洗浴中心，又随着时代变迁同时经营浴池、住宿、出租三个项目。一时红火，一时塌火，可谓天差地别，时代的变迁不以人的意志为转移，在面对时间惘惘的威胁时，人往往是无奈的，在这种大时代滚滚向前的压力下，人只有改变对这种变化的态度，时常"思变"才能常新。除此之外，作品还触及到了社会腐败、权力地位、城镇拆迁、计划生育等问题，烙刻着鲜明的时代印记。在小说后半部分，越来越多地揭示社会方面的问题，世风日下，盗匪日渐猖狂，农村越来越没有安全感，偷汽车、摩托车的屡见不鲜，小说前半部分中的纯朴风情有所改变。随着时间向前发展，社会慢慢被异化，人心慢慢被吞噬。在这样的大背景下，如何守住自己的心将成为一大问题，而楚默然从父辈身上学到的坚韧与务实精神，正是此一问题的克星。可以说，这正是作者留下的宝贵精神财富。

作者通过自叙传的艺术手法，展示出生活在这方土地上的人，苦难从不曾远离他们，但当苦难降临、灾害肆虐时，由此凝聚的人的坚韧品格与基于务实的求变精神从不曾或缺。而在沉重的现实压迫下，人一次次地向它发起反击，一次次地寻求自己安身立命的根本所在。正如茅盾笔下礼赞的"白杨"，屹立于天地之间。

四、结语

从整体上看，《味》延续了以往西部文学的叙事范畴。这"味"从某种意义上说正是作家赖以生存的黄土地赋予的，是古朴浓郁的地域之味，是沉重苦涩的生活之味，是艰难困苦的人性况味。在《味》中，作者对于故乡的一人、一土、一物事无巨细地加以记录，运用日常化叙事，将故土历史和现实中的纷纭人生展现得淋漓尽致，但对现实的叙述过于琐碎，使得小说的主旨有所灼伤，有些主题未得深入展开。可以说，其优缺点盖出于斯。而在行文叙述方面，《味》整体上承续了柳青以来的现实主义手法，小说语言朴素、形式单调，缺乏一定的先锋性。沉重的泥土地阻滞了想象力的飞翔，小说生动性有所损伤。

（作者单位：陕西师范大学文学院）

材料详赡　见解通达

——评李春燕的《新时期以来的陕西文学批评研究：以小说批评为中心》

王鹏程

陕西是众所周知的文学大省，尤以小说重镇而为中国文坛所瞩目。在小说创作方面，"十七年"时期的《保卫延安》《创业史》《新结识的伙伴》，90年代以《白鹿原》《废都》《最后一个匈奴》为代表的"陕军东征"，卓绝超群，名噪一时，不仅创造了陕西小说的辉煌，也创设了所处时段的中国当代小说的两个高度。这两次辉煌，与陕西深厚的历史文化积淀、小说家对文学拼命三郎般的痴爱、陕西小说家良好的代际传承以及他们"互相拥挤、志在天空"的激励竞争密不可分。陕西文学批评虽然未与陕西小说取得等量齐观的成就，但其与小说家之间频繁的互动影响也有着不可忽略的重要作用，如何切中肯綮、恰如其分地厘定陕西文学批评与陕西当代小说繁荣之间的关系，无疑是一个颇有意义的学术课题。而这一点，学界一直关注不够。可喜可贺的是，李春燕副教授在博士论文基础上修改成书的《新时期以来的陕西文学批评研究：以小说批评为中心》①，以陕西长篇小说创作为中心，重回历史现场，从新时期以来陕西文学批评的历史演变、格局建构、精神内涵、文化心态和批评家个案展开论述，对近三十年陕西文学批评进行宏观把握和微观透视，揭示了陕西文学批评与当代中国文学批评的互文性关系，界定了笔耕文学研究组在陕西以及中国当代文学史上的价值意义，梳理了陕西文学批评在古今、中外文化资源的比照中对现实主义理论的发展以及文学创作的实践探索，探究了陕西文学批评的精神内涵和文化心态，爬罗剔抉，阐幽显微，填补了这一缺憾。

陕西文学批评与陕西小说一道，肇端于延安文艺，有着强劲的历史传统。李春燕以

---

① 李春燕：《新时期以来的陕西文学批评研究：以小说批评为中心》，中国社会科学出版社2020年11月。

历时性的眼光，追溯源流，从胡采、王愚等第一、二代批评家顺流而下，以畅广元、肖云儒、费秉勋、刘建军、陈孝英、王仲生、李星等为代表的第三代批评家为中心，将新时期陕西文学批评分为"沉积酝酿期"（20 世纪 70 年代中后期至 80 年代中期）、"复苏发展期"（20 世纪 80 年代中后期）、"多元喧嚣期"（20 世纪 90 年代至今），在感性经验的基础上进行理性建构，获得了通达而中肯的史识。她指出，被称为"集体别林斯基"的第三代批评家，在"笔耕文学研究组"乃至更长的时段，继承了第一、二代批评家的理念，"继承十七年文学批评的现实主义传统，既注重生活与艺术之间血脉相连的关系，又积极借鉴西方思潮与方法完善自己的理论"，进行跟踪式的批评，"尽管在文学批评形式上存在着个性差异，但总体都建立在马克思主义历史—美学的批评基础上"（第 3 页）。确如其言，在很长时段里，陕西的三代批评家基本上都是紧跟时代风气，对作家作品进行跟踪式的批评和研究。尽管他们也有透辟的理性解析和文化阐释，甚至也建构起"城乡交叉地带"的理论模型，但总体上缺乏前瞻性的眼光和理论建构的能力，因而在整个中国文坛的影响极为有限，也与陕西小说创作所取得的成就极不匹配。

新时期以来，陕西文学批评紧跟 80 年代以来的方法热和理论热，表面上也形成了多元的批评格局，一定程度上革新了批评家的批评观念，如李春燕在书中所列举的"印象主义批评""心理分析批评""神话批评""文化批评""女性主义批评"等，但基本上都是水过地皮湿，阐释和回应着国内主流文学批评的话语，没有深深扎根，更没有形成真正意义上的批评流派。正如她在书中所指出的："考察陕西文学批评，并不标新立异、趋新赶潮，而是立足于现实主义文学传统的本土，研究方法基本在社会历史批评的框架下展开一定程度的调整、突破，面对新潮迭起的理论方法抱着'看一看再说'的姿态。即使像神话原型批评虽则起步于陕西，有些批评家的研究成果具有学术的前瞻性，甚至在全国的文学批评领域都占有重要的位置，但在陕西本土却并没有真正形成气候，尤其是叶舒宪到了中国社科院以后，陕西神话原型批评发出的声音甚为微弱。而结构主义批评、叙述学批评、解构主义批评等模式虽于 20 世纪 80 年代兴起于中国，在陕西要寻觅踪迹却是在世纪末以后。"（第 83 页）由于强大的历史惯性和文化传统中的因循守旧，陕西文学批评并不急于充当时代的弄潮儿，而是在稳健持重中使得"历史—美学"批评一枝独秀。他们注重生活与艺术之间的关系，积极借鉴西方新思潮与新方法，及时跟踪陕西作家的小说创作，不断丰富和发展现实主义批评话语。尤其是 1981 年 1 月份成立的"笔耕文学研究组"，以《延河》与《小说评论》杂志为阵地，"紧密关注作家，对其作品进行跟踪式评论，他们的批评活动不仅影响着作家的文学创作、普遍提升着陕西大众的审美水平和文化素养，而且以其特有的形式参与到中国当代文学发展的进程中去，促进文学观念的变革与衍生，并参与到整个社会与时代进步的历史洪流中来，以强大的意识渗透力量发挥着舆论造势的文化功能。作家这个职业在陕西备受社会各个阶层的尊敬，这不仅与作家取得的文学成就和提供给读者群的文学想象有关，也与陕西文学批评营造的浓郁文化（文学）氛围不无关系"（第4页）。与此同时，他们努力弘扬传统，继承前辈遗产，与作家保持着良好的相互学习、相互影响的互动关系，普遍地将情感与理性集中在对民族命运和人民生活的关注上，不断更新和塑造作家的人民意识、历史意识和文化意识，最大可能地开拓着批评的精神空间，在80年代后期和90年代初期，共同创造了陕西小说乃至整个中国小说的新高度，对当代文学产生了深刻而久远的影响。

历史意识与现实生活的交汇，使得陕西文学批评尤其是以"笔耕文学研究组"为代表的"历史—美学"批评形成了自己独特的精神内涵，李春燕将其归纳为三个层面：一是"强调历史的总体性发展观，坚持社会发展规律支配着历史进程并容许作出社会未来的预测"，"肯定作家对于生活与未来发展趋势作出的合乎历史整体发展规律的揭示与预见，历史意识表现为一种理想的社会意识、社会情绪和心理状态"；二是"力求超越当代社会的现实进程活动，把思索的视野拓展深入民族历史过程和文化渊源中，探索当代人的精神流变历程"；三是"受到新历史主义与解构主义影响，关注被主流意识形态有意无意忽视的民间逸闻趣事，对遗落民间的文化碎片展开对话，解蔽被统治阶级主流意识形态遮蔽与压抑的历史，实现对历史与社会全新的发现与认识"。这无疑是极为恰切到位的。她进一步指出："这三个层面具有内在的延续性，后者往往是前者的嬗变与深化，当然，它们并非截然分离、互不相干，有时会错杂浑然一体，但彼此又有区别。"（第114页）具体到批评家身上，我们可以看到，不少批评家并没有随着时代的变化而转换更新自己的批评话语，直至目前，一些批评还停留在第一、第二个层面，这也势必对受其影响的作家带来负面影响。

从文化心态上看，陕西批评家具有浓厚的乡土情结。一方面，这跟陕西作家以乡土题材为主的创作密切相关，从柳青的《创业史》开始，陕西凡是在全国产生重大影响的小说，无不是乡土题材的，如路遥的《人生》《平凡的世界》，贾平凹的《浮躁》《秦腔》《山本》，陈忠实的《蓝袍先生》《白鹿原》等；另一方面，跟陕西批评家"城籍农裔"的身份处境和心理结构也不无关系。不过，"带有乡土情结的文化心态并非一成不变，而是充溢着生命酣畅淋漓的元气，是活力四射、流动不居的生命形态。批评者家庭背景、个性禀赋以及后天的生存环境、接受知识教育等诸多方面的差异，使批评者在不同的时段和场合下会呈现出不同的变化着的文化心态，尤其在对待乡土的感情态度上呈现出动态态势"（第154页）。具体而言，李春燕分为"认可乡土习性的批评心态""质疑乡土习性的批评心态""超越乡土的批评心态"三大处于互动性的建构类型。"认可乡土习性的批评心态"虽然"挖掘出较大的思想含量"，但"同样会损伤乡土文学叙事表达的思想深度和社会广度，留下不少文化盲点，影响乡土文学认识功能的发挥效果以及文学批评自身的健康发展"（第 158 页）；"质疑乡土习性的批评心态"一定程度上"摆脱那种简单认同乡土习性的批评心态，他们追问着乡土文明中潜藏的痼疾，以超越姿态建构着陕西文学批评"（第 160 页），为陕西文学批评的发展注入了健康而新鲜的血液。"超越乡土的批评心态"思维方式比较现代化和理性化，他们"增加了对乡土文明中蕴含的驳杂因素清醒、审慎的分析批判"（第 163 页），具有超越性的心理定向和精神追求，"排除世俗名利，摆正自己与对象的关系，同时也摆正对象的位置，使主体能以超越的眼光去观照对象"（第 172 页）。这三种批评心态的动态衍化，既离不开客观的外在的社会思潮的浸染，也与批评家主体精神的建构密切相关，背后体现的是批评家个体价值与当代中国社会价值观念的深刻嬗变。总体上看来，陕西文学批评缺乏独立性和自主性，缺乏批评的尊严，缺乏超越精神，缺乏"坚持批评的主体性，坚持批评的批判性、原则性、公正性"（第 171 页）批评精神，这就导致了"当下的陕西批评界缺乏比较凌厉而真实的批评声音，批评家和作家关系熟稔，不愿意或者不便挑出作家创作中的毛病，有时批评者指出作家的毛病，却因此会受到来自各个方面无形的压力与排挤，评论文章可能被杂志社扔进垃圾箱，作品研讨会上也因为此人不合群不被邀请，这样的批评必然陷入一团和气之中，严重阻碍着陕西文学批评的健康发展"（第 170 页）。当然，不唯陕西文学批评如此，但这样的批评现状对于文学的健康发展无疑是有百害而无一益的，也是值得我们忧虑和深思的。此外，"批评家的功勋不在于道出艺术家在作品中已明显表现出来的东西，批评不是看图说话，它应该道出的是艺术背后潜在的、艺术家难以明确表达的东西。批评家在建构什么，就表明批评家已经说出了什么。枯燥乏味的批评的缺陷不是因为演绎，不是因为建构了某种框架，而是这种演绎和建构不能容纳艺术的最新成果，过于刻板、守旧、缺乏弹性和超前性的缘故，说到底，没有把批评建构中最值得称道的一面发挥出来，没有在批评过程中创造出来什么与艺术的创造相匹敌"[1]。这也是陕西文学批评的致命问题所在。因而，李春燕呼吁建构王一川所倡导的"质询式的文学批评"——"质询式文学批评话语要求文学批评发挥介入的时代精神，要求学院派批评要走出校园的围墙，走近社会、融入社会，对社会恶习和文学恶俗发出响亮的声音，揭示资讯传播中的虚假性和商业喧嚣中的危害性，对固有的知识范式及赖以存在的文化背景质疑追问，从而在人类文明发展的坐标体系下构筑具有现代意义的文学批评话语形态。"（第 245 页）这无疑是极具眼光的理论洞见，其不仅能够改变我们板结的批评格局，重塑批评家的文化心态，提高文学批评的整体品质，对于整个社会文学素养和审美水平的提高，也有不可低估的重

---

[1]　蒋原伦、潘凯雄主编：《文学批评与文体》，北京师范大学出版社 2009 年版，第 6—7 页。

大意义。

在总体研究的基础之上，李春燕通过胡采、王愚、李星等具体批评家个案的生动研究，抓住人民性、历史意识、时代性等关键的批评话语，细致地呈现了他们的成长道路和审美选择，以及颇具地域特色的批评观念和话语体系，揭橥了陕西文学批评的代际传承和演变过程，对于未来的陕西文学批评乃至中国当代文学批评的发展，具有重要的理论意义和参考价值。不过，上述所论给人的印象总是"外部因素"或者"外部研究"，批评家的话语如何进入作家的内心，并真正对作家的创作产生影响，才是"内部研究"或者是"真问题"。这里便引发出一个至为关键而又十分棘手的问题——新时期陕西的文学批评，在哪一方面具体影响了陕西作家的创作？陕西作家究竟是受全国风气的影响大一些，还是受陕西批评家的影响大一些？如何来定量和定性？也就是，批评家和作家是如何来互动的。比如陈忠实在《李星文集》序里高度评价了李星文学批评的成就之后，不无调侃地说，李星那些皇皇高论看过已记忆不清，但有两句话对他影响很大：一句是路遥的《平凡的世界》获得第三届茅盾文学奖后召开庆功会，他从灞桥老家赶到作协，当时《白鹿原》还在写作之中，会上李星侧过身子对他说，你今年要是还写不完你手上的长篇，就从这楼上跳下去；另一句是李星看完《白鹿原》的手稿后，迎面给他一拳说：咋叫咱把事情弄成了！这些日常闲谈中的激励话语对作家所产生的影响，可能远远超过长篇大论的批评文字。另陈忠实《在寻找属于自己的句子》中谈到的自己如何由《蓝袍先生》的创作引发对民族文化心理的思考，实际上潜在地受到了李泽厚"文学主体论"美学思想的影响。再如当时的青年批评家李国平给陈忠实推荐的王大华的《崛起与衰落》等，对他的创作也产生了一定的影响。这些看似琐碎而又非常重要的批评家和作家之间的交流和互动，也应该融合到研究者的视阈之中。再以2000年中国文坛影响颇大的"博士直谏"事件为例，尽管当时影响巨大，而就实际效果来看，也不过开了个晃眼的花，并未结出炫目的果。因此，文学批评及批评家对作家的影响，似乎也不高估。如何可丁可卯、不偏不倚地揭示、阐明二者之间的关系，考验着每个研究者的功力，也关系着研究的质量。

《新时期以来的陕西文学批评研究：以小说批评为中心》的突出特色是扎实严谨，在历史现场中梳理陕西文学批评的内在肌理和发展脉络，立足原始文献，论从史出，表现出扎实的史料运用能力和超然卓达的史识。书末的"新时期30年陕西文学批评年表""陕西批评家资料""陕西文学及陕西文学批评的部分杂志举要"三个附录，可谓功德无量，于陕西文学批评资料，几乎一网打尽，为研究者提供了莫大方便。当然，全书也存在着一些明显的问题，比如论述上偶有夹缠不清（比如人民性话语能指所指在不同历史时期的变化），对于一些细小的史实理解的偏差（比如"绪论"中讲到1942年毛泽东的《在延安文艺座谈会上的讲话》"力主社会主义现实文艺",实际上,1953年第二次文代会上,才将"社会主义现实主义"定为新中国文艺发展的方向),校对上的疏忽(如162页下注重的《当代中国作家评论》杂志,实际应为"《当代作家评论》")等。这些微瑕都无碍于全书恢宏的构架、精辟的论述、深刻的洞见和焦灼的关注。总而言之,这是第一部对新时期陕西文学批评进行全貌考察的理论专著,是一部十分难得的材料详赡、见解通达的精心之作,对于陕西文学批评乃至整个中国当代文学批评,必将产生不可低估的重要影响。

（作者单位：西北大学文学院）

图书在版编目（CIP）数据

大西北文学与文化．第五辑 / 陕西师范大学人文社会科学高等研究院编．—北京：作家出版社，2022.6

ISBN 978-7-5212-2120-6

Ⅰ.①大…　Ⅱ.①陕…　Ⅲ.①地方文学史—研究—西北地区②地方文化—文化研究—西北地区　Ⅳ.① I209.94 ② G127.4

中国版本图书馆 CIP 数据核字（2022）第 217260 号

大西北文学与文化．第五辑

编　　者：陕西师范大学人文社会科学高等研究院
责任编辑：田一秀
装帧设计：芬　妮
出版发行：作家出版社有限公司
社　　址：北京农展馆南里 10 号　　　邮　　编：100125
电话传真：86-10-65067186（发行中心及邮购部）
　　　　　86-10-65004079（总编室）
E-mail:zuojia @ zuojia.net.cn
http://www.zuojiachubanshe.com
印　　刷：三河市紫恒印装有限公司
成品尺寸：185×260
字　　数：280 千
印　　张：14.25
版　　次：2022 年 6 月第 1 版
印　　次：2022 年 6 月第 1 次印刷
ISBN 978-7-5212-2120-6
定　　价：68.00 元